کلیاتِ علامہ اقبال

https://www.ghazalsara.org

Kulliyat-e-Allama Iqbal - Paper Back Edition
Author: .... Sir Allama Muhammad Iqbal
Genre: .... Poetry - Urdu
Published By: .... GhazalSara.Org (Yawar Maajed)
Publish Date: .... February 2023
Original Publish Date: .... June 2022
ISBN: 978-1-957756-08-0

Printed and bound in The United States of America

کلیاتِ علامہ اقبال

مصنف.............................سر علامہ محمد اقبال

ناشر ....غزل سرا ڈاٹ آرگ (یاور ماجد)

موجودہ ایڈیشن..................فروری 2023

پہلا ایڈیشن......................جون 2022

آئی ایس بی این....................9781957756080

اس کتاب کی چھپائی ریاست ہائے متحدہ امریکہ میں ہوئی۔

اقبال

آیا ہمارے دیس میں اک خوش نوا فقیر
آیا اور اپنی دُھن میں غزل خواں گزر گیا
سنسان راہیں خلق سے آباد ہو گئیں
ویران بے کدوں کا نصیبہ سنور گیا
تھیں چند ہی نگاہیں جو اس تک پہنچ سکیں
پر اس کا گیت سب کے دلوں میں اتر گیا
اب دُور جا چکا ہے وہ شاہِ گدانما
اور پھر سے اپنے دیس کی راہیں اداس ہیں
چند اک کو یاد ہے کوئی اس کی ادائے خاص
دو اک نگاہیں چند عزیزوں کے پاس ہیں
پر اس کا گیت سب کے دلوں میں مقیم ہے
اور اس کی لَے سے سینکڑوں لذّت شناس ہیں

اس گیت کے تمام مَحاسن ہیں لا زوال
اس کا وَفُور، اس کا خروش، اس کا سوز و ساز
یہ گیت مثلِ شعلۂ جوّالہ تند و تیز
اس کی لپک سے بادِ فنا کا جگر گداز
جیسے چراغِ وحشتِ صرصر سے بے خطر
یا شمع بزمِ صبح کی آمد سے بے خبر

فیض احمد فیض

بانگِ درا

حصہ اوّل

26	ہمالہ
28	گل رنگیں
29	عہدِ طفلی
29	مرزا غالب
30	ابر کوہسار
31	ایک مکڑا اور مکھی
33	ایک پہاڑ اور گلہری
34	ایک گائے اور بکری
37	بچے کی دعا
37	ہمدردی
38	ماں کا خواب
39	پرندے کی فریاد
40	خفتگانِ خاک سے استفسار
42	شمع و پروانہ
43	عقل و دل
44	صدائے درد
45	آفتاب
46	شمع
48	ایک آرزو
49	آفتابِ صبح
51	دردِ عشق
52	گلِ پژمردہ
53	سیّد کی لوحِ تربت
54	ماہِ نو
55	انسان اور بزمِ قدرت
56	پیامِ صبح
57	عشق اور موت

59	زہد اور رندی
61	شاعر
61	دل
62	موجِ دریا
62	رخصت اے بزمِ جہاں
64	طفلِ شیرخوار
65	تصویرِ درد
70	نالۂ فراق
72	چاند
73	بلالؓ
74	سرگزشتِ آدم
75	ترانۂ ہندی
76	جگنو
77	صبح کا ستارہ
79	ہندوستانی بچوں کا قومی گیت
80	نیا شوالا
80	داغ
82	ابر
83	ایک پرندہ اور جگنو
84	بچہ اور شمع
85	کنارِ راوی
86	التجائے مسافر

غزلیات

89	ہے دیکھنے کی چیز اسے بار بار دیکھ
89	مگر وہ عدہ کرتے ہوئے عار کیا تھی
90	عداوت ہے اسے سارے جہاں سے
90	بجلیاں بے تاب ہوں جن کو جلانے کے لیے
91	اور اسیرِ حلقۂ دام ہوا کیونکر ہوا
92	یہ عاشق کون سی بستی کے یا رب رہنے والے ہیں
93	ہو دیکھنا تو دیدۂ دل وا کرے کوئی
93	وہ نکلے میرے ظلمت خانۂ دل کے مکینوں میں
95	مری سادگی دیکھ، کیا چاہتا ہوں

نیاز مند نہ کیوں عاجزی پہ ناز کرے ... 96

ہائے کیا اچھی کبھی ظالم ہُوں مَیں، جاہل ہُوں مَیں ... 96

نظارے کی ہوس ہو تو لیلیٰ بھی چھوڑ دے ... 97

حصہ دوم

محبّت ... 100

حقیقتِ حسن ... 101

پیام ... 101

سوامی رام تیرتھ ... 102

طلبۂ علی گڑھ کالج کے نام ... 103

اخترِ صبح ... 103

حسن و عشق ... 104

کی گود میں بلی دیکھ کر ... 105

کلی ... 106

چاند اور تارے ... 106

وِصال ... 107

سلیمیٰ ... 108

عاشق ہر جائی ... 109

کوشش نا تمام ... 111

نوائے غم ... 111

عشرتِ امروز ... 112

انسان ... 113

جلوۂ حسن ... 113

ایک شام ... 114

تنہائی ... 115

پیامِ عشق ... 115

فراق ... 116

عبد القادر کے نام ... 116

صقلیہ ... 117

غزلیات

دمِ ہوا کی موج ہے، رم کے سوا کچھ بھی نہیں ... 119

اسے ہے سودائے بخیہ کاری، مجھے سرِ پیرہن نہیں ہے ... 119

مری خموشی نہیں ہے، گویا مزار ہے حرفِ آرزو کا	120
جھلک تیری ہویدا چاند میں، سورج میں، تارے میں	121
اک ذرا افسردگی تیرے تماشاؤں میں تھی	122
یہی نماز ادا صبح و شام کرتے ہیں	122
سکوت تھا پردہ دار جس کا، وہ راز اب آشکار ہوگا	123

حصہ سوم

بلادِ اسلامیہ	126
ستارہ	127
دو ستارے	128
گورستانِ شاہی	129
نمودِ صبح	133
تضمین بر شعرِ انیسی شاملو	134
فلسفۂ غم	135
پھول کا تحفہ عطا ہونے پر	137
ترانۂ ملّی	138
وطنیت	139
کل ایک شوریدہ خواب گاہِ نبی پہ رو رو کے کہہ رہا تھا	140
ایک حاجی مدینے کے راستے میں	140
شکوہ	141
رات اور شاعر	148
بزمِ انجم	150
سیرِ فلک	151
نصیحت	152
رام	153
موٹر	153
خطاب بہ جوانانِ اسلام	154
غرّۂ شوّال یا ہلالِ عید	155
شمع اور شاعر	157
مسلم	163
حضورِ رسالت مآبؐ میں	165
شفاخانۂ حجاز	166
جوابِ شکوہ	166

ساقی	175
تعلیم اور اس کے نتائج	175
قربِ سلطان	175
نویدِ صبح	176
دعا	177
عید پر شعر لکھنے کی فرمائش کے جواب میں	178
فاطمہ بنت عبداللہ	178
شبنم اور ستارے	179
محاصرۂ ادرنہ	180
غلام قادر رہیلہ	181
ایک مکالمہ	182
میں اور تُو	183
تضمین بر شعرِ ابو طالب کلیم	184
شبلی و حالی	185
ارتقا	185
صدیقؓ	186
تہذیبِ حاضر	187
والدہ مرحومہ کی یاد میں	188
شعاعِ آفتاب	195
عرفی	195
ایک خط کے جواب میں	196
نانک	197
کفر و اسلام	197
بلالؓ	198
مسلمان اور تعلیمِ جدید	199
پھولوں کی شہزادی	200
تضمین بر شعرِ صائب	200
فردوس میں ایک مکالمہ	201
مذہب	202
جنگِ یرموک کا ایک واقعہ	203
پیوستہ رہ شجر سے، امیدِ بہار رکھ!	204
شبِ معراج	204
پھول	204

شیکسپیئر	205
اسیری	206
دریوزۂ خلافت	206
ہمایوں	207
خضرِ راہ	207
طلوعِ اسلام	214

غزلیات

قبضے سے اُمّت بیچاری کے دیں بھی گیا، دنیا بھی گئی	220
باطن میں ہنگامہ آبادِ چمن خاموش ہے	220
اپنے سینے میں اسے اور ذرا تھام ابھی	221
چشمِ مہر و مہ و انجم کو تماشائی کر	222
غنچہ ہے گل اگر گل ہو، گل ہے تو گلستاں ہو	222
کہ ہزاروں سجدے تڑپ رہے ہیں مری جبینِ نیاز میں	223
جو فغاں دلوں میں تڑپ رہی تھی، نوائے زیرِ لبی رہی	224
قلب کو لیکن ذرا آزاد رکھ	224

ظریفانہ

مشرق میں اصولِ دین بن جاتے ہیں	225
لڑکیاں پڑھ رہی ہیں انگریزی	225
شیخ صاحب بھی تو پردے کے کوئی حامی نہیں	225
یہ کوئی دن کی بات ہے اے مردِ ہوش مند!	225
تعلیم مغربی ہے، بہت جرأت آفریں	226
کچھ غم نہیں جو حضرتِ واعظ ہیں تنگ دست	226
تہذیب کے مریض کو گولی سے فائدہ!	226
انتہا بھی اس کی ہے؟ آخر یہ دیں کب تلک	226
ہم مشرق کے مسکینوں کا دل مغرب میں جا اٹکا ہے	226
''اصلِ شہود و شاہد و مشہود ایک ہے''	227
ہاتھوں سے اپنے دامن دنیا نکل گیا	227
وہ مُس بولی ارادہ خود کُشی کا جب میں نے	227
ناداں تھے اس قدر کہ نہ جانی عرب کی قدر	227
ہندوستاں میں جزوِ حکومت ہیں کونسلیں	228
ممبری امپیریل کونسل کی کچھ مشکل نہیں	228

228	دلیلِ مہر و وفا اس سے بڑھ کے کیا ہوگی
228	فرما رہے تھے شیخ طریقِ عمل پہ وعظ
229	دیکھیے چلتی ہے مشرق کی تجارت کب تک
229	گئے اِک روز ہوئی اونٹ سے یوں گرمِ سخن
230	رات مچھر نے کہہ دیا مجھ سے
230	یہ آیۂ نو، جیل سے نازل ہوئی مجھ پر
231	جان جائے ہاتھ سے جائے نہ ست
231	محنت و سرمایہ دنیا میں صف آرا ہو گئے
231	شام کی سرحد سے رخصت ہے وہ رندِ لم یزل
231	تکرار تھی مزارع و مالک میں ایک روز
232	اٹھا کر پھینک دو باہر گلی میں
232	کارخانے کا ہے مالک مردِ ناکردہ کار
232	سنا ہے میں نے، کل یہ گفتگو تھی کارخانے میں
232	مسجد تو بنا دی شب بھر میں ایمان کی حرارت والوں نے

بالِ جبریل

حصۂ اوّل

غزلیں

235	غلغلہ ہائے الاماں بتکدۂ صفات میں
235	مجھے فکرِ جہاں کیوں ہو، جہاں تیرا ہے یا میرا؟
236	ہوش و خرد شکار کر، قلب و نظر شکار کر
236	نہیں ہے داد کا طالب یہ بندۂ آزاد
238	جو مشکل اب ہے یا رب پھر وہی مشکل نہ بن جائے
238	دل ہر ذرّہ میں غوغائے رستاخیز ہے ساقی
239	ہاتھ آ جائے مجھے میرا مقام اے ساقی!
239	پلا کے مجھ کو مئے «لا الٰہ الا ھو»
240	مقامِ بندگی دے کر نہ لوں شانِ خداوندی
241	وہ ادب گہِ محبت، وہ نگہ کا تازیانہ
241	اشارہ پاتے ہی صوفی نے توڑ دی پرہیز

میرے کام کچھ نہ آیا یہ کمالِ نَے نوازی	242
آب و گِل کے کھیل کو اپنا جہاں سمجھا تھا میں	243
ہے دانش برہانی، حیرت کی فراوانی	243
کیوں خوار ہیں مردانِ صفاکیش و ہنرمند	244

حصہ دوم

یہ کون غزل خواں ہے پرسوز و نشاط انگیز	249
وہ حرفِ راز کہ مجھ کو سکھا گیا ہے جنوں	249
عالمِ آب و خاک و باد! سرِّ عیاں ہے تُو کہ میں	250
تُو بھی رہ گزر میں ہے، قیدِ مقام سے گزر	250
امینِ راز ہے مردانِ حُر کی درویشی	251
پھر چراغِ لالہ سے روشن ہوئے کوہ و دمن	251
مسلماں کے لہو میں ہے سلیقہ دل نوازی کا	252
عشق سے پیدا نوائے زندگی میں زیر و بم	252
دل سوز سے خالی ہے، نگہ پاک نہیں ہے	253
ہزار خوف ہو لیکن زباں ہو دل کی رفیق	253
پوچھ اس سے کہ مقبول ہے فطرت کی گواہی	254
یہ حوریانِ فرنگی، دل و نظر کا حجاب	254
دلِ بیدار فاروقی، دلِ بیدار کرّاری	255
خودی کی شوخی و تندی میں کبر و ناز نہیں	255
میر سپاہ نا سزا، لشکریاں شکستہ صف	256
زمستانی ہوا میں گرچہ تھی شمشیر کی تیزی	256
یہ دیرِ کہن کیا ہے، انبارِ خس و خاشاک	257
کمالِ ترک نہیں آب و گل سے مجبوری	257
عقل گو آستاں سے دُور نہیں	258
خودی وہ بحر ہے جس کا کوئی کنارہ نہیں	259
یہ پیام دے گئی ہے مجھے بادِ صبح گاہی	259
تری نگاہ فرومایہ، ہاتھ ہے کوتاہ	260
خرد کے پاس خبر کے سوا کچھ اور نہیں	260
نگاہِ فقر میں شانِ سکندری کیا ہے	261
نہ تُو زمیں کے لیے ہے نہ آسماں کے لیے	261
تُو اے اسیرِ مکاں! لا مکاں سے دُور نہیں	262
خرد نے مجھ کو عطا کی نظرِ حکیمانہ	262

افلاک سے آتا ہے نالوں کا جواب آخر — 263

ہر شے مسافر، ہر چیز راہی — 263

ہر چیز ہے محوِ خود نمائی — 264

اعجاز ہے کسی کا یا گردشِ زمانہ! — 264

خرد مندوں سے کیا پوچھوں کہ میری ابتدا کیا ہے — 265

جب عشق سکھاتا ہے آدابِ خود آگاہی — 265

مجھے آہ و فغانِ نیم شب کا پھر پیام آیا — 266

نہ ہو طغیانِ مشتاقی تو میں رہتا نہیں باقی — 266

فطرت کو خرد کے روبرو کر — 267

یہ پیرانِ کلیسا و حرم، اے وائے مجبوری! — 267

تازہ پھر دانشِ حاضر نے کیا سحرِ قدیم — 268

ستاروں سے آگے جہاں اور بھی ہیں — 268

ڈھونڈ رہا ہے فرنگ عیشِ جہاں کا دوام — 269

خودی ہو علم سے محکم تو غیرتِ جبریل — 269

مکتبوں میں کہیں رعنائیِ افکار بھی ہے؟ — 270

حادثہ وہ جو ابھی پردۂ افلاک میں ہے — 270

رہانہ حلقۂ صوفی میں سوزِ مشتاقی — 271

ہوانہ زور سے اس کے کوئی گریباں چاک — 271

یوں ہاتھ نہیں آتا وہ گوہرِ یک دانہ — 272

نہ تخت و تاج میں نے لشکر و سپاہ میں ہے — 272

فطرت نے نہ بخشا مجھے اندیشۂ چالاک — 273

کریں گے اہلِ نظر تازہ بستیاں آباد — 273

کی حق سے فرشتوں نے اقبال کی غمازی — 274

نے مہرہ باقی نے مہرہ بازی — 274

گرمِ فغاں ہے جرس، اٹھ کہ گیا قافلہ — 274

مری نوا سے ہوئے زندہ عارف و عامی — 275

ہر اک مقام سے آگے گزر گیا مہِ نو — 275

کھو نہ جا اس سحر و شام میں اے صاحبِ ہوش! — 276

تھا جہاں مدرسۂ شیری و شہنشاہی — 276

ہے یاد مجھے نکتۂ سلمانِ خوش آہنگ — 277

فقیر کے ہیں معجزات تاج و سریر و سپاہ — 277

کمال جوشِ جنوں میں رہائیں گرم طواف — 277

شعورِ ہوش و خرد کا معاملہ ہے عجیب — 278

انداز بیاں گرچہ بہت شوخ نہیں ہے 278

رباعیات 279

رہ و رسمِ حرم نا محرمانہ 279

ظلامِ بحر میں کھو کر سنبھل جا 279

مکانی ہُوں کہ آزادِ مکاں ہُوں 279

خودی کی خلوتوں میں گم رہا مَیں 279

پریشاں کاروبارِ آشنائی 279

یقیں، مثلِ خلیل آتش نشینی 280

عرب کے سوز میں سازِ عجم ہے 280

کوئی دیکھے تو میری نَے نوازی 280

ہر اک ذرّہ میں ہے شاید مکیں دل 280

ترا اندیشہ افلاکی نہیں ہے 280

نہ مومن ہے نہ مومن کی امیری 280

خودی کی جلوتوں میں مصطفائی 281

نگہ الجھی ہوئی ہے رنگ و بُو میں 281

جمالِ عشق و مستی نَے نوازی 281

وہ میرا رونقِ محفل کہاں ہے 281

سوارِ ناقہ و محمل نہیں مَیں 281

ترے سینے میں دم ہے، دل نہیں ہے 282

ترا جوہر ہے نوری، پاک ہے تُو 282

محبّت کا جنوں باقی نہیں ہے 282

خودی کے زور سے دنیا پہ چھا جا 282

چمن میں رختِ گل شبنم سے تر ہے 282

خرد سے راہرو روشن بصر ہے 283

جوانوں کو مری آہِ سحر دے 283

تری دنیا جہانِ مرغ و ماہی 283

کرم تیرا کہ بے جوہر نہیں مَیں 283

وہی اصل مکان و لامکاں ہے 283

کبھی آوارہ و بے خانماں عشق 283

کبھی تنہائی کوہ و دمن عشق 284

عطا اسلاف کا جذبِ دروں کر 284

یہ نکتہ مَیں نے سیکھا ابوالحسن سے 284

خرد واقف نہیں ہے نیک و بد سے 284

خدائی اہتمام خشک و تر ہے — 284

یہی آدم ہے سلطاں بحر و بر کا — 285

دمِ عارف نسیمِ صبح دم ہے — 285

رگوں میں وہ لہو باقی نہیں ہے — 285

کھلے جاتے ہیں اسرارِ نہانی — 285

زمانے کی یہ گردش جاودانہ — 285

حکیمی، نامسلمانی خودی کی — 286

تراتن روح سے ناآشنا ہے — 286

اقبال نے کل اہلِ خیاباں کو سنایا — 286

منظومات

دعا — 287

مسجدِ قرطبہ — 288

قید خانے میں معتمد کی فریاد — 293

عبدالرحمن اوّل کا بویا ہوا کھجور کا پہلا درخت — 293

ہسپانیہ — 294

طارق کی دعا — 295

لینن — 295

فرشتوں کا گیت — 297

ذوق و شوق — 298

پروانہ اور جگنو — 301

جاوید کے نام — 301

گدائی — 302

ملّا اور بہشت — 302

دین و سیاست — 302

الارض للّٰہ — 303

ایک نوجوان کے نام — 303

نصیحت — 304

لالۂ صحرا — 304

ساقی نامہ — 305

زمانہ — 312

فرشتے آدم کو جنّت سے رخصت کرتے ہیں — 313

روحِ ارضی آدم کا استقبال کرتی ہے — 313

پیر و مرید ... 314

جبریل و ابلیس ... 322

اذان ... 323

محبّت ... 324

ستارے کا پیغام ... 324

فلسفہ و مذہب ... 325

یورپ سے ایک خط ... 325

نپولین کے مزار پر ... 326

مسولینی ... 326

سوال ... 327

پنجاب کے دہقان سے ... 327

نادر شاہ افغان ... 327

خوشحال خاں کی وصیّت ... 328

تاتاری کا خواب ... 328

حال و مقام ... 329

ابوالعلا مَعَرّی ... 330

سنیما ... 330

پنجاب کے پیر زادوں سے ... 331

سیاست ... 331

فقر ... 331

خودی ... 332

جدائی ... 332

خانقاہ ... 332

ابلیس کی عرضداشت ... 333

لہو ... 333

پرواز ... 333

شیخ مکتب سے ... 334

فلسفی ... 334

شاہیں ... 334

باغی مرید ... 335

ہارون کی آخری نصیحت ... 335

ماہر نفسیات سے ... 336

یورپ ... 336

آزادیِ افکار 336

شیر اور خچر 336

چیونٹی اور عقاب 337

قطعات

فطرت مری مانندِ نسیمِ سحری ہے 338

کل اپنے مریدوں سے کہا پیرِ مغاں نے 338

ترے شیشے میں مے باقی نہیں ہے 338

دلوں کو مرکزِ مہر و وفا کر 338

ضربِ کلیم

اعلیٰ حضرت نوّاب سر حمیداللہ خاں، فرمانروائے بھوپال کی خدمت میں 340

ناظرین سے 340

تمہید 341

اسلام اور مسلمان

صبح 342

لَا اِلٰہَ اِلَّا اللہ 342

تن بہ تقدیر 343

معراج 343

ایک فلسفہ زدہ سیّد زادے کے نام 343

زمین و آسماں 344

مسلمان کا زوال 345

علم و عشق 345

اجتہاد 346

شکر و شکایت 346

ذِکر و فکر 347

مُلّائے حرم 347

تقدیر 347

توحید 348

علم اور دین 348

ہندی مسلمان ... 348

آزادیِ شمشیر کے اعلان پر ... 349

جہاد ... 349

قوت اور دین ... 350

فقر و ملوکیت ... 350

اسلام ... 351

حیاتِ ابدی ... 351

سلطانی ... 351

صوفی سے ... 352

افرنگ زدہ ... 352

تصوف ... 353

ہندی اسلام ... 353

کہ یہی ہے امتوں کے مرضِ کہن کا چارہ ... 354

دنیا ... 354

نماز ... 354

وَحی ... 355

شکست ... 355

عقل و دل ... 355

مستیِ کردار ... 356

قبر ... 356

قلندر کی پہچان ... 356

فلسفہ ... 357

مردانِ خدا ... 357

کافر و مومن ... 358

مہدیِ برحق ... 358

مومن ... 358

محمد علی باب ... 359

اے روحِ محمد ﷺ ... 359

مدنیّتِ اسلام ... 360

امامت ... 360

فقر و راہبی ... 361

میری متاعِ حیات ایک دلِ ناصبور! ... 361

تسلیم و رضا ... 362

نکتۂ توحید	362
الہام اور آزادی	363
جانِ وطن	363
لاہور و کراچی	363
نبوّت	364
آدم	364
مکّہ اور جنیوا	364
اے پیرِ حرم	365
مہدی	365
مردِ مسلمان	365
پنجابی مسلمان	366
آزادی	366
اشاعتِ اسلام فرنگستان میں	367
لاوِالّا	367
امرائے عرب سے	367
احکامِ الٰہی	368
موت	368
قم باذنِ اللہ	368

تعلیم و تربیت

مقصود	369
زمانۂ حاضر کا انسان	369
اقوامِ مشرق	370
آگاہی	370
مصلحینِ مشرق	370
مغربی تہذیب	371
اَسرار پیدا	371
سلطان ٹیپو کی وصیّت	371
کہ خودی سے میں نے سیکھی دو جہاں سے بے نیازی	372
بیداری	372
خودی کی تربیت	373
آزادیِ فکر	373
خودی کی زندگی	373

373	حکومت
374	ہندی مکتب
374	تربیت
375	خوب و زشت
375	مرگِ خودی
375	مہمانِ عزیز
376	عصرِ حاضر
376	طالبِ علم
376	امتحان
376	مدرسہ
377	حکیم نطشہ
377	اساتذہ
377	اندھیری شب میں ہے چیتے کی آنکھ جس کا چراغ
378	دین و تعلیم
378	جاوید سے

عورت

382	مردِ فرنگ
382	ایک سوال
382	پردہ
383	خلوت
383	آزادیِ نسواں
383	عورت کی حفاظت
384	عورت اور تعلیم

ادبیات، فنونِ لطیفہ

385	دین و ہنر
385	تخلیق
386	جنوں
386	اپنے شعر سے
386	پیرس کی مسجد
386	ادبیات
387	نگاہ

مسجدِ قوت الاسلام — 387

تیاتر — 388

شعاعِ امید — 388

امید — 390

نگاہِ شوق — 390

اہلِ ہنر سے — 391

ساحل کی سوغات! خار و خس و خاک — 391

وجود — 392

سرود — 392

نسیم و شبنم — 393

اَہرامِ مِصر — 393

مخلوقاتِ ہنر — 393

اقبال — 394

فنونِ لطیفہ — 394

صبحِ چمن — 395

خاقانی — 395

رومی — 396

جدت — 396

مرزا بیدل — 396

جلال و جمال — 397

مصور — 397

سرودِ حلال — 398

سرودِ حرام — 398

فوّارہ — 398

شاعر — 399

شعرِ عجم — 399

ہنرورانِ ہند — 399

مردِ بزرگ — 400

عالمِ نو — 400

ایجادِ معانی — 401

موسیقی — 401

ذوقِ نظر — 401

شعر — 401

رقص و موسیقی ... 402

ضبط ... 402

رقص ... 402

سیاسیاتِ مشرق و مغرب

اشتراکیت ... 403

کارل مارکس کی آواز ... 403

انقلاب ... 404

خوشامد ... 404

مناصب ... 404

یورپ اور یہود ... 405

نفسیاتِ غلامی ... 405

بلشویک رُوس ... 405

آج اور کل ... 406

مشرق ... 406

سیاستِ افرنگ ... 406

خواجگی ... 406

غلاموں کے لیے ... 407

اہلِ مصر سے ... 407

ابی سینیا ... 407

ابلیس کا فرمان اپنے سیاسی فرزندوں کے نام ... 408

جمعیّتِ اقوامِ مشرق ... 408

سلطانیِ جاوید ... 409

جمہوریت ... 409

یورپ اور سُوریا ... 409

مسولینی ... 410

گلہ ... 410

اِنتداب ... 411

لادِین سیاست ... 411

دامِ تہذیب ... 411

نصیحت ... 412

ایک بحری قزّاق اور سکندر ... 412

جمعیّتِ اقوام ... 413

شام و فلسطین 413

سیاسی پیشوا 413

غلاموں کی نماز 414

فلسطینی عرب سے 414

مشرق و مغرب 415

نفسیاتِ حاکمی 415

محراب گُل خان کے افکار

میرے کہستاں! تجھے چھوڑ کے جاؤں کہاں 416

حقیقت ازَلی ہے رقابتِ اقوام 416

تری دُعا سے قضا تو بدل نہیں سکتی 416

کیا چرخ کج رو، کیا مہر، کیا ماہ 417

یہ مدرسہ یہ کھیل یہ غوغائے رو ارو 417

جو عالم ایجاد میں ہے صاحبِ ایجاد 418

رومی بدلے، شامی بدلے، بدلا ہندُستان 418

زاغ کہتا ہے نہایت بد نُما ہیں تیرے پَر 419

عشق طینت میں فرو مایہ نہیں مثلِ ہوس 419

وہی جواں ہے قبیلے کی آنکھ کا تارا 419

جس کے پر تو سے منوّر، ہی تیری شبِ دوش 420

لادینی و لاطینی، کس پیچ میں الجھائو 420

مجھ کو تو یہ دنیا نظر آتی ہے دگر گوں 421

بے جرأتِ رندانہ ہر عشق ہے رُوباہی 421

آدم کا ضمیر اس کی حقیقت پہ ہے شاہد 421

قوموں کے لیے موت ہے مرکز سے جُدائی 422

آگ اس کی پھونک دیتی ہے بر ناو پیر کو 422

یہ نکتہ خوب کہا شیر شاہ سُوری نے 422

نگاہ وہ نہیں جو سرخ و زرد پہچانے 423

فطرت کے مقاصد کی کرتا ہے نگہبانی 423

ارمغانِ حجاز

نظمیں

ابلیس کی مجلسِ شوریٰ	425
بڈھے بلوچ کی نصیحت بیٹے کو	431
تصویر و مصور	432
عالمِ برزخ	433
زمین	434
معزول شہنشاہ	435
دوزخی کی مناجات	435
مسعود مرحوم	435
آوازِ غیب	437

رباعیات

مری شاخِ امل کا ہے ثمر کیا	438
فراغت دے اسے کارِ جہاں سے	438
دگرگوں عالمِ شام و سحر کر	438
غریبی میں ہُوں محسودِ امیری	438
خرد کی تنگ دامانی سے فریاد	439
کہا اقبال نے شیخِ حرم سے	439
کہن ہنگامہ ہائے آرزو سرد	439
حدیثِ بندۂ مومن دل آویز	439
تمیزِ خار و گل سے آشکارا	439
نہ کر ذکرِ فراق و آشنائی	440
ترے دریا میں طوفاں کیوں نہیں ہے	440
خرد دیکھے اگر دل کی نگہ سے	440
کبھی دریا سے مثلِ موج ابھر کر	440

منظومات

ملّازادہ ضیغم لولابی کشمیری کا بیاض	441
سر اکبر حیدری، صدرِ اعظم حیدرآباد دکن کے نام	448
حسین احمد	448
حضرتِ انسان	448

بانگِ درا

حصہ اوّل

۱۹۰۵ تک

ہمالہ

اے ہمالہ! اے فصیلِ کشورِ ہندوستاں

چومتا ہے تیری پیشانی کو جھک کر آسماں

تجھ میں کچھ پیدا نہیں دیرینہ روزی کے نشاں

تُو جواں ہے گردشِ شام و سحر کے درمیاں

ایک جلوہ تھا کلیمِ طورِ سینا کے لیے

تُو تجلّی ہے سراپا چشمِ بینا کے لیے

امتحانِ دیدۂ ظاہر میں کوہستاں ہے تُو

پاسباں اپنا ہے تُو، دیوارِ ہندُستاں ہے تُو

مطلعِ اوّلِ فلک جس کا ہو وہ دیواں ہے تُو

سوئے خلوت گاہ دل دامن کشِ انساں ہے تُو

برف نے باندھی ہے دستارِ فضیلت تیرے سر

خندہ زن ہے جو کلاہِ مہرِ عالم تاب پر

تیری عمرِ رفتہ کی اک آن ہے عہدِ کہن

وادیوں میں ہیں تری کالی گھٹائیں خیمہ زن

چوٹیاں تیری ثریّا سے ہیں سرگرمِ سخن

تُو زمیں پر اور پہنائے فلک تیرا وطن

چشمۂ دامن ترا آئینۂ سیّال ہے

دامنِ موجِ ہَوا جس کے لیے رومال ہے

ابر کے ہاتھوں میں رہوارِ ہَوا کے واسطے

تازیانہ دے دیا برقِ سرِ کہسار نے

اے ہمالہ کوئی بازی گاہ ہے تُو بھی، جسے

دستِ قدرت نے بنایا ہے عناصر کے لیے

ہائے کیا فرطِ طرب میں جھومتا جاتا ہے ابر

فیلِ بے زنجیر کی صورت اڑا جاتا ہے ابر

جنبشِ موجِ نسیم صبح گہوارہ بنی

جھومتی ہے نشۂ ہستی میں ہر گُل کی کلی

یوں زبانِ برگ سے گویا ہے اس کی خامشی

دستِ گل چیں کی جھٹک مَیں نے نہیں دیکھی کبھی

کہہ رہی ہے میری خامشی ہی افسانہ مرا

کنجِ خلوت خانۂ قدرت ہے کاشانہ مرا

آتی ہے ندی فرازِ کوہ سے گاتی ہوئی

کوثر و تسنیم کی موجوں کی شرماتی ہوئی

آئنہ سا شاہدِ قدرت کو دکھلاتی ہوئی

سنگِ رہ سے گاہ بچتی، گاہ ٹکراتی ہوئی

چھیڑتی جا اس عراقِ دل نشیں کے ساز کو

اے مسافر، دل سمجھتا ہے تری آواز کو

لیلیٰ شب کھولتی ہے آ کے جب زلفِ رسا

دامنِ دل کھینچتی ہے آبشاروں کی صدا

وہ خموشی شام کی جس پر تکلم ہو فدا

وہ درختوں پر تفکر کا سماں چھایا ہوا

کانپتا پھرتا ہے کیا رنگِ شفق کہسار پر

خوشنما لگتا ہے یہ غازہ ترے رخسار پر

اے ہمالہ! داستاں اس وقت کی کوئی سنا

مسکنِ آبائے انساں جب بنا دامن ترا

کچھ بتا اس سیدھی سادی زندگی کا ماجرا

داغ جس پر غازۂ رنگِ تکلف کا نہ تھا

ہاں دکھا دے اے تصوّر پھر وہ صبح و شام تُو

دوڑ پیچھے کی طرف اے گردشِ ایام تُو

گلِ رنگیں

تُو شناسائے خراشِ عقدۂ مشکل نہیں
اے گلِ رنگیں ترے پہلو میں شاید دل نہیں

زیبِ محفل ہے، شریکِ شورشِ محفل نہیں
یہ فراغت بزمِ ہستی میں مجھے حاصل نہیں

اس چمن میں مَیں سراپا سوز و سازِ آرزو
اور تیری زندگانی بے گدازِ آرزو

توڑ لینا شاخ سے تجھ کو مرا آئیں نہیں
یہ نظرِ غیر از نگاہِ چشمِ صورت بیں نہیں

آہ! یہ دستِ جفا جو اے گلِ رنگیں نہیں
کس طرح تجھ کو یہ سمجھاؤں کہ مَیں گلچیں نہیں

کام مجھ کو دیدۂ حکمت کے الجھیڑوں سے کیا
دیدۂ بلبل سے مَیں کرتا ہُوں نظّارہ ترا

سو زبانوں پر بھی خاموشی تجھے منظور ہے
راز وہ کیا ہے ترے سینے میں جو مستور ہے

میری صورت تُو بھی اک برگِ ریاضِ طُور ہے
مَیں چمن سے دُور ہُوں تُو بھی چمن سے دُور ہے

مطمئن ہے تُو، پریشاں مثلِ بو رہتا ہُوں مَیں
زخمی شمشیرِ ذوقِ جستجو رہتا ہُوں مَیں

یہ پریشانی مری سامانِ جمعیّت نہ ہو
یہ جگر سوزی چراغِ خانۂ حکمت نہ ہو

ناتوانی ہی مری سرمایۂ قوت نہ ہو
رشکِ جامِ جم مرا آئینۂ حیرت نہ ہو

یہ تلاشِ متّصل شمعِ جہاں افروز ہے
توسِ ادراکِ انساں کو خرام آموز ہے

عہدِ طفلی

تھے دیارِ نو زمین و آسماں میرے لیے
وسعتِ آغوشِ مادر اک جہاں میرے لیے
تھی ہر اک جنبش نشانِ لطفِ جاں میرے لیے
حرفِ بے مطلب تھی خود میری زباں میرے لیے

درد، طفلی میں اگر کوئی رلاتا تھا مجھے
شورشِ زنجیرِ دَر میں لطف آتا تھا مجھے

تکتے رہنا ہائے! وہ پہروں تلک سوئے قمر
وہ پھٹے بادل میں بے آوازِ پا اس کا سفر
پوچھنا رہ رہ کے اس کے کوہ و صحرا کی خبر
اور وہ حیرت دروغِ مصلحت آمیز پر

آنکھ وقفِ دید تھی، لب مائل گفتار تھا
دل نہ تھا میرا، سراپا ذوقِ استفسار تھا

مرزا غالب

فکرِ انساں پر تری ہستی سے یہ روشن ہوا
ہے پر مرغِ تخیل کی رسائی تا کجا
تھا سراپا روح تُو، بزمِ سخن پیکر ترا
زیبِ محفل بھی رہا محفل سے پنہاں بھی رہا

دیدِ تیری آنکھ کو اس حسن کی منظور ہے
بن کے سوزِ زندگی ہر شے میں جو مستور ہے

محفلِ ہستی تری بربط سے ہے سرمایہ دار
جس طرح ندی کے نغموں سے سکوتِ کوہسار
تیرے فردوسِ تخیل سے ہے قدرت کی بہار
تیری کشتِ فکر سے اگتے ہیں عالم سبزہ وار

زندگی مضمر ہے تیری شوخیِ تحریر میں

تابِ گویائی سے جنبش ہے لبِ تصویر میں

نطق کو سو ناز ہیں تیرے لبِ اعجاز پر

محوِ حیرت ہے ثریّا رفعتِ پرواز پر

شاہدِ مضموں تصدّق ہے ترے انداز پر

خندہ زن ہے غنچۂ دلّی گلِ شیراز پر

آہ! تُو اجڑی ہوئی دلّی میں آرامیدہ ہے

گلشنِ ویمر[1] میں تیرا ہم نوا خوابیدہ ہے

لطفِ گویائی میں تیری ہمسری ممکن نہیں

ہو تخیّل کا نہ جب تک فکرِ کامل ہم نشیں

ہائے! اب کیا ہو گئی ہندوستاں کی سرزمیں

آہ! اے نظّارہ آموزِ نگاہِ نکتہ بیں

گیسوئے اردو ابھی منّت پذیرِ شانہ ہے

شمع یہ سودائی دل سوزیِ پروانہ ہے

اے جہان آباد، اے گہوارۂ علم و ہنر

ہیں سراپا نالۂ خاموش تیرے بام و در

ذرّے ذرّے میں ترے خوابیدہ ہیں شمس و قمر

یوں تو پوشیدہ ہیں تیری خاک میں لاکھوں گہر

دفن تجھ میں کوئی فخرِ روزگار ایسا بھی ہے؟

تجھ میں پنہاں کوئی موتی آبدار ایسا بھی ہے؟

ابرِ کوہسار

ہے بلندی سے فلک بوس نشیمن میرا

ابرِ کہسار ہُوں، گل پاش ہے دامن میرا

کبھی صحرا، کبھی گلزار ہے مسکن میرا

شہر و ویرانہ مرا، بحر مرا، بَن میرا

کسی وادی میں جو منظور ہو سونا مجھ کو

سبزۂ کوہ ہے مخمل کا بچھونا مجھ کو

مجھ کو قدرت نے سکھایا ہے دُر افشاں ہونا

ناقۂ شاہدِ رحمت کا حدیٔ خواں ہونا

غم زدائے دلِ افسردۂ دہقاں ہونا

رونقِ بزمِ جوانانِ گلستاں ہونا

بن کے گیسو رخِ ہستی پہ بکھر جاتا ہُوں

شانۂ موجۂ صرصر سے سنور جاتا ہُوں

دُور سے دیدۂ امّید کو ترساتا ہُوں

کسی بستی سے جو خاموش گزر جاتا ہُوں

سَیر کرتا ہوا جس دم لبِ جُو آتا ہُوں

بالیاں نہر کو گِرداب کی پہناتا ہُوں

سبزۂ مزرعِ نوخیز کی امّید ہُوں مَیں

زادۂ بحر ہُوں پروردۂ خورشید ہُوں مَیں

چشمۂ کوہ کو دی شورشِ قلزم مَیں نے

اور پرندوں کو کیا محوِ ترنم مَیں نے

سر پہ سبزے کے کھڑے ہو کے کہا "قُم"، مَیں نے

غنچۂ گل کو دیا ذوقِ تبسم مَیں نے

فیض سے میرے نمونے ہیں شبستانوں کے

جھونپڑے دامنِ کہسار میں دہقانوں کے

ایک مکڑا اور مکھی

(ماخوذ - بچوں کے لیے)

اک دن کسی مکھی سے یہ کہنے لگا مکڑا

اس راہ سے ہوتا ہے گزر روز تمھارا

لیکن مری کٹیا کی نہ جاگی کبھی قسمت

بھولے سے کبھی تم نے یہاں پاؤں نہ رکھا
غیروں سے نہ ملیے تو کوئی بات نہیں ہے
اپنوں سے مگر چاہیے یوں کھینچ کے نہ رہنا
آؤ جو مرے گھر میں تو عزت ہے یہ میری
وہ سامنے سیڑھی ہے جو منظور ہو آنا

مکھی نے سنی بات جو مکڑے کی تو بولی
حضرت! کسی نادان کو دیجے گا یہ دھوکا
اس جال میں مکھی کبھی آنے کی نہیں ہے
جو آپ کی سیڑھی پہ چڑھا، پھر نہیں اترا

مکڑے نے کہا واہ! فریبی مجھے سمجھے
تم سا کوئی نادان زمانے میں نہ ہو گا
منظور تمھاری مجھے خاطر تھی وگرنہ
کچھ فائدہ اپنا تو مرا اس میں نہیں تھا
اڑتی ہوئی آئی ہو خدا جانے کہاں سے
ٹھہرو جو مرے گھر میں تو ہے اس میں برا کیا!
اس گھر میں کئی تم کو دکھانے کی ہیں چیزیں
باہر سے نظر آتا ہے چھوٹی سی یہ کٹیا
لٹکے ہوئے دروازوں پہ باریک ہیں پردے
دیواروں کو آئینوں سے ہے میں نے سجایا
مہمانوں کے آرام کو حاضر ہیں بچھونے
ہر شخص کو ساماں یہ میسر نہیں ہوتا

مکھی نے کہا خیر، یہ سب ٹھیک ہے لیکن
میں آپ کے گھر آؤں، یہ امیّد نہ رکھنا
ان نرم بچھونوں سے خدا مجھ کو بچائے
سو جائے کوئی ان پہ تو پھر اٹھ نہیں سکتا

مکڑے نے کہا دل میں سنی بات جو اس کی

پھانسوں اِسے کس طرح یہ کم بخت ہے دانا
سَو کام خوشامد سے نکلتے ہیں جہاں میں
دیکھو جسے دنیا میں خوشامد کا ہے بندا

یہ سوچ کے مکھی سے کہا اس نے بڑی بی!
اللہ نے بخشا ہے بڑا آپ کو رتبہ
ہوتی ہے اُسے آپ کی صورت سے محبّت
ہو جس نے کبھی ایک نظر آپ کو دیکھا
آنکھیں ہیں کہ ہیرے کی چمکتی ہوئی کنیاں
سر آپ کا اللہ نے کلغی سے سجایا
یہ حسن، یہ پوشاک، یہ خوبی، یہ صفائی
پھر اس پہ قیامت ہے یہ اڑتے ہوئے گانا

مکھی نے سنی جب یہ خوشامد تو پسیجی
بولی کہ نہیں آپ سے مجھ کو کوئی کھٹکا
انکار کی عادت کو سمجھتی ہُوں برا مَیں
سچ یہ ہے کہ دل توڑنا اچھا نہیں ہوتا
یہ بات کہی اور اُڑی اپنی جگہ سے
پاس آئی تو مکڑے نے اچھل کر اسے پکڑا
بھوکا تھا کئی روز سے اب ہاتھ جو آئی
آرام سے گھر بیٹھ کے مکھی کو اڑایا

ایک پہاڑ اور گلہری

(ماخوذ از ایمرسن ۔ بچوں کے لیے)

کوئی پہاڑ یہ کہتا تھا اک گلہری سے
تجھے ہو شرم تُو پانی میں جا کے ڈوب مرے
ذرا سی چیز ہے، اس پر غرور، کیا کہنا!
یہ عقل اور یہ سمجھ، یہ شعُور، کیا کہنا!

خدا کی شان ہے ناچیز، چیز بَن بیٹھیں

جو بے شعُور ہوں یوں، باتمیز بَن بیٹھیں

تری بساط ہے کیا میری شان کے آگے

زمیں ہے پست مری آن بان کے آگے

جو بات مجھ میں ہے، تجھ کو وہ ہے نصیب کہاں

بھلا پہاڑ کہاں، جانور غریب کہاں!

کہا یہ سن کے گلہری نے، منہ سنبھال ذرا

یہ کچی باتیں ہیں دل سے انہیں نکال ذرا

جو مَیں بڑی نہیں تیری طرح تو کیا پروا

نہیں ہے تُو بھی تو آخر مری طرح چھوٹا

ہر ایک چیز سے پیدا خدا کی قدرت ہے

کوئی بڑا، کوئی چھوٹا، یہ اس کی حکمت ہے

بڑا جہان میں تجھ کو بنا دیا اس نے

مجھے درخت پہ چڑھنا سکھا دیا اس نے

قدم اٹھانے کی طاقت نہیں ذرا تجھ میں

نری بڑائی ہے، خوبی ہے اور کیا تجھ میں

جو تُو بڑا ہے تو مجھ سا ہنر دکھا مجھ کو

یہ چھالیا ہی ذرا توڑ کر دکھا مجھ کو

نہیں ہے چیز نکمّی کوئی زمانے میں

کوئی برا نہیں قدرت کے کارخانے میں

ایک گائے اور بکری

(ماخوذ - بچوں کے لیے)

اک چراگہ ہری بھری تھی کہیں

تھی سراپا بہار جس کی زمیں

کیا سماں اس بہار کا ہو بیاں

ہر طرف صاف ندّیاں تھیں رواں

تھے اناروں کے بے شمار درخت

اور پیپل کے سایہ دار درخت

ٹھنڈی ٹھنڈی ہوائیں آتی تھیں

طائروں کی صدائیں آتی تھیں

کسی ندی کے پاس اک بکری

چرتے چرتے کہیں سے آ نکلی

جب ٹھہر کر اِدھر اُدھر دیکھا

پاس اک گائے کو کھڑے پایا

پہلے جھک کر اسے سلام کیا

پھر سلیقے سے یوں کلام کیا

کیوں بڑی بی! مزاج کیسے ہیں

گائے بولی کہ خیر اچھے ہیں

کٹ رہی ہے بُری بھلی اپنی

ہے مصیبت میں زندگی اپنی

جان پر آ بنی ہے، کیا کہیے

اپنی قسمت بُری ہے، کیا کہیے

دیکھتی ہُوں خدا کی شان کو مَیں

رو رہی ہُوں بُروں کی جان کو مَیں

زور چلتا نہیں غریبوں کا

پیش آیا لکھا نصیبوں کا

آدمی سے کوئی بھلا نہ کرے

اس سے پالا پڑے، خدا نہ کرے

دودھ کم دوں تو بڑبڑاتا ہے

ہُوں جو دبلی تو پیچ کھاتا ہے

ہتھکنڈوں سے غلام کرتا ہے

کن فریبوں سے رام کرتا ہے

اس کے بچوں کو پالتی ہُوں مَیں
دودھ سے جان ڈالتی ہُوں مَیں
بدلے نیکی کے یہ بُرائی ہے
میرے اللہ! تری دہائی ہے!!

سن کے بکری یہ ماجرا سارا
بولی، ایسا گلہ نہیں اچھا
بات سچی ہے بے مزا لگتی
مَیں کہوں گی مگر خدا لگتی
یہ چراگہ، یہ ٹھنڈی ٹھنڈی ہَوا
یہ ہری گھاس اور یہ سایا
ایسی خوشیاں ہمیں نصیب کہاں
یہ کہاں، بے زباں غریب کہاں!
یہ مزے آدمی کے دم سے ہیں
لطف سارے اسی کے دم سے ہیں
اس کے دم سے ہے اپنی آبادی
قید ہم کو بھلی، کہ آزادی؟
سو طرح کا بنوں میں ہے کھٹکا
واں کی گزران سے بچائے خدا
ہم پہ احسان ہے بڑا اس کا
ہم کو زیبا نہیں گلہ اس کا
قدر آرام کی اگر سمجھو
آدمی کا کبھی گلہ نہ کرو

گائے سن کر یہ بات شرمائی
آدمی کے گلے سے پچھتائی
دل میں پرکھا بھلا برا اُس نے
اور کچھ سوچ کر کہا اُس نے
یوں تو چھوٹی ہے ذات بکری کی

دل کو لگتی ہے بات بکری کی!

بچے کی دعا

(ماخوذ ۔ بچوں کے لیے)

لب پہ آتی ہے دعا بن کے تمنّا میری

زندگی شمع کی صورت ہو خدایا میری

دُور دنیا کا مرے دم سے اندھیرا ہو جائے

ہر جگہ میرے چمکنے سے اُجالا ہو جائے

ہو مرے دم سے یونہی میرے وطن کی زینت

جس طرح پھول سے ہوتی ہے چمن کی زینت

زندگی ہو مری پروانے کی صورت یارب

عِلم کی شمع سے ہو مجھ کو محبّت یارب

ہو مرا کام غریبوں کی حمایت کرنا

درد مندوں سے ضعیفوں سے محبّت کرنا

مرے اللہ! برائی سے بچانا مجھ کو

نیک جو راہ ہو اس رہ پہ چلانا مجھ کو

ہمدردی

(ماخوذ از ولیَم کُوپر ۔ بچوں کے لیے)

ٹہنی پہ کسی شجر کی تنہا

بلبل تھا کوئی اداس بیٹھا

کہتا تھا کہ رات سر پہ آئی

اڑنے چگنے میں دن گزارا

پہنچوں کس طرح آشیاں تک

ہر چیز پہ چھا گیا اندھیرا

سن کر بلبل کی آہ و زاری

جگنو کوئی پاس ہی سے بولا

حاضر ہُوں مدد کو جان و دل سے

کیڑا ہُوں اگرچہ مَیں ذرا سا

کیا غم ہے جو رات ہے اندھیری

مَیں راہ میں روشنی کروں گا

اللہ نے دی ہے مجھ کو مشعل

چمکا کے مجھے دِیا بنایا

ہیں لوگ وہی جہاں میں اچھے

آتے ہیں جو کام دوسرں کے

ماں کا خواب

(ماخوذ ۔ بچوں کے لیے)

مَیں سوئی جو اک شب تو دیکھا یہ خواب

بڑھا اور جس سے مرا اضطراب

یہ دیکھا کہ مَیں جا رہی ہُوں کہیں

اندھیرا ہے اور راہ ملتی نہیں

لرزتا تھا ڈر سے مرا بال بال

قدم کا تھا دہشت سے اٹھنا محال

جو کچھ حوصلہ پا کے آگے بڑھی

تو دیکھا قطار ایک لڑکوں کی تھی

زمرّد سی پوشاک پہنے ہوئے

دیے سب کے ہاتھوں میں جلتے ہوئے

وہ چپ چاپ تھے آگے پیچھے رواں

خدا جانے جانا تھا ان کو کہاں

اسی سوچ میں تھی کہ میرا پسر

مجھے اس جماعت میں آیا نظر

وہ پیچھے تھا اور تیز چلتا نہ تھا

دِیا اس کے ہاتھوں میں جلتا نہ تھا

کہا مَیں نے پہچان کر، میری جاں!

مجھے چھوڑ کر آ گئے تم کہاں!

جدائی میں رہتی ہوں مَیں بے قرار

پروتی ہوں ہر روز اشکوں کے ہار

نہ پروا ہماری ذرا تم نے کی

گئے چھوڑ، اچھی وفا تم نے کی

جو بچے نے دیکھا مرا پیچ و تاب

دیا اس نے منہ پھیر کر یوں جواب

رلاتی ہے تجھ کو جدائی مری

نہیں اس میں کچھ بھی بھلائی مری

یہ کہہ کر وہ کچھ دیر تک چپ رہا

دِیا پھر دکھا کر یہ کہنے لگا

سمجھتی ہے تُو ہو گیا کیا اسے؟

ترے آنسوؤں نے بجھایا اسے!

پرندے کی فریاد

(بچوں کے لیے)

آتا ہے یاد مجھ کو گزرا ہوا زمانا

وہ باغ کی بہاریں وہ سب کا چہچہانا

آزادیاں کہاں وہ اب اپنے گھونسلے کی

اپنی خوشی سے آنا، اپنی خوشی سے جانا

لگتی ہے چوٹ دل پر، آتا ہے یاد جس دم

شبنم کے آنسوؤں پر کلیوں کا مسکرانا

وہ پیاری پیاری صورت، وہ کامنی سی مورت
آباد جس کے دم سے تھا میرا آشیانا
آتی نہیں صدائیں اس کی مرے قفس میں
ہوتی مری رہائی اے کاش میرے بس میں!

کیا بد نصیب ہوں مَیں گھر کو ترس رہا ہوں
ساتھی تو ہیں وطن میں، مَیں قید میں پڑا ہوں
آئی بہار کلیاں پھولوں کی ہنس رہی ہیں
مَیں اس اندھیرے گھر میں قسمت کو رو رہا ہوں
اس قید کا الٰہی! دکھڑا کسے سناؤں
ڈر ہے یہیں قفس میں، مَیں غم سے مر نہ جاؤں
جب سے چمن سے چھٹا ہے، یہ حال ہو گیا ہے
دل غم کو کھا رہا ہے، غم دل کو کھا رہا ہے
گانا اسے سمجھ کر خوش ہوں نہ سننے والے
دُکھتے ہوئے دلوں کی فریاد یہ صدا ہے
آزاد مجھ کو کر دے، او قید کرنے والے!
مَیں بے زباں ہوں قیدی، تُو چھوڑ کر دعا لے

خُفتگانِ خاک سے استفسار

مہرِ روشن چھپ گیا، اٹھی نقابِ روئے شام
شانۂ ہستی پہ ہے بکھرا ہوا گیسوئے شام
یہ سیہ پوشی کی تیاری کسی کے غم میں ہے
محفلِ قدرت مگر خورشید کے ماتم میں ہے
کر رہا ہے آسماں جادو لبِ گفتار پر
ساحرِ شب کی نظر ہے دیدۂ بیدار پر
غوطہ زن دریائے خاموشی میں ہے موجِ ہوا
ہاں، مگر اک دُور سے آتی ہے آوازِ درا
دل کہ ہے بے تابیِ الفت میں دنیا سے نفور

کھینچ لایا ہے مجھے ہنگامۂ عالم سے دُور
منظرِ حرماں نصیبی کا تماشائی ہُوں میں
ہم نشینِ خفتگانِ کنجِ تنہائی ہُوں میں

تھم ذرا بے تابیِ دل! بیٹھ جانے دے مجھے
اور اس بستی پہ چار آنسو گرانے دے مجھے
اے مئے غفلت کے سرمستو، کہاں رہتے ہو تم
کچھ کہو اس دیس کی آخر، جہاں رہتے ہو تم
وہ بھی حیرت خانۂ امروز و فردا ہے کوئی؟
اور پیکارِ عناصر کا تماشا ہے کوئی؟
آدمی واں بھی حصارِ غم میں ہے محصور کیا؟
اس ولایت میں بھی ہے انساں کا دل مجبور کیا؟
واں بھی جل مرتا ہے سوزِ شمع پر پروانہ کیا؟
اس چمن میں بھی ہے گل و بلبل کا ہے افسانہ کیا؟
یاں تو اک مصرع میں پہلو سے نکل جاتا ہے دل
شعر کی گرمی سے کیا واں بھی پگھل جاتا ہے دل؟

رشتہ و پیوند یاں کے جان کا آزار ہیں
اس گلستاں میں بھی کیا ایسے نکیلے خار ہیں؟
اس جہاں میں اک معیشت اور سو افتاد ہے
روح کیا اس دیس میں اس فکر سے آزاد ہے؟
کیا وہاں بجلی بھی ہے، دہقاں بھی ہے، خرمن بھی ہے؟
قافلے والے بھی ہیں، اندیشۂ رہزن بھی ہے؟
تنکے چنتے ہیں وہاں بھی آشیاں کے واسطے؟
خشت و گل کی فکر ہوتی ہے مکاں کے واسطے؟
واں بھی انساں اپنی اصلیت سے بیگانے ہیں کیا؟
امتیازِ ملّت و آئیں کے دیوانے ہیں کیا؟
واں بھی کیا فریادِ بلبل پر چمن روتا نہیں؟
اس جہاں کی طرح واں بھی دردِ دل ہوتا نہیں؟

باغ ہے فردوس یا اک منزلِ آرام ہے؟
یا رخِ بے پردۂ حسنِ ازل کا نام ہے؟
کیا جہنم معصیت سوزی کی اک ترکیب ہے؟
آگ کے شعلوں میں پنہاں مقصدِ تادیب ہے؟
کیا عوض رفتار کے اس دیس میں پرواز ہے؟
موت کہتے ہیں جسے اہلِ زمیں، کیا راز ہے؟
اضطرابِ دل کا ساماں یاں کی ہست و بُود ہے
علمِ انساں اس ولایت میں بھی کیا محدود ہے؟
دید سے تسکین پاتا ہے دلِ مہجور بھی؟
"لن ترانی" کہہ رہے ہیں یا وہاں کے طُور بھی؟

جستجو میں ہے وہاں بھی روح کو آرام کیا؟
واں بھی انساں ہے قتیلِ ذوقِ استفہام کیا؟
آہ! وہ کشور بھی تاریکی سے کیا معمور ہے؟
یا محبّت کی تجلّی سے سراپا نور ہے؟
تم بتا دو راز جو اس گنبدِ گرداں میں ہے
موت اک چھپتا ہوا کانٹا دلِ انساں میں ہے

شمع و پروانہ

پروانہ تجھ سے کرتا ہے اے شمع پیار کیوں
یہ جانِ بے قرار ہے تجھ پر نثار کیوں
سیماب وار رکھتی ہے تیری ادا اسے
آدابِ عشق تُو نے سکھائے ہیں کیا اسے؟
کرتا ہے یہ طواف تری جلوہ گاہ کا
پھونکا ہوا ہے کیا تری برقِ نگاہ کا؟
آزارِ موت میں اسے آرامِ جاں ہے کیا؟
شعلے میں تیرے زندگی جاوداں ہے کیا؟

غم خانۂ جہاں میں جو تیری ضیا نہ ہو

اس تفتہ دل کا نخلِ تمنّا ہرا نہ ہو

گرنا ترے حضور میں اس کی نماز ہے

ننھے سے دل میں لذّتِ سوز و گداز ہے

کچھ اس میں جوشِ عاشقِ حسنِ قدیم ہے

چھوٹا سا طور تُو، یہ ذرا سا کلیم ہے

پروانہ، اور ذوقِ تماشائے روشنی

کیڑا ذرا سا، اور تمنائے روشنی!

عقل و دل

عقل نے ایک دن یہ دل سے کہا

بھولے بھٹکے کی رہنما ہُوں میں

ہُوں زمیں پر، گزر فلک پہ مرا

دیکھ تو کس قدر رسا ہُوں میں

کامِ دنیا میں رہبری ہے مرا

مثلِ خضر خجستہ پا ہُوں میں

ہُوں مفسّرِ کتابِ ہستی کی

مظہرِ شانِ کبریا ہُوں میں

بوند اک خون کی ہے تُو لیکن

غیرتِ لعلِ بے بہا ہُوں میں

دل نے سن کر کہا یہ سب سچ ہے

پر مجھے بھی تو دیکھ، کیا ہُوں میں

رازِ ہستی کو تُو سمجھتی ہے

اور آنکھوں سے دیکھتا ہُوں میں

ہے تجھے واسطہ مظاہر سے

اور باطن سے آشنا ہُوں میں

علم تجھ سے تو معرفت مجھ سے

تُو خدا جُو، خدا نما ہُوں مَیں

علم کی انتہا ہے بے تابی

اس مرض کی مگر دوا ہُوں مَیں

شمع تُو محفلِ صداقت کی

حسن کی بزم کا دِیا ہُوں مَیں

تُو زمان و مکاں سے رشتہ بپا

طائرِ سدرہ آشنا ہُوں مَیں

کس بلندی پہ ہے مقام مرا

عرش ربِّ جلیل کا ہُوں مَیں!

صدائے درد

جل رہا ہُوں کل نہیں پڑتی کسی پہلو مجھے

ہاں ڈبو دے اے محیطِ آب گنگا تُو مجھے

سرزمیں اپنی قیامت کی نفاق انگیز ہے

وصل کیسا، یاں تو اک قربِ فراق انگیز ہے

بدلے ایک رنگی کے یہ ناآشنائی ہے غضب

ایک ہی خرمن کے دانوں میں جدائی ہے غضب

جس کے پھولوں میں اخوّت کی ہَوا آئی نہیں

اس چمن میں کوئی لطفِ نغمہ پیرائی نہیں

لذّتِ قربِ حقیقی پر مٹا جاتا ہُوں مَیں

اختلاطِ موجہ و ساحل سے گھبراتا ہُوں مَیں

دانۂ خرمن نما ہے شاعرِ معجز بیاں

ہو نہ خرمن ہی تو اس دانے کی ہستی پھر کہاں

حسن ہو کیا خود نما جب کوئی مائل ہی نہ ہو

شمع کو جلنے سے کیا مطلب جو محفل ہی نہ ہو

ذوقِ گویائی خموشی سے بدلتا کیوں نہیں

میرے آئینے سے یہ جوہر نکلتا کیوں نہیں

کب زباں کھولی ہماری لذّتِ گفتار نے!

پھونک ڈالا جب چمن کو آتشِ پیکار نے

آفتاب

(ترجمہ گایتری)

اے آفتاب! روح و روانِ جہاں ہے تُو

شیرازہ بند دفترِ کون و مکاں ہے تُو

باعث ہے تُو وجود و عدم کی نمود کا

ہے سبز تیرے دم سے چمن ہست و بُود کا

قائم یہ عنصروں کا تماشا تجھی سے ہے

ہر شے میں زندگی کا تقاضا تجھی سے ہے

ہر شے کو تیری جلوہ گری سے ثبات ہے

تیرا یہ سوز و ساز سراپا حیات ہے

وہ آفتاب جس سے زمانے میں نور ہے

دل ہے، خرد ہے، روحِ رواں ہے، شعُور ہے

اے آفتاب، ہم کو ضیائے شعُور دے

چشمِ خرد کو اپنی تجلّی سے نور دے

ہے محفلِ وجود کا ساماں طراز تُو

یزدانِ ساکنانِ نشیب و فراز تُو

تیرا کمال ہستی ہر جان دار میں

تیری نمود سلسلۂ کوہسار میں

ہر چیز کی حیات کا پروردگار تُو

زائیدگانِ نور کا ہے تاجدار تُو

نے ابتدا کوئی نہ کوئی انتہا تری

آزادِ قید، اوّل و آخر ضیا تری

شمع

بزمِ جہاں میں میں بھی ہُوں اے شمعِ درد مند

فریادِ دِرگرہ صفتِ دانۂ سپند

دی عشق نے حرارتِ سوزِ دروں تُجھے

اور گُل فروشِ اشکِ شفق گوں کیا مجھے

ہو شمعِ بزمِ عیش کہ شمعِ مزار تُو

ہر حال اشکِ غم سے رہی ہمکنار تُو

یک بیں ہیں تری نظر صفتِ عاشقانِ راز

میری نگاہ مایۂ آشوبِ امتیاز

کعبے میں، بت کدے میں ہے یکساں تری ضیا

میَں امتیازِ دَیر و حرم میں پھنسا ہوا

ہے شان آہ کی ترے دُودِ سیاہ میں

پوشیدہ کوئی دل ہے تری جلوہ گاہ میں؟

جلتی ہے تُو کہ برقِ تجلّی سے دُور ہے

بے درد تیرے سوز کو سمجھے کہ نور ہے

تُو جل رہی ہے اور تُجھے کچھ خبر نہیں

بینا ہے اور سوزِ دروں پر نظر نہیں

میَں جوشِ اضطراب سے سیماب وار بھی

آگاہِ اضطرابِ دلِ بے قرار بھی

تھا یہ بھی کوئی ناز کسی بے نیاز کا

احساس دے دیا مجھے اپنے گداز کا

یہ آگہی مری مجھے رکھتی ہے بے قرار

خوابیدہ اس شرر میں ہیں آتش کدے ہزار

یہ امتیازِ رفعت و پستی اسی سے ہے

گُل میں مہک، شراب میں مستی اسی سے ہے

بستان و بلبل و گل و بو ہے یہ آگہی
اصل کشاکشِ من و تُو ہے یہ آگہی

صبحِ ازل جو حسن ہوا دلستانِ عشق
آوازِ ”کُن“ ہوئی تپش آموزِ جانِ عشق

یہ حکم تھا کہ گلشنِ ”کُن“ کی بہار دیکھ
اک آنکھ لے کے خوابِ پریشاں ہزار دیکھ

مجھ سے خبر نہ پوچھ حجابِ وجود کی
شامِ فراق، صبح تھی میری نمود کی

وہ دن گئے کہ قید سے مَیں آشنا نہ تھا
زیبِ درختِ طُور مرا آشیانہ تھا

قیدی ہُوں اور قفس کو چمن جانتا ہُوں مَیں
غربت کے غم کدے کو وطن جانتا ہُوں مَیں

یادِ وطن فسردگی بے سبب بنی
شوقِ نظر کبھی، کبھی ذوقِ طلب بنی

اے شمع! انتہائے فریبِ خیال دیکھ
مسجودِ ساکنانِ فلک کا مآل دیکھ

مضموں فراق کا ہُوں، ثریّا نشاں ہُوں مَیں
آہنگِ طبعِ ناظمِ کون و مکاں ہُوں مَیں

باندھا مجھے جو اس نے تو چاہی مری نمود
تحریر کر دیا سرِ دیوانِ ہست و بُود

گوہر کو مُشتِ خاک میں رہنا پسند ہے
بندش اگرچہ سست ہے، مضموں بلند ہے

چشمِ غلط نگر کا یہ سارا قصور ہے
عالمِ ظہورِ جلوۂ ذوقِ شعُور ہے

یہ سلسلہ زمان و مکاں کا، کمند ہے
طوقِ گلوئے حسنِ تماشا پسند ہے

منزل کا اشتیاق ہے، گم کردہ راہ ہُوں
اے شمع! مَیں اسیرِ فریبِ نگاہ ہُوں

صیّاد آپ، حلقۂ دامِ ستم بھی آپ
بامِ حرم بھی، طائرِ بامِ حرم بھی آپ!

مَیں حسن ہُوں کہ عشقِ سراپا گداز ہُوں
کھُلتا نہیں کہ ناز ہُوں مَیں یا نیاز ہُوں

ہاں، آشنائے لب ہو نہ رازِ کہن کہیں
پھر چھڑ نہ جائے قصّۂ دار و رسن کہیں

ایک آرزو

دنیا کی محفلوں سے اکتا گیا ہُوں یارب
کیا لطف انجمن کا جب دل ہی بجھ گیا ہو

شورش سے بھاگتا ہُوں، دل ڈھونڈتا ہے میرا
ایسا سکوت جس پر تقریر بھی فدا ہو

مرتا ہُوں خامشی پر، یہ آرزو ہے میری
دامن میں کوہ کے اک چھوٹا سا جھونپڑا ہو

آزاد فکر سے ہُوں، عزلت میں دن گزاروں
دنیا کے غم کا دل سے کانٹا نکل گیا ہو

لذّت سرود کی ہو چڑیوں کے چہچہوں میں
چشمے کی شورشوں میں باجا سا بج رہا ہو

گل کی کلی چٹک کر پیغام دے کسی کا
ساغر ذرا سا گویا مجھ کو جہاں نما ہو

ہو ہاتھ کا سرھانا سبزے کا ہو بچھونا
شرمائے جس سے جلوت، خلوت میں وہ ادا ہو

مانوس اس قدر ہو صورت سے میری بلبل
ننھے سے دل میں اس کے کھٹکا نہ کچھ مرا ہو

صف باندھے دونوں جانب بوٹے ہرے ہرے ہوں

ندّی کا صاف پانی تصویر لے رہا ہو
ہو دل فریب ایسا کہسار کا نظارہ

پانی بھی موج بن کر اٹھ اٹھ کے دیکھتا ہو
آغوش میں زمیں کی سویا ہوا ہو سبزہ

پھر پھر کے جھاڑیوں میں پانی چمک رہا ہو
پانی کو چھو رہی ہو جھک جھک کے گل کی ٹہنی

جیسے حسین کوئی آئینہ دیکھتا ہو
مہندی لگائے سورج جب شام کی دلھن کو

سرخی لیے سنہری ہر پھول کی قبا ہو
راتوں کو چلنے والے رہ جائیں تھک کے جس دم

امید ان کی میرا ٹوٹا ہوا دِیا ہو
بجلی چمک کے ان کو کٹیا مری دکھا دے

جب آسماں پہ ہر سو بادل گھرا ہوا ہو
پچھلے پہر کی کوئل، وہ صبح کی مؤذن

مَیں اس کا ہم نوا ہُوں، وہ میری ہم نوا ہو
کانوں پہ ہو نہ میرے دَیر و حرم کا احساں

روزن ہی جھونپڑی کا مجھ کو سحر نما ہو
پھولوں کو آئے جس دم شبنم وضو کرانے

رونا مرا وضو ہو، نالہ مری دعا ہو
اس خامشی میں جائیں اتنے بلند نالے

تاروں کے قافلے کو میری صدا درا ہو

ہر دردمند دل کو رونا مرا رلا دے
بے ہوش جو پڑے ہیں، شاید انہیں جگا دے

آفتابِ صبح

شورشِ میخانہ انساں سے بالاتر ہے تُو
زینتِ بزمِ فلک ہو جس سے وہ ساغر ہے تُو

ہو دُرِ گوشِ عروسِ صبح وہ گوہر ہے تُو
جس پہ سیمائے افق نازاں ہو وہ زیور ہے تُو
صفحۂ ایّام سے داغِ مدادِ شب مٹا
آسماں سے نقشِ باطل کی طرح کوکب مٹا

حسن تیرا جب ہوا بامِ فلک سے جلوہ گر
آنکھ سے اڑتا ہے یک دم خواب کی مے کا اثر
نور سے معمور ہو جاتا ہے دامانِ نظر
کھولتی ہے چشمِ ظاہر کو ضیا تیری مگر
ڈھونڈتی ہیں جس کو آنکھیں وہ تماشا چاہیے
چشمِ باطن جس سے کھل جائے وہ جلوہ چاہیے

شوقِ آزادی کے دنیا میں نہ نکلے حوصلے
زندگی بھر قید زنجیرِ تعلق میں رہے
زیر و بالا ایک ہیں تیری نگاہوں کے لیے
آرزو ہے کچھ اسی چشمِ تماشا کی مجھے
آنکھ میری اور کے غم میَں سرشک آباد ہو
امتیازِ ملّت و آئیں سے دل آزاد ہو!

بستۂ رنگِ خصوصیّت نہ ہو میری زباں
نوعِ انساں قوم ہو میری، وطن میرا جہاں
دیدۂ باطن پہ رازِ نظمِ قدرت ہو عیاں
ہو شناسائے فلک شمعِ تخیل کا دھواں
عقدۂ اضداد کی کاوش نہ تڑپائے مجھے
حسنِ عشق انگیز ہر شے میں نظر آئے مجھے!

صدمہ آ جائے ہَوا سے گل کی پتّی کو اگر
اشک بن کر میری آنکھوں سے ٹپک جائے اثر
دل میں ہو سوزِ محبّت کا وہ چھوٹا سا شرر
نور سے جس کے ملے رازِ حقیقت کی خبر

شاہدِ قدرت کا آئینہ ہو، دل میرا نہ ہو
سر میں جز ہمدردیِ انساں کوئی سودا نہ ہو

تُو اگر زحمت کشِ ہنگامۂ عالم نہیں
یہ فضیلت کا نشاں اے نیّرِ اعظم نہیں
اپنے حسنِ عالم آرا سے جو تُو محرم نہیں
ہمسرِ یک ذرّۂ خاکِ درِ آدم نہیں
نورِ مسجودِ ملَک، گرم تماشا ہی رہا
اور تُو منّت پذیرِ صبحِ فردا ہی رہا

آرزو نورِ حقیقت کی ہمارے دل میں ہے
لیلیٰ ذوقِ طلب کا گھر اسی محمل میں ہے
کس قدر لذّتِ کشودِ عقدۂ مشکل میں ہے
لطفِ صد حاصل ہماری سعیِ بے حاصل میں ہے
دردِ استفہام سے واقف ترا پہلو نہیں
جستجوئے رازِ قدرت کا شناسا تُو نہیں

دردِ عشق

اے دردِ عشق! ہے گہرِ آب دار تُو
نامحرموں میں دیکھ نہ ہو آشکار تُو
پنہاں تہِ نقاب تری جلوہ گاہ ہے
ظاہر پرست محفلِ نو کی نگاہ ہے
آئی نئی ہَوا چمنِ ہست و بُود میں
اے دردِ عشق! اب نہیں لذّت نمود میں
ہاں خود نمائیوں کی تجھے جستجو نہ ہو
منّت پذیر نالۂ بلبل کا تُو نہ ہو!
خالی شرابِ عشق سے لالے کا جام ہو
پانی کی بوند گریۂ شبنم کا نام ہو

پنہاں درونِ سینہ کہیں راز ہو ترا
اشکِ جگر گداز نہ غماز ہو ترا
گویا زبانِ شاعرِ رنگیں بیاں نہ ہو
آوازِ نَے میں شکوۂ فرقت نہاں نہ ہو

یہ دورِ نکتہ چیں ہے، کہیں چھپ کے بیٹھ رہ
جس دل میں تُو مکیں ہے، وہیں چھپ کے بیٹھ رہ

غافل ہے تجھ سے حیرتِ علم آفریدہ دیکھ!
جویا نہیں تری نگہِ نارسیدہ دیکھ
رہنے دے جستجو میں خیالِ بلند کو
حیرت میں چھوڑ دیدۂ حکمت پسند کو
جس کی بہار تُو ہو یہ ایسا چمن نہیں
قابل تری نمود کے یہ انجمن نہیں
یہ انجمن ہے کشتۂ نظّارۂ مجاز
مقصد تری نگاہ کا خلوت سرائے راز

ہر دل مئے خیال کی مستی سے چُور ہے
کچھ اور آج کل کے کلیموں کا طُور ہے

گلِ پژمردہ

کس زباں سے اے گلِ پژمردہ تجھ کو گل کہوں
کس طرح تجھ کو تمنائے دلِ بلبل کہوں
تھی کبھی موجِ صبا گہوارۂ جنباں ترا
نام تھا صحنِ گلستاں میں گلِ خنداں ترا

تیرے احساں کا نسیمِ صبح کو اقرار تھا
باغ تیرے دم سے گویا طبلۂ عطّار تھا
تجھ پہ برساتا ہے شبنم دیدۂ گریاں مرا

ہے نہاں تیری اداسی میں دلِ ویراں مرا

میری بربادی کی ہے چھوٹی سی اک تصویر تُو

خواب میری زندگی اُٹھی جس کی ہے تعبیر تُو

ہمچونیے از نیستانِ خود حکایت می کنم

بشنو اے گل! از جدائی ہا شکایت می کنم

سیّد کی لوحِ تربت

اے کہ تیرا مرغِ جاں تارِ نفَس میں ہے اسیر

اے کہ تیری روح کا طائر قفس میں ہے اسیر

اس چمن کے نغمہ پیراؤں کی آزادی تو دیکھ

شہر جو اجڑا ہوا تھا اس کی آبادی تو دیکھ

فکر رہتی تھی مجھے جس کی وہ محفل ہے یہی

صبر و استقلال کی کھیتی کا حاصل ہے یہی

سنگِ تربت ہے مرا گرویدۂ تقریر دیکھ

چشمِ باطن سے ذرا اس لوح کی تحریر دیکھ

مدّعا تیرا اگر دنیا میں ہے تعلیمِ دیں

ترکِ دنیا قوم کو اپنی نہ سکھلانا کہیں

وا نہ کرنا فرقہ بندی کے لیے اپنی زباں

چھپ کے ہے بیٹھا ہوا ہنگامۂ محشر یہاں

وصل کے اسباب پیدا ہوں تری تحریر سے

دیکھ کوئی دل نہ دکھ جائے تری تقریر سے

محفلِ نو میں پرانی داستانوں کو نہ چھیڑ

رنگ پر جو اب نہ آئیں ان فسانوں کو نہ چھیڑ

تُو اگر کوئی مدبّر ہے تو سن میری صدا

ہے دلیری دستِ اربابِ سیاست کا عصا

عرضِ مطلب سے جھجک جانا نہیں زیبا تجھے
نیک ہے نیت اگر تیری تو کیا پروا تجھے

بندۂ مومن کا دل بیم و ریا سے پاک ہے
قوتِ فرماں روا کے سامنے بے باک ہے

ہو اگر ہاتھوں میں تیرے خامۂ معجز رقم
شیشۂ دل ہو اگر تیرا مثالِ جامِ جم

پاک رکھ اپنی زباں، تلمیذِ رحمانی ہے تُو
ہو نہ جائے دیکھنا تیری صدا بے آبرو!

سونے والوں کو جگا دے شعر کے اعجاز سے
خرمنِ باطل جلا دے شعلۂ آواز سے

ماہِ نو

ٹوٹ کر خورشید کی کشتی ہوئی غرقابِ نیل
ایک ٹکڑا تیرتا پھرتا ہے روئے آبِ نیل

طشتِ گردُوں میں ٹپکتا ہے شفق کا خون ناب
نشترِ قدرت نے کیا کھولی ہے فصدِ آفتاب

چرخ نے بالی چرا لی ہے عروسِ شام کی
نیل کے پانی میں یا مچھلی ہے سیمِ خام کی

قافلہ تیرا رواں بے منّتِ بانگِ درا
گوشِ انساں سن نہیں سکتا تری آوازِ پا

گھٹنے بڑھنے کا سماں آنکھوں کو دکھلاتا ہے تُو
ہے وطن تیرا کدھر، کس دیس کو جاتا ہے تُو

ساتھ اے سیّارۂ ثابت نما لے چل مجھے
خارِ حسرت کی خلش رکھتی ہے اب بے کل مجھے

نور کا طالب ہُوں، گھبراتا ہُوں اس بستی میں مَیں

طفلکِ سیماب پا ہُوں مکتبِ ہستی میں مَیں

انسان اور بزمِ قدرت

صبح خورشیدِ درخشاں کو جو دیکھا مَیں نے

بزمِ معمورۂ ہستی سے یہ پوچھا مَیں نے

پرتَوِ مہر کے دم سے ہے اُجالا تیرا

سیم سیّال ہے پانی ترے دریاؤں کا

مہر نے نور کا زیور تجھے پہنایا ہے

تیری محفل کو اسی شمع نے چمکایا ہے

گل و گلزار ترے خلد کی تصویریں ہیں

یہ سبھی ''سورۂ والشّمس'' کی تفسیریں ہیں

سرخ پوشاک ہے پھولوں کی، درختوں کی ہری

تیری محفل میں کوئی سبز، کوئی لال پری

ہے ترے خیمۂ گردُوں کی طلائی جھالر

بدلیاں لال سی آتی ہیں افق پر جو نظر

کیا بھلی لگتی ہے آنکھوں کو شفق کی لالی

مئے گل رنگ خم شام میں تُو نے ڈالی

رتبہ تیرا ہے بڑا، شان بڑی ہے تیری

پردۂ نور میں مستور ہے ہر شَے تیری

صبح اک گیت سراپا ہے تری سطوت کا

زیرِ خورشید نشاں تک بھی نہیں ظلمت کا

مَیں بھی آباد ہُوں اس نور کی بستی میں مگر

جل گیا پھر مری تقدیر کا اختر کیونکر؟

نور سے دُور ہُوں ظلمت میں گرفتار ہُوں مَیں

کیوں سیہ روز، سیہ بخت، سیہ کار ہُوں مَیں؟

مَیں یہ کہتا تھا کہ آواز کہیں سے آئی

بامِ گردُوں سے وہ یا صحنِ زمیں سے آئی

ہے ترے نور سے وابستہ مری بُود و نبُود

باغباں ہے تری ہستی چپے گلزارِ وجود

انجمن حسن کی ہے تُو، تری تصویر ہُوں میں

عشق کا تُو ہے صحیفہ، تری تفسیر ہُوں میں

میرے بگڑے ہوئے کاموں کو بنایا تُو نے

بار جو مجھ سے نہ اٹھا وہ اٹھایا تُو نے

نورِ خورشید کی محتاج ہے ہستی میری

اور بے منّتِ خورشید چمک ہے تری

ہو نہ خورشید تو ویراں ہو گلستاں میرا

منزلِ عیش کی جا نام ہو زنداں میرا

آہ اے رازِ عیاں کے نہ سمجھے والے!

حلقۂ دامِ تمنّا میں الجھنے والے

ہائے غفلت کہ تری آنکھ ہے پابندِ مجاز

ناز زیبا تھا تجھے، تُو ہے مگر گرمِ نیاز

تُو اگر اپنی حقیقت سے خبردار رہے

نہ سیہ روز رہے پھر نہ سیہ کار رہے

پیامِ صبح

(ماخوذ از لانگ فیلو)

اُجالا جب ہوا رخصت جبینِ شب کی افشاں کا

نسیمِ زندگی پیغام لائی صبح خنداں کا

جگایا بلبلِ رنگیں نوا کو آشیانے میں

کنارے کھیت کے شانہ ہلایا اس نے دہقاں کا

طلسم ظلمتِ شب سورۂ والنّور سے توڑا

اندھیرے میں اڑایا تاجِ زر، شمعِ شبستاں کا

پڑھا خوابیدگانِ دیر پر افسونِ بیداری

برہمن کو دیا پیغام خورشیدِ درخشاں کا
ہوئی بامِ حرم پر آ کے یوں گویا مؤذن سے
نہیں کھٹکا ترے دل میں نمودِ مہرِ تاباں کا؟
پکاری اس طرح دیوارِ گلشن پر کھڑے ہو کر
چٹک او غنچۂ گل! تُو مؤذن ہے گلستاں کا
دیا یہ حکم، صحرا میں چلو اے قافلے والو!
چمکنے کو ہے جگنو بن کے ہر ذرّہ بیاباں کا
سوئے گورِ غریباں جب گئی زندوں کی بستی سے
تو یوں بولی نظارا دیکھ کر شہرِ خموشاں کا
ابھی آرام سے لیٹے رہو، مَیں پھر بھی آؤں گی
سُلا دوں گی جہاں کو، خواب سے تم کو جگاؤں گی

عشق اور موت

(ماخوذ از ٹینیسن)

سہانی نمودِ جہاں کی گھڑی تھی
تبسم فشاں زندگی کی کلی تھی
کہیں مہر کو تاجِ زر مل رہا تھا
عطا چاند کو چاندنی ہو رہی تھی
سیہ پیرہن شام کو دے رہے تھے
ستاروں کو تعلیم تابندگی تھی
کہیں شاخِ ہستی کو لگتے تھے پتّے
کہیں زندگی کی کلی پھوٹتی تھی
فرشتے سکھاتے تھے شبنم کو رونا
ہنسی گل کو پہلے پہل آ رہی تھی
عطا درد ہوتا تھا شاعر کے دل کو
خودی تشنہ کامِ مئے بے خودی تھی
اٹھی اوّل اوّل گھٹا کالی کالی

کوئی حُور چوٹی کو کھولے کھڑی تھی

زمیں کو تھا دعویٰ کہ مَیں آسماں ہُوں

مکاں کہہ رہا تھا کہ مَیں لا مکاں ہُوں

غرض اس قدر یہ نظارہ تھا پیارا

کہ نظّارگی ہو سراپا نظارا

مَلک آزماتے تھے پرواز اپنی

جبینوں سے نورِ ازل آشکارا

فرشتہ تھا اک، عشق تھا نام جس کا

کہ تھی رہبری اس کی سب کا سہارا

فرشتہ کہ پُتلا تھا بے تابیوں کا

مَلک کا مَلک اور پارے کا پارا

چپے سَیرِ فردوس کو جا رہا تھا

قضا سے ملا راہ میں وہ قضا را

یہ پوچھا ترا نام کیا، کام کیا ہے

نہیں آنکھ کو دید تیری گوارا

ہُوا سن کے گویا قضا کا فرشتہ

اجل ہُوں، مرا کام ہے آشکارا

اُڑاتی ہُوں مَیں رختِ ہستی کے پرزے

بجھاتی ہُوں مَیں زندگی کا شرارا

مری آنکھ میں جادوئے نیستی ہے

پیامِ فنا ہے اسی کا اشارا

مگر ایک ہستی ہے دنیا میں ایسی

وہ آتش ہے میں سامنے اس کے پارا

شرر بن کے رہتی ہے انساں کے دل میں

وہ ہے نورِ مطلق کی آنکھوں کا تارا

ٹپکتی ہے آنکھوں سے بن بن کے آنسو

وہ آنسو کہ ہو جن کی تلخی گوارا

سنی عشق نے گفتگو جب قضا کی

ہنسی اس کے لب پر ہوئی آشکارا

گری اس تبسم کی بجلی اجل پر

اندھیرے کا ہو نور میں کیا گزارا!

بقا کو جو دیکھا فنا ہو گئی وہ

قضا تھی شکارِ قضا ہو گئی وہ

زہد اور رندی

اک مولوی صاحب کی سناتا ہوں کہانی

تیزی نہیں منظور طبیعت کی دکھانی

شہرہ تھا بہت آپ کی صوفی منشی کا

کرتے تھے ادب ان کا اعالی و ادانی

کہتے تھے کہ پنہاں ہے تصوف میں شریعت

جس طرح کہ الفاظ میں مضمر ہوں معانی

لبریز مئے زہد سے تھی دل کی صراحی

تھی تہہ میں کہیں دُردِ خیالِ ہمہ دانی

کرتے تھے بیاں آپ کرامات کا اپنی

منظور تھی تعداد مریدوں کی بڑھانی

مدت سے رہا کرتے تھے ہمسائے میں میرے

تھی رند سے زاہد کی ملاقات پرانی

حضرت نے مرے ایک شناسا سے یہ پوچھا

اقبال، کہ ہے قمریِ شمشادِ معانی

پابندیِ احکامِ شریعت میں ہے کیسا؟

گو شعر میں ہے رشکِ کلیم ہمَدانی

سنتا ہوں کہ کافر نہیں ہندو کو سمجھتا

ہے ایسا عقیدہ اثرِ فلسفہ دانی

ہے اس کی طبیعت میں تشیع بھی ذرا سا

تفضیلِ علیؑ ہم نے سنی اس کی زبانی

سمجھا ہے کہ ہے ہے راگ عبادات میں داخل

مقصود ہے مذہب کی مگر خاک اڑانی

گانا جو ہے شب کو تو سحر کو ہے تلاوت

اس رمز کے اب تک نہ کھلے ہم پہ معانی

لیکن یہ سنا اپنے مریدوں سے ہے میَں نے

بے داغ ہے مانندِ سحر اس کی جوانی

مجموعۂ اضداد ہے، اقبال نہیں ہے

دل دفترِ حکمت ہے، طبیعت خَفَقانی

رندی سے بھی آگاہ، شریعت سے بھی واقف

پوچھو جو تصوف کی تو منصور کا ثانی

اس شخص کی ہم پر تو حقیقت نہیں کھلتی

ہو گا یہ کسی اور ہی اسلام کا بانی

القصہ بہت طول دیا وعظ کو اپنے

تا دیر رہی آپ کی یہ نغز بیانی

اس شہر میں جو بات ہو، اڑ جاتی ہے سب میں

میَں نے بھی سنی اپنے اَحِبّا کی زبانی

اک دن جو سرِ راہ ملے حضرتِ زاہد

پھر چھڑ گئی باتوں میں وہی بات پرانی

فرمایا، شکایت وہ محبّت کے سبب تھی

تھا فرض مرا راہ شریعت کی دکھانی

میَں نے یہ کہا کوئی گلہ مجھ کو نہیں ہے

یہ آپ کا حق تھا زَ رہِ قربِ مکانی

خم ہے سرِ تسلیم مرا آپ کے آگے

پیری ہے تواضع کے سبب میری جوانی

گر آپ کو معلوم نہیں میری حقیقت

پیدا نہیں کچھ اس سے قصورِ ہمہ دانی

میَں خود بھی نہیں اپنی حقیقت کا شناسا

گہرا ہے مرے بحرِ خیالات کا پانی

مجھ کو بھی تمنّا ہے کہ ”اقبالؔ“ کو دیکھوں
کی اس کی جدائی میں بہت اشک فشانی
اقبالؔ بھی ”اقبالؔ“ سے آگاہ نہیں ہے
کچھ اس میں تمسخر نہیں، واللہ نہیں ہے

شاعر

قوم گویا جسم ہے، افراد ہیں اعضائے قوم
منزلِ صنعت کے رہ پیما ہیں دست و پائے قوم
محفلِ نظمِ حکومت، چہرۂ زیبائے قوم
شاعرِ رنگیں نوا ہے دیدۂ بینائے قوم
مبتلائے درد کوئی عضو ہو روتی ہے آنکھ
کس قدر ہمدرد سارے جسم کی ہوتی ہے آنکھ

دل

قصۂ دار و رسن بازیِ طفلانۂ دل
التجائے ”اَرَنی“ سرخیِ افسانۂ دل
یارب اس ساغرِ لبریز کی مے کیا ہو گی
جادۂ ملکِ بقا ہے خطِ پیمانۂ دل
ابرِ رحمت تھا کہ تھی عشق کی بجلی یارب!
جل گئی مزرعۂ ہستی تو اُگا دانۂ دل
حسن کا گنجِ گراں مایہ تجھے مل جاتا
تو نے فرہاد! نہ کھودا کبھی ویرانۂ دل!
عرش کا ہے کبھی کعبے کا ہے دھوکا اس پر
کس کی منزل ہے الٰہی! مرا کاشانۂ دل
اس کو اپنا ہے جنوں اور مجھے سودا اپنا
دل کسی اور کا دیوانہ، مَیں دیوانۂ دل
تو سمجھتا نہیں اے زاہدِ ناداں اس کو

رشکِ صد سجدہ ہے اک لغزشِ مستانۂ دل
خاک کے ڈھیر کو اکسیر بنا دیتی ہے
وہ اثر رکھتی ہے خاکسترِ پروانۂ دل

عشق کے دام میں پھنس کر یہ رہا ہوتا ہے
برق گرتی ہے تو یہ نخل ہرا ہوتا ہے

موجِ دریا

مضطرب رکھتا ہے میرا دلِ بے تاب مجھے
عین ہستی ہے تڑپ صورتِ سیماب مجھے
موج ہے نام مرا، بحر ہے پایاب مجھے
ہو نہ زنجیر کبھی حلقۂ گرداب مجھے
آب میں مثلِ ہَوا جاتا ہے توسن میرا
خارِ ماہی سے نہ اٹکا کبھی دامن میرا

میں اچھلتی ہوں کبھی جذبِ مہِ کامل سے
جوش میں سر کو پٹکتی ہوں کبھی ساحل سے
ہوں وہ رہرو کہ محبّت ہے مجھے منزل سے
کیوں تڑپتی ہوں، یہ پوچھے کوئی میرے دل سے
زحمتِ تنگیِ دریا سے گریزاں ہوں میں
وسعتِ بحر کی فرقت میں پریشاں ہوں میں

رخصت اے بزمِ جہاں

(ماخوذ از ایمرسن)

رخصت اے بزمِ جہاں! سوئے وطن جاتا ہوں میں
آہ! اس آباد ویرانے میں گھبراتا ہوں میں
بسکہ میں افسردہ دل ہوں، درخورِ محفل نہیں

تُو مرے قابل نہیں ہے، مَیں ترے قابل نہیں
قید ہے، دربارِ سلطان و شبستانِ وزیر
توڑ کر نکلے گا زنجیرِ طلائی کا اسیر
گو بڑی لذّت تری ہنگامہ آرائی میں ہے
اجنبیت سی مگر تیری شناسائی میں ہے

مدتوں تیرے خود آراؤں سے ہم صحبت رَہا
مدتوں بے تاب موجِ بحر کی صورت رَہا
مدتوں بیٹھا ترے ہنگامۂ عشرت میں مَیں
روشنی کی جستجو کرتا رہا ظلمت میں مَیں
مدتوں ڈھونڈا کیا نظّارۂ گل، خار میں
آہ، وہ یوسف نہ ہاتھ آیا ترے بازار میں
چشمِ حیراں ڈھونڈتی اب اور نظّارے کو ہے
آرزو ساحل کی مجھ طوفان کے مارے کو ہے
چھوڑ کر مانندِ بو تیرا چمن، جاتا ہُوں مَیں
رخصت اے بزمِ جہاں! سوئے وطن جاتا ہُوں مَیں

گھر بنایا ہے سکوتِ دامنِ کہسار میں
آہ! یہ لذّت کہاں موسیقیٔ گفتار میں
ہم نشینِ نرگسِ شہلا، رفیقِ گل ہُوں مَیں
ہے چمن میرا وطن، ہمسایۂ بلبل ہُوں مَیں
شام کو آوازِ چشموں کی سلاتی ہے مجھے
صبح فرشِ سبز سے کوئل جگاتی ہے مجھے
بزمِ ہستی میں ہے سب کو محفل آرائی پسند
ہے دلِ شاعر کو لیکن کنجِ تنہائی پسند
ہے جنوں مجھ کو کہ گھبراتا ہُوں آبادی میں مَیں
ڈھونڈتا پھرتا ہُوں کس کو کوہ کی وادی میں مَیں؟
شوق کس کا سبزہ زاروں میں پھراتا ہے مجھے
اور چشموں کے کنارے پر سلاتا ہے مجھے؟

طعنہ زن ہے تُو کہ شیدا کنجِ عزلت کا ہُوں مَیں
دیکھ اے غافل! پیامی بزمِ قدرت کا ہُوں مَیں

ہم وطن شمشاد کا، قمری کا مَیں ہم راز ہُوں
اس چمن کی خامشی میں گوش بر آواز ہُوں
کچھ جو سنتا ہُوں تو اوروں کو سنانے کے لیے
دیکھتا ہُوں کچھ تو اوروں کو دکھانے کے لیے
عاشقِ عزلت ہے دل، نازاں ہُوں اپنے گھر پہ مَیں
خندہ زن ہُوں مسندِ دارا و اسکندر پہ مَیں
لیٹنا زیرِ شجر رکھتا ہے جادو کا اثر
شام کے تارے پہ جب پڑتی ہو رہ رہ کے نظر
علم کے حیرت کدے میں ہے کہاں اس کی نمود
گل کی پتّی میں نظر آتا ہے رازِ ہست و بُود!

طفلِ شیرخوار

مَیں نے چاقو تجھ سے چھینا ہے تو چلّاتا ہے تُو
مہرباں ہُوں مَیں، مجھے نا مہرباں سمجھا ہے تُو
پھر پڑا روئے گا اے نوواردِ اقلیمِ غم
چبھ نہ جائے دیکھنا!، باریک ہے نوکِ قلم
آہ! کیوں دکھ دینے والی شے سے تجھ کو پیار ہے
کھیل اس کاغذ کے ٹکڑے سے، یہ بے آزار ہے
گیند ہے تیری کہاں، چینی کی بلی ہے کدھر؟
وہ ذرا سا جانور ٹوٹا ہوا ہے جس کا سر
تیرا آئینہ تھا آزادِ غبارِ آرزو
آنکھ کھلتے ہی چمک اُٹھّا شرارِ آرزو
ہاتھ کی جنبش میں، طرزِ دید میں پوشیدہ ہے
تیری صورت آرزو بھی تیری نوزائیدہ ہے
زندگانی ہے تری آزادِ قیدِ امتیاز

تیری آنکھوں پر ہویدا ہے مگر قدرت کا راز
جب کسی دشنے پر بگڑ کر مجھ سے، چلّاتا ہے تُو
کیا تماشا ہے ردّی کاغذ سے من جاتا ہے تُو
آہ! اس عادت میں ہم آہنگ ہُوں مَیں بھی ترا
تُو تلوّن آشنا، مَیں بھی تلوّن آشنا
عارضی لذّت کا شیدائی ہُوں، چِلّاتا ہُوں مَیں
جلد آ جاتا ہے غصہ، جلد من جاتا ہُوں مَیں
میری آنکھوں کو لُبھا لیتا ہے حسنِ ظاہری
کم نہیں کچھ تیری نادانی سے نادانی مری
تیری صورت گاہ گریاں گاہ خنداں مَیں بھی ہُوں
دیکھنے کو نوجواں ہُوں، طفلِ ناداں مَیں بھی ہُوں

تصویرِ درد

نہیں منّت کشِ تابِ شنیدن داستاں میری
خموشی گفتگو ہے بے زبانی ہے زباں میری
یہ دستورِ زباں بندی ہے کیسا تیری محفل میں
یہاں تو بات کرنے کو ترستی ہے زباں میری
اٹھائے کچھ وَرق لالے نے، کچھ نرگس نے، کچھ گل نے
چمن میں ہر طرف بکھری ہوئی ہے داستاں میری
اڑا لی قمریوں نے، طوطیوں نے، عندلیبوں نے
چمن والوں نے مل کر لوٹ لی طرزِ فغاں میری
ٹپک اے شمع آنسو بن کے پروانے کی آنکھوں سے
سراپا درد ہُوں حسرت بھری ہے داستاں میری
الٰہی! پھر مزا کیا ہے یہاں دنیا میں رہنے کا
حیاتِ جاوداں میری، نہ مرگِ ناگہاں میری!
مرا رونا نہیں، رونا ہے یہ سارے گلستاں کا
وہ گل ہُوں مَیں، خزاں ہر گل کی ہے گویا خزاں میری

"دریں حسرت سرا عمریست افسونِ جرس دارم
ز فیضِ دل تپیدنہا خروشِ بے نفس دارم"

ریاضِ دہر میں نا آشنائے بزمِ عشرت ہُوں
خوشی روتی ہے جس کو، مَیں وہ محرومِ مسرت ہُوں
مری بگڑی ہوئی تقدیر کو روتی ہے گویائی
مَیں حرفِ زیرِ لب، شرمندۂ گوشِ سماعت ہُوں
پریشاں ہُوں مَیں مُشتِ خاک، لیکن کچھ نہیں کھُلتا
سکندر ہُوں کہ آئینہ ہُوں یا گردِ کدورت ہُوں
یہ سب کچھ ہے مگر ہستی مری مقصد ہے قدرت کا
سراپا نور ہو جس کی حقیقت، مَیں وہ ظلمت ہُوں
خزینہ ہُوں، چھپایا مجھ کو مُشتِ خاکِ صحرا نے
کسی کو کیا خبر ہے مَیں کہاں ہُوں کس کی دولت ہُوں!
نظر میری نہیں ممنونِ سیرِ عرصۂ ہستی
مَیں وہ چھوٹی سی دنیا ہُوں کہ آپ اپنی ولایت ہُوں
نہ صہبا ہُوں نہ ساقی ہُوں نہ مستی ہُوں نہ پیمانہ
مَیں اس میخانۂ ہستی میں ہر شے کی حقیقت ہُوں
مجھے رازِ دو عالم دل کا آئینہ دکھاتا ہے
وہی کہتا ہُوں جو کچھ سامنے آنکھوں کے آتا ہے

عطا ایسا بیاں مجھ کو ہوا رنگیں بیانوں میں
کہ بامِ عرش کے طائر ہیں میرے ہم زبانوں میں
اثر یہ بھی ہے اک میرے جنونِ فتنہ ساماں کا
مرا آئینۂ دل ہے قضا کے رازدانوں میں
رلاتا ہے ترا نظّارہ اے ہندوستاں! مجھ کو
کہ عبرت خیز ہے تیرا فسانہ سب فسانوں میں
دیا رونا مجھے ایسا کہ سب کچھ دے دیا گویا
لکھا کلکِ ازل نے مجھ کو تیرے نوحہ خوانوں میں
نشانِ برگِ گل تک بھی نہ چھوڑ اس باغ میں گلچیں!

تری قسمت سے رزم آرائیاں ہیں باغبانوں میں
چھپا کر آستیں میں بجلیاں رکھی ہیں گرُدوں نے
عنادل باغ کے غافل نہ بیٹھیں آشیانوں میں
سن اے غافل صدا میری، یہ ایسی چیز ہے جس کو
وظیفہ جان کر پڑھتے ہیں طائر بوستانوں میں
وطن کی فکر کر ناداں مصیبت آنے والی ہے
تری بربادیوں کے مشورے ہیں آسمانوں میں
ذرا دیکھ اس کو جو کچھ ہو رہا ہے، ہونے والا ہے
دھرا کیا ہے بھلا عہدِ کہن کی داستانوں میں
یہ خاموشی کہاں تک؟ لذّتِ فریاد پیدا کر
زمیں پر تُو ہو اور تیری صدا ہو آسمانوں میں
نہ سمجھو گے تو مٹ جاؤ گے اے ہندوستاں والو!
تمھاری داستاں تک بھی نہ ہو گی داستانوں میں

یہی آئینِ قدرت ہے، یہی اسلوبِ فطرت ہے
جو ہے راہِ عمل میں گامزن، محبوبِ فطرت ہے

ہویدا آج اپنے زخم پنہاں کر کے چھوڑوں گا
لہو رو رو کے محفل کو گلستاں کر کے چھوڑوں گا
جلانا ہے مجھے ہر شمعِ دل کو سوزِ پنہاں سے
تری تاریک راتوں میں چراغاں کر کے چھوڑوں گا
مگر غنچوں کی صورت ہوں دلِ درد آشنا پیدا
چمن میں مُشتِ خاک اپنی پریشاں کر کے چھوڑوں گا
پرونا ایک ہی تسبیح میں ان بکھرے دانوں کو
جو مشکل ہے، تو اس مشکل کو آساں کر کے چھوڑوں گا
مجھے اے ہم نشیں رہنے دے شغلِ سینہ کاوی میں
کہ مَیں داغِ محبّت کو نمایاں کر کے چھوڑوں گا
دکھا دوں گا جہاں کو جو مری آنکھوں نے دیکھا ہے
تجھے بھی صورتِ آئینہ حیراں کر کے چھوڑوں گا

جو ہے پردوں میں پنہاں، چشم بینا دیکھ لیتی ہے
زمانے کی طبیعت کا تقاضا دیکھ لیتی ہے

کیا رفعت کی لذّت سے نہ دل کو آشنا تُو نے
گزاری عمر پستی میں مثالِ نقشِ پا تُو نے
رہا دل بستۂ محفل، مگر اپنی نگاہوں کو
کیا بیرونِ محفل سے نہ حیرت آشنا تُو نے
فدا کرتا رہا دل کو حسینوں کی اداؤں پر
مگر دیکھی نہ اس آئینے میں اپنی ادا تُو نے
تعصب چھوڑ ناداں! دہر کے آئینہ خانے میں
یہ تصویریں ہیں تیری جن کو سمجھا ہے برا تُو نے
سراپا نالۂ بیدادِ سوزِ زندگی ہو جا
سپند آسا گرہ میں باندھ رکھی ہے صدا تُو نے
صفائے دل کو کیا آرائشِ رنگِ تعلق سے
کفِ آئینہ پر باندھی ہے او ناداں حنا تُو نے
زمیں کیا آسماں بھی تیری کج بینی پہ روتا ہے
غضب ہے سطرِ قرآں کو چلیپا کر دیا تُو نے
زباں سے گر کیا توحید کا دعویٰ تو کیا حاصل!
بنایا ہے بتِ پندار کو اپنا خدا تُو نے
کنویں میں تُو نے یوسف کو جو دیکھا بھی تو کیا دیکھا
ارے غافل! جو مطلق تھا مقید کر دیا تُو نے

ہوس بالائے منبر ہے تجھے رنگیں بیانی کی
نصیحت بھی تری صورت ہے اک افسانہ خوانی کی

دکھا وہ حسنِ عالم سوز اپنی چشمِ پُر نم کو
جو تڑپاتا ہے پروانے کو رلواتا ہے شبنم کو
نرا نظارہ ہی اے بوالہوس مقصد نہیں اس کا
بنایا ہے کسی نے کچھ سمجھ کر چشمِ آدم کو
اگر دیکھا بھی اس نے سارے عالم کو تو کیا دیکھا

نظر آئی نہ کچھ اپنی حقیقت جامِ جم سے کو
شجر ہے فرقہ آرائی، تعصب ہے ثمر اس کا
یہ وہ پھل ہے کہ جنّت سے نکلواتا ہے آدم کو
نہ اٹھّا جذبۂ خورشید سے اک برگِ گل تک بھی
یہ رفعت کی تمنّا ہے کہ لے اڑتی ہے شبنم کو
پھرا کرتے نہیں مجروحِ الفت فکرِ درماں میں
یہ زخمی آپ کر لیتے ہیں پیدا اپنے مرہم کو

محبّت کے شرر سے دل سراپا نور ہوتا ہے
ذرا سے بیج سے پیدا ریاضِ طُور ہوتا ہے

دوا ہر دکھ کی ہے مجروحِ تیغِ آرزو رہنا
علاجِ زخم ہے آزادِ احسانِ رفو رہنا
شرابِ بے خودی سے تا فلک پرواز ہے میری
شکستِ رنگ سے سیکھا ہے مَیں نے بن کے بُو رہنا
تھمے کیا دیدۂ گریاں وطن کی نوحہ خوانی میں
عبادت چشمِ شاعر کی ہے ہر دم با وضو رہنا
بنائیں کیا سمجھ کر شاخِ گل پر آشیاں اپنا
چمن میں آہ! کیا رہنا جو ہو بے آبرو رہنا
جو تُو سمجھے تو آزادی ہے پوشیدہ محبّت میں
غلامی ہے اسیرِ امتیازِ ما و تُو رہنا
یہ استغنا ہے، پانی میں نگوں رکھتا ہے ساغر کو
تجھے بھی چاہیے مثلِ حبابِ آبجو رہنا
نہ رہ اپنوں سے بے پروا، اسی میں خیر ہے تیری
اگر منظور ہے دنیا میں او بیگانہ خو رہنا
شرابِ روح پرور ہے محبّت نوعِ انساں کی
سکھایا اس نے مجھ کو مست بے جام و سبُو رہنا

محبّت ہی سے پائی ہے شفا بیمار قوموں نے
کیا ہے اپنے بختِ خفتہ کو بیدار قوموں نے

بیاباں محبّت دشتِ غربت بھی، وطن بھی ہے

یہ ویرانہ قفس بھی، آشیانہ بھی، چمن بھی ہے

محبّت ہی وہ منزل ہے کہ منزل بھی ہے، صحرا بھی

جرس بھی، کارواں بھی، راہبر بھی، راہزن بھی ہے

مرض کہتے ہیں سب اس کو، یہ ہے لیکن مرض ایسا

چھپا جس میں علاجِ گردشِ چرخِ کہن بھی ہے

جلانا دل کا ہے گویا سراپا نور ہو جانا

یہ پروانہ جو سوزاں ہو تو شمعِ انجمن بھی ہے

وہی اک حسن ہے، لیکن نظر آتا ہے ہر شے میں

یہ شیریں بھی ہے گویا بیستوں بھی، کوہکن بھی ہے

اجاڑا ہے تمیزِ ملّت و آئیں نے قوموں کو

مرے اہلِ وطن کے دل میں کچھ فکرِ وطن بھی ہے؟

سکوت آموز طولِ داستانِ درد ہے ورنہ

زباں بھی ہے ہمارے منہ میں اور تابِ سخن بھی ہے

نمیگردید کوتہ رشتۂ معنی رہا کر دم

حکایت بُود بے پایاں، بخاموشی ادا کر دم

نالۂ فراق

(آرنلڈ کی یاد میں)

جا بسا مغرب میں آخر اے مکاں تیرا مکیں

آہ! مشرق کی پسند آئی نہ اس کو سر زمیں

آ گیا آج اس صداقت کا مرے دل کو یقیں

ظلمتِ شب سے ضیائے روزِ فرقت کم نہیں

"تا ز آغوشِ وداعش داغِ حیرت چیدہ است

ہمچو شمعِ کُشتہ در چشمِ نگہ خوابیدہ است"

کشتۂ عزلت ہُوں، آبادی میں گھبراتا ہُوں مَیں

شہر سے سودا کی شدت میں نکل جاتا ہُوں مَیں

یادِ ایّامِ سلف سے دل کو تڑپاتا ہُوں مَیں

بہرِ تسکیں تیری جانب دوڑتا آتا ہُوں مَیں

آنکھ گو مانوس ہے تیرے در و دیوار سے

اجنبیت ہے مگر پیدا مری رفتار سے

ذرّہ میرے دل کا خورشید آشنا ہونے کو تھا

آئنہ ٹوٹا ہوا عالم نما ہونے کو تھا

نخل میری آرزوؤں کا ہرا ہونے کو تھا

آہ! کیا جانے کوئی ، میں کیا سے کیا ہونے کو تھا

ابرِ رحمت دامن از گلزارِ من برچید و رفت

اند کے بر غنچہ ہائے آرزو بارید و رفت

تُو کہاں ہے اے کلیم ذروۂ سینائے علم

تھی تری موجِ نفَس بادِ نشاط افزائے علم

اب کہاں وہ شوقِ رہ پیمائی صحرائے علم

تیرے دم سے تھا ہمارے سر میں بھی سودائے علم

"شورِ لیلیٰ کو؟ کہ باز آرائشِ سودا کند

خاکِ مجنوں را غبارِ خاطرِ صحرا کند"

کھول دے گا دشتِ وحشت عقدۂ تقدیر کو

توڑ کر پہنچوں گا مَیں پنجاب کی زنجیر کو

دیکھتا ہے دیدۂ حیراں تری تصویر کو

کیا تسلّی ہو مگر گرویدۂ تقریر کو

"تابِ گویائی نہیں رکھتا دہن تصویر کا

خامشی کہتے ہیں جس کو ہے سخن تصویر کا"

چاند

میرے ویرانے سے کوسوں دُور ہے تیرا وطن
ہے مگر دریائے دل تیری کشش سے موجزن
قصد کس محفل کا ہے؟ آتا ہے کس محفل سے تُو؟
زرد رُو شاید ہوا رنجِ رہِ منزل سے تُو
آفرینش میں سراپا نور ہُوں، ظلمت ہُوں مَیں
اس سیہ روزی پہ لیکن تیرا ہم قسمت ہُوں مَیں
آہ، مَیں جلتا ہُوں سوزِ اشتیاقِ دید سے
تُو سراپا سوز داغِ منّتِ خورشید سے
ایک حلقے پر اگر قائم تری رفتار ہے
میری گردش بھی مثالِ گردشِ پرکار ہے
زندگی کی رہ میں سرگرداں ہے تُو، حیراں ہُوں مَیں
تُو فروزاں محفلِ ہستی میں ہے، سوزاں ہُوں مَیں
مَیں رہِ منزل میں ہُوں، تُو بھی رہِ منزل میں ہے
تیری محفل میں جو خاموشی ہے، میرے دل میں ہے
تُو طلب خو ہے تو میرا بھی یہی دستور ہے
چاندنی ہے نور تیرا، عشق میرا نور ہے
انجمن ہے ایک میری بھی جہاں رہتا ہُوں مَیں
بزم میں اپنی اگر یکتا ہے تُو، تنہا ہُوں مَیں
مہر کا پرتَو ترے حق میں ہے پیغامِ اجل
محو کر دیتا ہے مجھ کو جلوہٴ حسنِ ازل
پھر بھی اے ماہِ مبیں! مَیں اور ہُوں تُو اور ہے
درد جس پہلو میں اُٹھتا ہو وہ پہلو اور ہے
گرچہ مَیں ظلمت سراپا ہُوں، سراپا نور تُو
سینکڑوں منزل ہے ذوقِ آگہی سے دُور تُو
جو مری ہستی کا مقصد ہے، مجھے معلوم ہے
یہ چمک وہ ہے، جبیں جس سے تری محروم ہے

بلالؓ

چمک اٹھا جو ستارہ ترے مقدر کا

حَبَش سے تجھ کو اٹھا کر حجاز میں لایا

ہوئی اسی سے ترے غم کدے کی آبادی

تری غلامی کے صدقے ہزار آزادی

وہ آستاں نہ چھٹا تجھ سے ایک دم کے لیے

کسی کے شوق میں تُو نے مزے ستم کے لیے

جفا جو عشق میں ہوتی ہے وہ جفا ہی نہیں

ستم نہ ہو تو محبّت میں کچھ مزا ہی نہیں

نظر تھی صورتِ سلماں ادا شناس تری

شرابِ دید سے بڑھتی تھی اور پیاس تری

تجھے نظارے کا مثلِ کلیم سودا تھا

اویسؓ طاقتِ دیدار کو ترستا تھا

مدینہ تیری نگاہوں کا نور تھا گویا

ترے لیے تو یہ صحرا ہی طُور تھا گویا

تری نظر کو رہی دید میں بھی حسرتِ دید

خنک دلے کہ تپید و دمے نیا سائید

گری وہ برق تری جانِ ناشکیبا پر

کہ خندہ زن تری ظلمت تھی دستِ موسیٰ پر

تپش ز شعلہ گر فتند و بر دلِ تو زدند

چہ برقِ جلوہ بخاشاکِ حاصلِ تو زدند

ادائے دید سراپا نیاز تھی تیری

کسی کو دیکھتے رہنا نماز تھی تیری

اذاں ازل سے ترے عشق کا ترانہ بنی

نماز اس کے نظارے کا اک بہانہ بنی

خوشا وہ وقت کہ یثرب مقام تھا اس کا

خوشا وہ دَور کہ دیدار عام تھا اس کا

سرگزشتِ آدم

سنے کوئی مری غربت کی داستاں مجھ سے

بھلایا قصہؑ پیمانِ اوّلیں مَیں نے

لگی نہ میری طبیعت ریاضِ جنّت میں

پیا شعُور کا جب جامِ آتشیں مَیں نے

رہی حقیقتِ عالم کی جستجو مجھ کو

دکھایا اوجِ خیالِ فلک نشیں مَیں نے

مِلا مزاجِ تغیر پسند کچھ ایسا

کیا قرار نہ زیرِ فلک کہیں مَیں نے

نکالا کعبے سے پتھر کی مورتوں کو کبھی

کبھی بتوں کو بنایا حرم نشیں مَیں نے

کبھی مَیں ذوقِ تکلم میں طُور پر پہنچا

چھپایا نورِ ازل زیرِ آستیں مَیں نے

کبھی صلیب پہ اپنوں نے مجھ کو لٹکایا

کیا فلک کو سفر، چھوڑ کر زمیں مَیں نے

کبھی مَیں غارِ حرا میں چھپا رہا برسوں

دیا جہاں کو کبھی جامِ آخریں مَیں نے

سنایا ہند میں آ کر سرودِ ربّانی

پسند کی کبھی یوناں کی سر زمیں مَیں نے

دیارِ ہند نے جس دم مری صدا نہ سنی

بسایا خطّہؑ جاپان و مُلکِ چیں مَیں نے

بنایا ذرّوں کی ترکیب سے کبھی عالم

خلافِ معنیِ تعلیمِ اہل دیں مَیں نے

لہو سے لال کیا سینکڑوں زمینوں کو

جہاں میں چھیڑ کے پیکارِ عقل و دیں مَیں نے

سمجھ میں آئی حقیقت نہ جب ستاروں کی
اسی خیال میں راتیں گزار دیں مَیں نے

ڈرا سکیں نہ کلیسا کی مجھ کو تلواریں
سکھایا مسئلۂ گردشِ زمیں مَیں نے

کشش کا راز ہویدا کیا زمانے پر
لگا کے آئنۂ عقل دُوربیں مَیں نے

کیا اسیر شعاعوں کو، برقِ مضطر کو
بنا دی غیرتِ جنّت یہ سر زمیں مَیں نے

مگر خبر نہ ملی آہ! رازِ ہستی کی
کیا خرد سے جہاں کو تہِ نگیں مَیں نے

ہوئی جو چشم مظاہر پرست وا آخر
تو پایا خانۂ دل میں اسے مکیں مَیں نے

ترانۂ ہندی

سارے جہاں سے اچھا ہندوستاں ہمارا
ہم بلبلیں ہیں اس کی، یہ گلستاں ہمارا

غربت میں ہوں اگر ہم، رہتا ہے دل وطن میں
سمجھو وہیں ہمیں بھی، دل ہو جہاں ہمارا

پربت وہ سب سے اونچا، ہمسایہ آسماں کا
وہ سنتری ہمارا، وہ پاسباں ہمارا

گودی میں کھیلتی ہیں اس کی ہزاروں ندیاں
گلشن ہے جن کے دم سے رشکِ جناں ہمارا

اے آبِ رودِ گنگا، وہ دن ہیں یاد تجھ کو؟
اترا ترے کنارے جب کارواں ہمارا

مذہب نہیں سکھاتا آپس میں بیر رکھنا
ہندی ہیں ہم وطن ہے ہندوستاں ہمارا

یونان و مِصر و روما سب مٹ گئے جہاں سے

اب تک مگر ہے باقی نام و نشاں ہمارا
کچھ بات ہے کہ ہستی مٹتی نہیں ہماری

صدیوں رہا ہے دشمن دورِ زماں ہمارا
اقبال! کوئی محرم اپنا نہیں جہاں میں
معلوم کیا کسی کو دردِ نہاں ہمارا

جگنو

جگنو کی روشنی ہے کاشانۂ چمن میں
یا شمع جل رہی ہے پھولوں کی انجمن میں

آیا ہے آسماں سے اڑ کر کوئی ستارہ
یا جان پڑ گئی ہے مہتاب کی کرن میں

یا شب کی سلطنت میں دن کا سفیر آیا
غربت میں آ کے چمکا، گم نام تھا وطن میں

تکمہ کوئی گرا ہے مہتاب کی قبا کا
ذرّہ ہے یا نمایاں سورج کے پیرہن میں

حسنِ قدیم کی یہ پوشیدہ اک جھلک تھی
لے آئی جس کو قدرت خلوت سے انجمن میں

چھوٹے سے چاند میں ہے ظلمت بھی روشنی بھی
نکلا کبھی گہن سے، آیا کبھی گہن میں

پروانہ اک پتنگا، جگنو بھی اک پتنگا
وہ روشنی کا طالب، یہ روشنی سراپا

ہر چیز کو جہاں میں قدرت نے دلبری دی
پروانے کو تپش دی، جگنو کو روشنی دی

رنگیں نوا بنایا مرغانِ بے زباں کو
گل کو زبان دے کر تعلیم خامشی دی

نظّارۂ شفق کی خوبی زوال میں تھی

چمکا کے اس پری کو تھوڑی سی زندگی دی
رنگیں کیا سحر کو، بانکی دلھن کی صورت

پہنا کے لال جوڑا شبنم کی آرسی دی
سایہ دیا شجر کو، پرواز دی ہَوا کو

پانی کو دی روانی، موجوں کو بے کلی دی
یہ امتیاز لیکن اک بات ہے ہماری

جگنو کا دن وہی ہے جو رات ہے ہماری

حسنِ ازل کی پیدا ہر چیز میں جھلک ہے
انساں میں وہ سخن ہے، غنچے میں وہ چٹک ہے

یہ چاند آسماں کا شاعر کا دل ہے گویا
واں چاندنی ہے جو کچھ، یاں درد کی کسک ہے

اندازِ گفتگو نے دھوکے دیئے ہیں ورنہ
نغمہ ہے بوئے بلبل، بو پھول کی چہک ہے

کثرت میں ہو گیا ہے وحدت کا راز مخفی
جگنو میں جو چمک ہے وہ پھول میں مہک ہے

یہ اختلاف پھر کیوں ہنگاموں کا محل ہو
ہر شے میں جب کہ پنہاں خاموشیِ ازل ہو

صبح کا ستارہ

لطفِ ہمسایگی شمس و قمر کو چھوڑوں
اور اس خدمتِ پیغامِ سحر کو چھوڑوں

میرے حق میں تو نہیں تاروں کی بستی اچھی
اس بلندی سے زمیں والوں کی پستی اچھی

آسماں کیا، عدم آباد وطن ہے میرا
صبح کا دامنِ صد چاک کفن ہے میرا

میری قسمت میں ہے ہر روز کا مرنا جینا
ساقیِ موت کے ہاتھوں سے صبوحی پینا

نہ یہ خدمت، نہ یہ عزت، نہ یہ رفعت اچھی
اس گھڑی بھر کے چمکنے سے تو ظلمت اچھی
میری قدرت میں جو ہوتا، تو نہ اختر بنتا
قعرِ دریا میں چمکتا ہوا گوہر بنتا

واں بھی موجوں کی کشاکش سے جو دل گھبراتا
چھوڑ کر بحر کہیں زیبِ گلو ہو جاتا
ہے چمکنے میں مزا حسن کا زیور بن کر
زینتِ تاجِ سرِ بانوئے قیصر بن کر
ایک پتھر کے جو ٹکڑے کا نصیبا جاگا
خاتم دستِ سلیماں کا نگیں بن کے رہا
ایسی چیزوں کا مگر دہر میں ہے کام شکست
ہے گہر ہائے گراں مایہ کا انجام شکست
زندگی وہ ہے کہ جو ہو نہ شناسائے اجل
کیا وہ جینا ہے کہ ہو جس میں تقاضائے اجل
ہے یہ انجام اگر زینتِ عالم ہو کر
کیوں نہ گر جاؤں کسی پھول پہ شبنم ہو کر!

کسی پیشانی کے افشاں کے ستاروں میں رہوں
کسی مظلوم کی آہوں کے شراروں میں رہوں
اشک بن کر سرِ مژگاں سے اٹک جاؤں مَیں
کیوں نہ اس بیوی کی آنکھوں سے ٹپک جاؤں مَیں

ق

جس کا شوہر ہو رواں، ہو کے زِرہ میں مستور
سوئے میدانِ وغا، حبِّ وطن سے مجبور
یاس و امیّد کا نظّارہ جو دکھلاتی ہو
جس کی خاموشی سے تقریر بھی شرماتی ہو
جس کو شوہر کی رضا تابِ شکیبائی دے
اور نگاہوں کو حیا طاقتِ گویائی دے

زرد، رخصت کی گھڑی، عارضِ گلگوں ہو جائے

کششِ حسن غمِ ہجر سے افزوں ہو جائے

لاکھ وہ ضبط کرے پر مَیں ٹپک ہی جاؤں

ساغرِ دیدۂ پُرنم سے چھلک ہی جاؤں

خاک میں مل کے حیاتِ ابدی پا جاؤں

عشق کا سوز زمانے کو دکھاتا جاؤں

ہندوستانی بچوں کا قومی گیت

چشتیؒ نے جس زمیں میں پیغامِ حق سنایا

نانک نے جس چمن میں وحدت کا گیت گایا

تاتاریوں نے جس کو اپنا وطن بنایا

جس نے حجازیوں سے دشتِ عرب چھڑایا

میرا وطن وہی ہے، میرا وطن وہی ہے

یونانیوں کو جس نے حیران کر دیا تھا

سارے جہاں کو جس نے علم و ہنر دیا تھا

مٹی کو جس کی حق نے زر کا اثر دیا تھا

ترکوں کا جس نے دامن ہیروں سے بھر دیا تھا

میرا وطن وہی ہے، میرا وطن وہی ہے

ٹوٹے تھے جو ستارے فارس کے آسماں سے

پھر تاب دے کے جس نے چمکائے کہکشاں سے

وحدت کی لَے سنی تھی دنیا نے جس مکاں سے

میرِ عرب کو آئی ٹھنڈی ہوا جہاں سے

میرا وطن وہی ہے، میرا وطن وہی ہے

بندے کلیم جس کے، پربت جہاں کے سینا

نوحِ نبی کا آ کر ٹھیرا جہاں سفینا

رفعت ہے جس زمیں کی بامِ فلک کا زینا

جنّت کی زندگی ہے جس کی فضا میں جینا
میرا وطن وہی ہے، میرا وطن وہی ہے

نیا شوالا

سچ کہہ دوں اے برہمن! گر تُو برا نہ مانے
تیرے صنم کدوں کے بت ہو گئے پرانے

اپنوں سے بیر رکھنا تُو نے بتوں سے سیکھا
جنگ و جدل سکھایا واعظ کو بھی خدا نے

تنگ آ کے مَیں نے آخر دَیر و حرم کو چھوڑا
واعظ کا وعظ چھوڑا، چھوڑے ترے فسانے

پتھر کی مورتوں میں سمجھا ہے تُو خدا ہے
خاکِ وطن کا مجھ کو ہر ذرّہ دیوتا ہے

آ، غیریت کے پردے اک بار پھر اٹھا دیں
بچھڑوں کو پھر ملا دیں نقشِ دوئی مٹا دیں

سونی پڑی ہوئی ہے مدت سے دل کی بستی
آ، اک نیا شوالا اس دیس میں بنا دیں

دنیا کے تیرتھوں سے اونچا ہو اپنا تیرتھ
دامانِ آسماں سے اس کا کلس ملا دیں

ہر صبح اٹھ کے گائیں منتر وہ میٹھے میٹھے
سارے پجاریوں کو مے پیت کی پلا دیں

شکتی بھی شانتی بھی بھگتوں کے گیت میں ہے
دھرتی کے باسیوں کی مکتی پریت میں ہے

داغ

عظمتِ غالبؔ ہے اک مدت سے پیوندِ زمیں
"مہدیِ مجروحؔ" ہے شہرِ خموشاں کا مکیں

توڑ ڈالی موت نے غربت میں مینائے امیرؔ
چشمِ محفل میں ہے اب تک کیفِ صہبائے امیرؔ

آج لیکن ہمنوا! سارا چمن ماتم میں ہے
شمع روشن بجھ گئی، بزمِ سخن ماتم میں ہے

بلبلِ دلّی نے باندھا اس چمن میں آشیاں
ہم نوا ہیں سب عنادل باغِ ہستی کے جہاں

چل بسا داغؔ آہ! میت اس کی زیبِ دوش ہے
آخری شاعر جہان آباد کا خاموش ہے

اب کہاں وہ بانکپن، وہ شوخیِ طرزِ بیاں
آگ تھی کافور پیری میں جوانی کی نہاں

تھی زبانِ داغؔ پر جو آرزو ہر دل میں ہے
لیلیٰ معنیٰ وہاں بے پردہ، یاں محمل میں ہے

اب صبا سے کون پوچھے گا سکوتِ گل کا راز
کون سمجھے گا چمن میں نالۂ بلبل کا راز

تھی حقیقت سے نہ غفلت فکر کی پرواز میں
آنکھ طائر کی نشیمن پر رہی پرواز میں

اور دکھلائیں گے مضموں کی ہمیں باریکیاں
اپنے فکرِ نکتہ آرا کی فلک پیمائیاں

تلخیِ دوراں کے نقشے کھینچ کر رلوائیں گے
یا تخیل کی نئی دنیا ہمیں دکھلائیں گے

اس چمن میں ہوں گے پیدا بلبلِ شیراز بھی
سینکڑوں ساحر بھی ہوں گے، صاحبِ اعجاز بھی

اٹھیں گے آذر ہزاروں شعر کے بت خانے سے
مے پلائیں گے نئے ساقی نئے پیمانے سے

لکھی جائیں گی کتابِ دل کی تفسیریں بہت
ہوں گی اے خوابِ جوانی! تیری تعبیریں بہت

ہُو بہُو کھینچے گا لیکن عشق کی تصویر کون؟

اٹھ گیا ناوکِ فگن، مارے گا دل پر تیر کون؟

اشک کے دانے زمینِ شعر میں بوتا ہُوں مَیں
تُو بھی رو اے خاکِ دلّی! داغؔ کو روتا ہُوں مَیں
اے جہان آباد، اے سرمایۂ بزمِ سخن
ہو گیا پھر آج پامالِ خزاں تیرا چمن
وہ گلِ رنگیں ترا رخصت مثالِ بُو ہوا
آہ! خالی داغؔ سے کاشانۂ اردو ہوا
تھی نہ شاید کچھ کشش ایسی وطن کی خاک میں
وہ مہِ کامل ہوا پنہاں دکن کی خاک میں
اٹھ گئے ساقی جو تھے، مے خانہ خالی رہ گیا
یادگارِ بزمِ دہلی ایک حالیؔ رہ گیا

آرزو کو خون رلواتی ہے بیدادِ اجل
مارتا ہے تیر تاریکی میں صیّادِ اجل
کھل نہیں سکتی شکایت کے لیے لیکن زباں
ہے خزاں کا رنگ بھی وجہِ قیامِ گلستاں
ایک ہی قانونِ عالم گیر کے ہیں سب اثر
بوئے گل کا باغ سے، گلچیں کا دنیا سے سفر

ابر

اٹھی پھر آج وہ پورب سے کالی کالی گھٹا
سیاہ پوش ہوا پھر پہاڑ سربن کا
نہاں ہوا جو رخِ مہر، زیرِ دامنِ ابر
ہوائے سرد بھی آئی سوارِ توسنِ ابر
گرج کا شور نہیں ہے، خموش ہے یہ گھٹا
عجیب مے کدۂ بے خروش ہے یہ گھٹا
چمن میں حکمِ نشاطِ مدام لائی ہے

قبائے گل میں گہر ٹانکنے کو آئی ہے
جو پھول مہر کی گرمی سے سو چلے تھے، اٹھے
زمیں کی گود میں جو پڑ کے سو رہے تھے، اٹھے
ہَوا کے زور سے ابھرا، بڑھا، اڑا بادل
اٹھی وہ اور گھٹا، لو! برس پڑا بادل

عجیب خیمہ ہے کہسار کے نہالوں کا
یہیں قیام ہو وادی میں پھرنے والوں کا

ایک پرندہ اور جگنو

سرِ شام ایک مرغِ نغمہ پیرا
کسی ٹہنی پہ بیٹھا گا رہا تھا
چمکتی چیز اک دیکھی زمیں پر
اڑا طائر اسے جگنو سمجھ کر
کہا جگنو نے "او مرغِ نوا ریز!"
نہ کر بے کس پہ منقارِ ہوس تیز
تجھے جس نے چہک، گل کو مہک دی
اسی اللہ نے مجھ کو چمک دی
لباسِ نور میں مستور ہُوں مَیں
پتنگوں کے جہاں کا طُور ہُوں مَیں
چہک تیری بہشتِ گوش اگر ہے
چمک میری بھی فردوسِ نظر ہے
پروں کو میرے قدرت نے ضیا دی
تجھے اس نے صدائے دل رُبا دی
تری منقار کو گانا سکھایا
مجھے گلزار کی مشعل بنایا
چمک بخشی مجھے، آواز تجھ کو
دیا ہے سوز مجھ کو، ساز تجھ کو

مخالف ساز کا ہوتا نہیں سوز
جہاں میں ساز کا ہے ہم نشیں سوز

قیامِ بزمِ ہستی ہے انھی سے
ظہورِ اوج و پستی ہے انھی سے

ہم آہنگی سے ہے محفل جہاں کی
اسی سے ہے بہار اس بوستاں کی

بچہ اور شمع

کیسی حیرانی ہے یہ اے طفلکِ پروانہ خو!
شمع کے شعلوں کو گھڑیوں دیکھتا رہتا ہے تُو

یہ مری آغوش میں بیٹھے ہوئے جنبش ہے کیا
روشنی سے کیا بغل گیری ہے تیرا مدّعا؟

اس نظارے سے ترا ننھا سا دل حیران ہے
یہ کسی دیکھی ہوئی شے کی مگر پہچان ہے

شمع اک شعلہ ہے لیکن تُو سراپا نور ہے
آہ! اس محفل میں یہ عریاں ہے تُو مستور ہے

دستِ قدرت نے اسے کیا جانے کیوں عریاں کیا!
تجھ کو خاکِ تیرہ کے فانوس میں پنہاں کیا

نور تیرا چھپ گیا زیرِ نقابِ آگہی
ہے غبارِ دیدۂ بینا حجابِ آگہی

زندگانی جس کو کہتے ہیں فراموشی ہے یہ
خواب ہے، غفلت ہے، سرمستی ہے، بے ہوشی ہے یہ

محفلِ قدرت ہے اک دریائے بے پایانِ حسن
آنکھ اگر دیکھے تو ہر قطرے میں ہے طوفانِ حسن

حسن، کوہستاں کی ہیبت ناک خاموشی میں ہے
مہر کی ضوگستری، شب کی سیہ پوشی میں ہے

آسمانِ صبح کی آئینہ پوشی میں ہے یہ
شام کی ظلمت، شفق کی گل فروشی میں ہے یہ
عظمتِ دیرینہ کے مٹتے ہوئے آثار میں
طفلکِ ناآشنا کی کوشش گفتار میں
ساکنانِ صحنِ گلشن کی ہم آوازی میں ہے
ننھے ننھے طائروں کی آشیاں سازی میں ہے
چشمۂ کہسار میں، دریا کی آزادی میں حسن
شہر میں، صحرا میں، ویرانے میں، آبادی میں حسن
روح کو لیکن کسی گم گشتہ شے کی ہے ہوس
ورنہ اس صحرا میں کیوں نالاں ہے یہ مثلِ جرس!

حسن کے اس عام جلوے میں بھی یہ بے تاب ہے
زندگی اس کی مثالِ ماہیِ بے آب ہے

کنارِ راوی

سکوتِ شام میں محوِ سرود ہے راوی
نہ پوچھ مجھ سے جو ہے کیفیت مرے دل کی
پیامِ سجدے کا یہ زیر و بم ہوا مجھ کو
جہاں تمام سوادِ حرم ہوا مجھ کو
سرِ کنارۂ آبِ رواں کھڑا ہُوں مَیں
خبر نہیں مجھے لیکن کہاں کھڑا ہُوں مَیں
شرابِ سرخ سے رنگیں ہوا ہے دامنِ شام
لیے ہے پیرِ فلک دستِ رعشہ دار میں جام
عدم کو قافلۂ روزِ تیز گام چلا
شفق نہیں ہے، یہ سورج کے پھول ہیں گویا
کھڑے ہیں دُور وہ عظمت فزائے تنہائی
منارِ خوابِ گہِ شہسوارِ چغتائی
فسانۂ ستمِ انقلاب ہے یہ محل

کوئی زمانِ سلف کی کتاب ہے یہ محل
مقام کیا ہے سرودِ خموش ہے گویا

شجر، یہ انجمنِ بے خروش ہے گویا
رواں ہے سینہٴ دریا پہ اک سفینہٴ تیز

ہوا ہے موج سے ملّاح جس کا گرمِ ستیز
سبک روی میں ہے مثلِ نگاہ یہ کشتی

نکل کے حلقہٴ حدِّ نظر سے دُور گئی
جہازِ زندگی آدمی رواں ہے یونہی

ابد کے بحر میں پیدا یونہی، نہاں ہے یونہی
شکست سے یہ کبھی آشنا نہیں ہوتا

نظر سے چھپتا ہے لیکن فنا نہیں ہوتا

التجائے مسافر

(بہ درگاہ حضرت محبوبؒ الہی، دہلی)

فرشتے پڑھتے ہیں جس کو وہ نام ہے تیرا
بڑی جناب تری، فیض عام ہے تیرا

ستارے عشق کے تیری کشش سے ہیں قائم
نظامِ مہر کی صورت نظام ہے تیرا

تری لحد کی زیارت ہے زندگی دل کی
مسیح و خضر سے اونچا مقام ہے تیرا

نہاں ہے تیری محبّت میں رنگِ محبوبی
بڑی ہے شان، بڑا احترام ہے تیرا

اگر سیاہ دلم، داغِ لالہ زارِ توام
وگر کشادہ جبینم، گلِ بہارِ توام

چمن کو چھوڑ کے نکلا ہوں مثلِ نکہتِ گل
ہوا ہے صبر کا منظور امتحاں مجھ کو

چلی ہے لے کے وطن کے نگار خانے سے
شرابِ علم کی لذّت کشاں کشاں مجھ کو

نظر ہے ابرِ کرم پر، درختِ صحرا ہُوں
کیا خدا نے نہ محتاجِ باغباں مجھ کو

فلک نشیں صفتِ مہر ہُوں زمانے میں
تری دعا سے عطا ہو وہ نردباں مجھ کو

مقام ہم سفروں سے ہو اس قدر آگے
کہ سمجھے منزلِ مقصود کارواں مجھ کو

مری زبانِ قلم سے کسی کا دل نہ دکھے
کسی سے شکوہ نہ ہو زیرِ آسماں مجھ کو

دلوں کو چاک کرے مثلِ شانہ جس کا اثر
تری جناب سے ایسی ملے فغاں مجھ کو

بنایا تھا جسے چُن چُن کے خار و خس میَں نے
چمن میں پھر نظر آئے وہ آشیاں مجھ کو

پھر آ رکھوں قدمِ مادر و پدر پہ جبیں
کیا جنھوں نے محبّت کا رازداں مجھ کو

وہ شمع بارگہِ خاندانِ مرتضوی
رہے گا مثلِ حرم جس کا آستاں مجھ کو

نفَس سے جس کے کھلی میری آرزو کی کلی
بنایا جس کی مروّت نے نکتہ داں مجھ کو

دعا یہ کر کہ خداوندِ آسمان و زمیں
کرے پھر اس کی زیارت سے شادماں مجھ کو

وہ میرا یوسفِ ثانی وہ شمعِ محفلِ عشق
ہوئی ہے جس کی اخوّت قرارِ جاں مجھ کو

جلا کے جس کی محبّت نے دفترِ من و تُو
ہوائے عیش میں پالا، کیا جواں مجھ کو

ریاضِ دہر میں مانندِ گل رہے خنداں
کہ ہے عزیز تر از جاں وہ جانِ جاں مجھ کو

شگفتہ ہو کے کلی دل کی پھول ہو جائے!

یہ التجائے مسافر قبول ہو جائے!

شگفتہ ہو کے کلی دل کی پھول ہو جائے!

یہ التجائے مسافر قبول ہو جائے!

غزلیات

★

گلزارِ ہست و بُود نہ بیگانہ وار دیکھ
ہے دیکھنے کی چیز اسے بار بار دیکھ

آیا ہے تُو جہاں میں مثالِ شرار دیکھ
دم دے نہ جائے ہستیِ ناپائدار دیکھ

مانا کہ تیری دید کے قابل نہیں ہُوں مَیں
تُو میرا شوق دیکھ، مِرا انتظار دیکھ

کھولی ہیں ذوقِ دید نے آنکھیں تری اگر
ہر رہ گزر میں نقشِ کفِ پائے یار دیکھ

★

نہ آتے، ہمیں اس میں تکرار کیا تھی
مگر وعدہ کرتے ہوئے عار کیا تھی

تمھارے پیامی نے سب راز کھولا
خطا اس میں بندے کی سرکار کیا تھی

بھری بزم میں اپنے عاشق کو تاڑا
تری آنکھ مستی میں ہشیار کیا تھی!

تائل تو تھا ان کو آنے میں قاصد
مگر یہ بتا طرزِ انکار کیا تھی

کھنچے خود بخود جانبِ طُور موسیٰ
کشش تیری اے شوقِ دیدار کیا تھی!

کہیں فِکر رہتا ہے اقبال تیرا
فسوں تھا کوئی، تیری گفتار کیا تھی

★

عجب واعظ کی دیں داری ہے یا رب!
عداوت ہے اسے سارے جہاں سے

کوئی اب تک نہ یہ سمجھا کہ انساں
کہاں جاتا ہے آتا ہے کہاں سے

وہیں سے رات کو ظلمت ملی ہے
چمک تارے نے پائی ہے جہاں سے

ہم اپنی درد مندی کا فسانہ
سنا کرتے ہیں اپنے رازداں سے

بڑی باریک ہیں واعظ کی چالیں
لرز جاتا ہے آوازِ اذاں سے

★

لاؤں وہ تنکے کہیں سے آشیانے کے لیے
بجلیاں بے تاب ہوں جن کو جلانے کے لیے

وائے ناکامی، فلک نے تاک کر توڑا اسے
میں نے جس ڈالی کو تاڑا آشیانے کے لیے

آنکھ مل جاتی ہے ہفتادِ دو ملّت سے تری
ایک پیمانہ ترا سارے زمانے کے لیے

دل میں کوئی اس طرح کی آرزو پیدا کروں
لوٹ جائے آسماں میرے مٹانے کے لیے

جمع کر خرمن تو پہلے دانہ دانہ چُن کے تُو
آ ہی نکلے گی کوئی بجلی جلانے کے لیے

پاس تھا ناکامیِ صیّاد کا اے ہم صفیر
ورنہ مَیں، اور اُڑ کے آتا ایک دانے کے لیے

اس چمن میں مرغِ دل گائے نہ آزادی کا گیت
آہ یہ گلشن نہیں ایسے ترانے کے لیے

★

کیا کہوں اپنے چمن سے مَیں جدا کیونکر ہوا
اور اسیرِ حلقۂ دام ہوا کیونکر ہوا

جائے حیرت ہے، برا سارے زمانے کا ہُوں مَیں
مجھ کو یہ خلعتِ شرافت کا عطا کیونکر ہوا

کچھ دکھانے دیکھنے کا تھا تقاضا طور پر
کیا خبر ہے تجھ کو اے دل! فیصلہ کیونکر ہوا

ہے طلب بے مدّعا ہونے کی بھی اک مدّعا
مرغِ دل دامِ تمنّا سے رِہا کیونکر ہوا

دیکھنے والے یہاں بھی دیکھ لیتے ہیں تجھے
پھر یہ وعدہ حشر کا صبر آزما کیونکر ہوا

حسنِ کامل ہی نہ ہو اس بے حجابی کا سبب
وہ جو تھا پردوں میں پنہاں، خود نما کیونکر ہوا

موت کا نسخہ ابھی باقی ہے اے دردِ فراق!
چارہ گر دیوانہ ہے، مَیں لا دوا کیونکر ہوا

تُو نے دیکھا ہے کبھی اے دیدۂ عبرت کہ گل
ہو کے پیدا خاک سے رنگیں قبا کیونکر ہوا

پرسشِ اعمال سے مقصد تھا رسوائی مری
ورنہ ظاہر تھا سبھی کچھ، کیا ہوا، کیونکر ہوا

میرے مٹنے کا تماشا دیکھنے کی چیز تھی
کیا بتاؤں ان کا میرا سامنا کیونکر ہوا

★

انوکھی وضع ہے، سارے زمانے سے نرالے ہیں
یہ عاشق کون سی بستی کے یارب رہنے والے ہیں

علاجِ درد میں بھی درد کی لذّت پہ مرتا ہُوں
جو تھے چھالوں میں کانٹے، نوکِ سوزن سے نکالے ہیں

پھلا پھولا رہے یارب! چمن میری امیدوں کا
جگر کا خون دے دے کر یہ بوٹے مَیں نے پالے ہیں

رلاتی ہے مجھے راتوں کو خاموشی ستاروں کی
نرالا عشق ہے میرا، نرالے میرے نالے ہیں

نہ پوچھو مجھ سے لذّت خانماں برباد رہنے کی
نشیمن سینکڑوں مَیں نے بنا کر پھونک ڈالے ہیں

نہیں بیگانگی اچھی رفیقِ راہِ منزل سے
ٹھہر جا اے شرر، ہم بھی تو آخر مٹنے والے ہیں

امیدِ حُور نے سب کچھ سِکھا رکھا ہے واعظ کو
یہ حضرت دیکھنے میں سیدھے سادے، بھولے بھالے ہیں

مرے اشعار اے اقبال کیوں پیارے نہ ہوں مجھ کو
مرے ٹوٹے ہوئے دل کے یہ درد انگیز نالے ہیں

92

★

ظاہر کی آنکھ سے نہ تماشا کرے کوئی
ہو دیکھنا تو دیدۂ دل وا کرے کوئی

منصور کو ہوا لبِ گویا پیامِ موت
اب کیا کسی کے عشق کا دعویٰ کرے کوئی

ہو دید کا جو شوق تو آنکھوں کو بند کر
ہے دیکھنا یہی کہ نہ دیکھا کرے کوئی

مَیں انتہائے عشق ہوں، تُو انتہائے حسن
دیکھے مجھے کہ تجھ کو تماشا کرے کوئی

چھپتی نہیں ہے یہ نگہِ شوق ہم نشیں!
پھر اور کس طرح انہیں دیکھا کرے کوئی

اڑ بیٹھے کیا سمجھ کے بھلا طور پر کلیم
طاقت ہو دید کی تو تقاضا کرے کوئی

نظارے کو یہ جنبشِ مژگاں بھی بار ہے
نرگس کی آنکھ سے تجھے دیکھا کرے کوئی

کھل جائیں، کیا مزے ہیں تمنائے شوق میں
دو چار دن جو میری تمنّا کرے کوئی

★

جنھیں مَیں ڈھونڈتا تھا آسمانوں میں زمینوں میں
وہ نکلے میرے ظلمت خانۂ دل کے مکینوں میں

حقیقت اپنی آنکھوں پر نمایاں جب ہوئی اپنی
مکاں نکلا ہمارے خانۂ دل کے مکینوں میں

اگر کچھ آشنا ہوتا مذاقِ جبہ سائی سے
تو سنگِ آستانِ کعبہ جا ملتا جبینوں میں

مہینے وصل کے گھڑیوں کی صورت اڑتے جاتے ہیں
مگر گھڑیاں جدائی کی گزرتی ہیں مہینوں میں

مجھے روکے گا تُو اے ناخدا کیا غرق ہونے سے
کہ جن کو ڈوبنا ہو، ڈوب جاتے ہیں سفینوں میں

چھپایا حسن کو اپنے کلیم اللہ سے جس نے
وہی ناز آفریں ہے جلوہ پیرا نازنینوں میں

جلا سکتی ہے شمعِ کشتہ کو موجِ نفس ان کی
الٰہی! کیا چھپا ہوتا ہے اہلِ دل کے سینوں میں

تمنّا دردِ دل کی ہو تو کر خدمت فقیروں کی
نہیں ملتا یہ گوہر بادشاہوں کے خزینوں میں

نہ پوچھ ان خرقہ پوشوں کی، ارادت ہو تو دیکھ ان کو
یدِ بیضا لیے بیٹھے ہیں اپنی آستینوں میں

ترستی ہے نگاہِ نارسا جس کے نظارے کو
وہ رونق انجمن کی ہے اُنھی خلوت گزینوں میں

کسی ایسے شرر سے پھونک اپنے خرمنِ دل کو
کہ خورشیدِ قیامت بھی ہو تیرے خوشہ چینوں میں

محبّت کے لیے دل ڈھونڈ کوئی ٹوٹنے والا
یہ وہ ہے جسے رکھتے ہیں نازک آبگینوں میں

سراپا حسن بن جاتا ہے جس کے حسن کا عاشق
بھلا اسے دل حسیں ایسا بھی ہے کوئی حسینوں میں

پھر کوئی اٹھا کوئی تیری ادائے "مَا عَرَفْنَا" پر

ترا رتبہ رہا بڑھ چڑھ کے سب ناز آفرینوں میں

نمایاں ہو کے دکھلا دے کبھی ان کو جمال اپنا

بہت مدت سے چرچے ہیں ترے باریک بینوں میں

خموش اے دل! بھری محفل میں چلّانا نہیں اچھا

ادب پہلا قرینہ ہے محبّت کے قرینوں میں

برا سمجھوں انہیں مجھ سے تو ایسا ہو نہیں سکتا

کہ مَیں خود بھی تو ہوں اقبال اپنے نکتہ چینوں میں

★

ترے عشق کی انتہا چاہتا ہوں

مری سادگی دیکھ، کیا چاہتا ہوں

ستم ہو کہ ہو وعدۂ بے حجابی

کوئی بات صبر آزما چاہتا ہوں

یہ جنّت مبارک رہے زاہدوں کو

کہ مَیں آپ کا سامنا چاہتا ہوں

ذرا سا تو دل ہوں، مگر شوخ اتنا

وہی لن ترانی سنا چاہتا ہوں

کوئی دم کا مہماں ہوں اے اہلِ محفل

چراغِ سحر ہوں، بجھا چاہتا ہوں

بھری بزم میں راز کی بات کہہ دی

بڑا بے ادب ہوں، سزا چاہتا ہوں

★

کشادہ دستِ کرم جب وہ بے نیاز کرے

نیاز مند نہ کیوں عاجزی پہ ناز کرے

بٹھا کے عرش پہ رکھا ہے تُو نے اے واعظ!
خدا وہ کیا ہے جو بندوں سے احتراز کرے

مری نگاہ میں وہ رند ہی نہیں ساقی
جو ہوشیاری و مستی میں امتیاز کرے

مدام گوش بہ دل رہ، یہ ساز ہے ایسا
جو ہو شکستہ تو پیدا نوائے راز کرے

سخن میں سوز، الٰہی کہاں سے آتا ہے
یہ چیز وہ ہے کہ پتھر کو بھی گداز کرے

تمیزِ لالہ و گل سے ہے نالۂ بلبل
جہاں میں وا نہ کوئی چشمِ امتیاز کرے

غرورِ زہد نے سکھلا دیا ہے واعظ کو
کہ بندگانِ خدا پر زباں دراز کرے

ہَوا ہو ایسی کہ ہندوستاں سے اے اقبال
اڑا کے مجھ کو غبارِ رہِ حجاز کرے

★

سختیاں کرتا ہُوں دل پر، غیر سے غافل ہُوں مَیں
ہائے کیا اچھی کہی ظالم ہُوں مَیں، جاہل ہُوں مَیں

مَیں جبھی تک تھا کہ تیری جلوہ پیرائی نہ تھی
جو نمودِ حق سے مٹ جاتا ہے وہ باطل ہُوں مَیں

علم کے دریا سے نکلے غوطہ زن گوہر بدست
وائے محرومی! خزف چینِ لبِ ساحل ہُوں مَیں

ہے مری ذلت ہی کچھ میری شرافت کی دلیل
جس کی غفلت کو ملَک روتے ہیں وہ غافل ہُوں مَیں

بزمِ ہستی! اپنی آرائش پہ تُو نازاں نہ ہو
تُو تو اک تصویر ہے محفل کی اور محفل ہُوں مَیں

ڈھونڈتا پھرتا ہُوں اے اقبال اپنے آپ کو
آپ ہی گویا مسافر، آپ ہی منزل ہُوں مَیں

★

مجنوں نے شہر چھوڑا تو صحرا بھی چھوڑ دے
نظارے کی ہوس ہو تو لیلیٰ بھی چھوڑ دے

واعظ! کمالِ ترک سے ملتی ہے یاں مراد
دنیا جو چھوڑ دی ہے تو عقبیٰ بھی چھوڑ دے

تقلید کی روش سے تو بہتر ہے خودکشی
رستہ بھی ڈھونڈ، خضر کا سودا بھی چھوڑ دے

مانندِ خامہ تیری زباں پر ہے حرفِ غیر
بیگانہ شے پہ نازشِ بے جا بھی چھوڑ دے

لطفِ کلام کیا جو نہ ہو دل میں دردِ عشق
بسمل نہیں ہے تُو، تو تڑپنا بھی چھوڑ دے

شبنم کی طرح پھولوں پہ رو، اور چمن سے چل
اس باغ میں قیام کا سودا بھی چھوڑ دے

ہے عاشقی میں رسم الگ سب سے بیٹھنا
بت خانہ بھی، حرم بھی، کلیسا بھی چھوڑ دے

سوداگری نہیں، یہ عبادت خدا کی ہے
اے بے خبر! جزا کی تمنّا بھی چھوڑ دے

اچھا ہے دل کے ساتھ رہے پاسبانِ عقل
لیکن کبھی کبھی اسے تنہا بھی چھوڑ دے

جینا وہ کیا جو ہو نفَسِ غیر پر مدار
شہرت کی زندگی کا بھروسا بھی چھوڑ دے

شوخی سی ہے سوالِ مکرّر میں اے کلیم!
شرطِ رضا یہ ہے کہ تقاضا بھی چھوڑ دے

واعظ ثبوت لائے جو مے کے جواز میں
اقبال کو یہ ضد ہے کہ پینا بھی چھوڑ دے

حصہ دوم

۱۹۰۵ سے ۱۹۰۸ تک

محبّت

عروسِ شب کی زلفیں تھیں ابھی نا آشنا خم سے

ستارے آسماں کے بے خبر تھے لذّتِ رم سے

قمر اپنے لباسِ نو میں بیگانہ سا لگتا تھا

نہ تھا واقف ابھی گردش کے آئینِ مسلّم سے

ابھی امکاں کے ظلمت خانے سے ابھری ہی تھی دنیا

مذاقِ زندگی پوشیدہ تھا پہنائے عالم سے

کمالِ نظمِ ہستی کی ابھی تھی ابتدا گویا

ہویدا تھی نگینے کی تمنّا چشمِ خاتم سے

سنا ہے عالمِ بالا میں کوئی کیمیا گر تھا

صفا تھی جس کی خاکِ پا میں بڑھ کر ساغرِ جم سے

لکھا تھا عرش کے پائے پہ اک اکسیر کا نسخہ

چھپاتے تھے فرشتے جس کو چشمِ روحِ آدم سے

نگاہیں تاک میں رہتی تھیں لیکن کیمیا گر کی

وہ اس نسخے کو بڑھ کر جانتا تھا اسمِ اعظم سے

بڑھا تسبیح خوانی کے بہانے عرشَ کی جانب

تمنّائے دلی آخر بر آئی سعیِ پیہم سے

پھرایا فکرِ اجزا نے اسے میدانِ امکاں میں

چھپے گی کیا کوئی شے بارگاہِ حق کے محرم سے

چمک تارے سے مانگی، چاند سے داغِ جگر مانگا

اڑائی تیرگی تھوڑی سی شب کی زلفِ برہم سے

تڑپ بجلی سے پائی، حُور سے پاکیزگی پائی

حرارت لی نفَس ہائے مسیح ابنِ مریم سے

ذرا سی پھر ربوبیّت سے شانِ بے نیازی لی

مَلک سے عاجزی، افتادگی تقدیرِ شبنم سے

پھر ان اجزا کو گھولا چشمۂ حیواں کے پانی میں

مُرکّب نے محبّت نام پایا عرشِ اعظم سے

مہوّس نے یہ پانی ہستیِ نوخیز پر چھڑکا
گرہ کھولی ہنر نے اس کے گویا کارِ عالم سے
ہوئی جنبش عیاں، ذرّوں نے لطفِ خواب کو چھوڑا
گلے ملنے لگے اٹھ اٹھ کے اپنے اپنے ہمدم سے

خرامِ ناز پایا آفتابوں نے، ستاروں نے
چٹک غنچوں نے پائی، داغ پائے لالہ زاروں نے

حقیقتِ حسن

خدا سے حسن نے اک روز یہ سوال کیا
جہاں میں کیوں نہ مجھے تُو نے لازوال کیا

مِلا جواب کہ تصویر خانہ ہے دنیا
شبِ درازِ عدم کا فسانہ ہے دنیا

ہوئی ہے رنگِ تغیر سے جب نمود اس کی
وہی حسیں ہے حقیقت زوال ہے جس کی

کہیں قریب تھا، یہ گفتگو قمر نے سنی
فلک پہ عام ہوئی، اخترِ سحر نے سنی

سحر نے تارے سے سن کر سنائی شبنم کو
فلک کی بات بتا دی زمیں کے محرم کو

بھر آئے پھول کے آنسو پیامِ شبنم سے
کلی کا ننھا سا دل خون ہو گیا غم سے

چمن سے روتا ہوا موسمِ بہار گیا
شباب سیر کو آیا تھا، سوگوار گیا

پیام

عشق نے کر دیا تجھے ذوقِ تپش سے آشنا
بزم کو مثلِ شمع بزم حاصلِ سوز و ساز دے

شانِ کرم پہ ہے مدارِ عشق گرہ کشائے کا
دیر و حرم کی قید کیا جس کو وہ بے نیاز دے

صورتِ شمعِ نور کی ملتی نہیں قبا اسے
جس کو خدا نہ دہر میں گریۂ جاں گداز دے

تارے میں وہ قمر میں وہ جلوہ گہِ سحر میں وہ
چشمِ نظارہ میں نہ تُو سرمۂ امتیاز دے

عشق بلند بال ہے رسم و رہِ نیاز سے
حسن ہے مستِ ناز اگر تُو بھی جوابِ ناز دے

پیرِ مغاں فرنگ کی مے کا نشاط ہے اثر
اس میں وہ کیفِ غم نہیں مجھ کو تُو خانہ ساز دے

تجھ کو خبر نہیں ہے کیا بزمِ کہن بدل گئی
اب نہ خدا کے واسطے ان کو مئے مجاز دے

سوامی رام تیرتھ

ہم بغل دریا سے ہے اے قطرۂ بے تاب تُو
پہلے گوہر تھا، بنا اب گوہرِ نایاب تُو

آہ کھولا کس ادا سے تُو نے رازِ رنگ و بُو
مَیں ابھی تک ہُوں اسیرِ امتیازِ رنگ و بُو

مٹ کے غوغا زندگی کا شورشِ محشر بنا
یہ شرارہ بجھ کے آتشِ خانۂ آذر بنا

نفیِ ہستی اک کرشمہ ہے دلِ آگاہ کا
"لا" کے دریا میں نہاں موتی ہے "الا اللہ" کا

چشمِ نابینا سے مخفی معنیِ انجام ہے
تھم گئی جس دم تڑپ، سیماب سیم خام ہے

توڑ دیتا ہے بتِ ہستی کو ابراہیمِ عشق
ہوش کا دارو ہے گویا مستیِ تسنیمِ عشق

طلبہٴ علی گڑھ کالج کے نام

اوروں کا ہے پیام اور، میرا پیام اور ہے
عشق کے درد مند کا طرزِ کلام اور ہے

طائرِ زیرِ دام کے نالے تو سن چکے ہو تم
یہ بھی سنو کہ نالۂ طائرِ بام اور ہے

آتی تھی کوہ سے صدا رازِ حیات ہے سکوں
کہتا تھا مورِ ناتواں، لطفِ خرام اور ہے

جذبِ حرم سے ہے فروغِ انجمنِ حجاز کا
اس کا مقام اور ہے، اس کا نظام اور ہے

موت ہے عیشِ جاوداں، ذوقِ طلب اگر نہ ہو
گردشِ آدمی ہے اور، گردشِ جام اور ہے

شمعِ سحر یہ کہہ گئی سوز ہے زندگی کا ساز
غم کدۂ نمود میں شرطِ دوام اور ہے

بادہ ہے نیم رس ابھی، شوق ہے نارسا ابھی
رہنے دو خم کے سر پہ تم خشتِ کلیسیا ابھی

اخترِ صبح

ستارہ صبح کا روتا تھا اور یہ کہتا تھا
ملی نگاہ مگر فرصتِ نظر نہ ملی

ہوئی ہے زندہ دمِ آفتاب سے ہر شے
اماں مجھی کو تہِ دامنِ سحر نہ ملی

بساط کیا ہے بھلا صبح کے ستارے کی
نفَس حباب کا، تابندگی شرارے کی

کہا یہ میں نے کہ اے زیورِ جبینِ سحر!
غمِ فنا ہے تجھے! گنبدِ فلک سے اتر

ٹپک بلندیِ گردوں سے ہم رہِ شبنم
مرے ریاضِ سخن کی فضا ہے جاں پرور

میں باغباں ہُوں، محبّت بہار ہے اس کی
بِنا مثالِ ابد پائندار ہے اس کی

حسن و عشق

جس طرح ڈوبتی ہے کشتیِ سیمیں قمر
نورِ خورشید کے طوفان میں ہنگامِ سحر
جیسے ہو جاتا ہے گم نور کا لے کر آنچل
چاندنی رات میں مہتاب کا ہم رنگ کنول
جلوہِ طُور میں جیسے یدِ بیضائے کلیم
موجہِ نکہتِ گلزار میں غنچے کی شمیم

ہے ترے سیلِ محبّت میں یونہی دل میرا

تُو جو محفل ہے تو ہنگامہِ محفل ہُوں مَیں
حسن کی برق ہے تُو، عشق کا حاصل ہُوں مَیں
تُو سحر ہے تو مرے اشک ہیں شبنم تیری
شامِ غربت ہوں اگر مَیں تو شفق تُو میری
مرے دل میں تری زلفوں کی پریشانی ہے
تری تصویر سے پیدا مری حیرانی ہے

حسن کامل ہے ترا، عشق ہے کامل میرا

ہے مرے باغِ سخن کے لیے تُو بادِ بہار
میرے بے تاب تخیل کو دیا تُو نے قرار
جب سے آباد ترا عشق ہوا سینے میں
نئے جوہر ہوئے پیدا مرے آئینے میں
حسن سے عشق کی فطرت کو ہے تحریکِ کمال

تجھ سے سرسبز ہوئے میری امیدوں کے نہال

قافلہ ہو گیا آسودۂ منزل میرا

۔۔ کی گود میں بلّی دیکھ کر

تجھ کو دزدیدہ نگاہی یہ سِکھا دی کس نے

رمزِ آغازِ محبّت کی بتا دی کس نے

ہر ادا سے تری پیدا ہے محبّت کیسی

نیلی آنکھوں سے ٹپکتی ہے ذکاوت کیسی

دیکھتی ہے کبھی ان کو، کبھی شرماتی ہے

کبھی اٹھتی ہے، کبھی لیٹ کے سو جاتی ہے

آنکھ تیری صفتِ آئنہ حیران ہے کیا

نورِ آگاہی سے روشن تری پہچان ہے کیا

مارتی ہے انہیں پونہچوں سے، عجب ناز ہے یہ

چھیڑ ہے، غصہ ہے یا پیار کا انداز ہے یہ؟

شوخ تُو ہو گی تو گودی سے اتاریں گے تجھے

گر گیا پھول جو سینے کا تو ماریں گے تجھے

کیا تجسس ہے تجھے، کس کی تمنائی ہے

آہ! کیا تُو بھی اسی چیز کی سودائی ہے

خاص انسان سے کچھ حسن کا احساس نہیں

صورتِ دل ہے یہ ہر چیز کے باطن میں مکیں

شیشۂ دہر میں مانندِ مئے ناب ہے عشق

روحِ خورشید ہے، خونِ رگِ مہتاب ہے عشق

دل ہر ذرّہ میں پوشیدہ کسک ہے اس کی

نور یہ وہ ہے کہ ہر شے میں جھلک ہے اس کی

کہیں سامانِ مسرت، کہیں سازِ غم ہے

کہیں گوہر ہے، کہیں اشک، کہیں شبنم ہے

کلی

جب دکھاتی ہے سحر عارضِ رنگیں اپنا
کھول دیتی ہے کلی سینۂ زرّیں اپنا

جلوہ آشام ہے یہ صبح کے مے خانے میں
زندگی اس کی ہے خورشید کے پیمانے میں

سامنے مہر کے دل چیر کے رکھ دیتی ہے
کس قدر سینہ شگافی کے مزے لیتی ہے

مرے خورشید! کبھی تُو بھی اٹھا اپنی نقاب
بہرِ نظّارہ تڑپتی ہے نگاہِ بے تاب

تیرے جلوے کا نشیمن ہو مرے سینے میں
عکس آباد ہو تیرا مرے آئینے میں

زندگی ہو ترا نظّارہ مرے دل کے لیے
روشنی ہو تری گہوارہ مرے دل کے لیے

ذرّہ ذرّہ ہو مرا پھر طرب اندوزِ حیات
ہو عیاں جوہرِ اندیشہ میں پھر سوزِ حیات

اپنے خورشید کا نظّارہ کروں دُور سے مَیں
صفتِ غنچہ ہم آغوش رہوں نور سے مَیں

جانِ مضطر کی حقیقت کو نمایاں کر دوں
دل کے پوشیدہ خیالوں کو بھی عریاں کر دوں

چاند اور تارے

ڈرتے ڈرتے دم سحر سے
تارے کہنے لگے قمر سے

نظّارے رہے وہی فلک پر
ہم تھک بھی گئے چمک چمک کر

کام اپنا ہے صبح و شام چلنا

چلنا   چلنا،   مدام   چلنا
بے تاب ہے اس جہاں کی ہر شے
کہتے ہیں جسے سکوں، نہیں ہے
رہتے ہیں ستم کش سفر سب
تارے، انساں، شجر، حجر سب
ہو گا کبھی ختم یہ سفر کیا
منزل کبھی آئے گی نظر کیا

کہنے لگا چاند، ہم نشینو
اے مزرعِ شب کے خوشہ چینو!
جنبش سے ہے زندگی جہاں کی
یہ رسم قدیم ہے یہاں کی
ہے دوڑتا اشہبِ زمانہ
کھا کھا کے طلب کا تازیانہ
اس رہ میں مقام بے محل ہے
پوشیدہ قرار میں اجل ہے
چلنے والے نکل گئے ہیں
جو ٹھہرے ذرا، کچل گئے ہیں
انجام ہے اس خرام کا حسن
آغاز ہے عشق، انتہا حسن

وِصال

جستجو جس گل کی تڑپاتی تھی اے بلبل مجھے
خوبیِ قسمت سے آخر مل گیا وہ گل مجھے
خود تڑپتا تھا، چمن والوں کو تڑپاتا تھا مَیں
تجھ کو جب رنگیں نوا پاتا تھا، شرماتا تھا مَیں
میرے پہلو میں دلِ مضطر نہ تھا، سیماب تھا
ارتکابِ جرمِ الفت کے لیے بے تاب تھا

نامرادی محفلِ گل میں مری مشہور تھی
صبح میری آئنہ دارِ شبِ دیجور تھی

از نفَس در سینۂ خوں گشتہ نشتر داشتم
زیرِ خاموشی نہاں غوغائے محشر داشتم

اب تاثّر کے جہاں میں وہ پریشانی نہیں
اہلِ گلشن پر گراں میری غزل خوانی نہیں
عشق کی گرمی سے شعلے بن گئے چھالے مرے
کھیلتے ہیں بجلیوں کے ساتھ اب نالے مرے
غازۂ الفت سے یہ خاکِ سیہ آئینہ ہے
اور آئینے میں عکسِ ہمدمِ دیرینہ ہے
قید میں آیا تو حاصل مجھ کو آزادی ہوئی
دل کے لٹ جانے سے میرے گھر کی آبادی ہوئی
ضو سے اس خورشید کی اختر مرا تابندہ ہے
چاندنی جس کے غبارِ راہ سے شرمندہ ہے

یک نظر کر دی و آدابِ فنا آموختی
اے خنک روزے کہ خاشاکِ مرا واسوختی

سلیمیٰ

جس کی نمود دیکھی چشمِ ستارہ بیں نے
خورشید میں، قمر میں، تاروں کی انجمن میں
صوفی نے جس کو دل کے ظلمت کدے میں پایا
شاعر نے جس کو دیکھا قدرت کے بانکپن میں
جس کی چمک ہے پیدا، جس کی مہک ہویدا
شبنم کے موتیوں میں، پھولوں کے پیرہن میں
صحرا کو ہے بسایا جس نے سکوت بن کر
ہنگامہ جس کے دم سے کاشانۂ چمن میں

ہر شے میں ہے نمایاں یوں تو جمال اس کا
آنکھوں میں ہے سلیمیٰ! تیری کمال اس کا

عاشقِ ہرجائی

۱

ہے عجب مجموعۂ اضداد اے اقبال تُو
رونقِ ہنگامۂ محفل بھی ہے، تنہا بھی ہے
تیرے ہنگاموں سے اے دیوانۂ رنگیں نوا!
زینتِ گلشن بھی ہے، آرائشِ صحرا بھی ہے
ہم نشیں تاروں کا ہے تُو رفعتِ پرواز سے
اے زمیں فرسا، قدم تیرا فلک پیما بھی ہے
عین شغلِ مے میں پیشانی ہے تیری سجدہ ریز
کچھ ترے مسلک میں رنگِ مشربِ مینا بھی ہے
مثلِ بوئے گل لباسِ رنگ سے عریاں ہے تُو
ہے تو حکمت آفریں، لیکن تجھے سودا بھی ہے
جانبِ منزل رواں بے نقشِ پا مانندِ موج
اور پھر افتادہ مثلِ ساحلِ دریا بھی ہے
حسنِ نسوانی ہے بجلی تیری فطرت کے لیے
پھر عجب یہ ہے کہ تیرا عشق بے پروا بھی ہے
تیری ہستی کا ہے آئین تلقّن پر مدار
تُو کبھی ایک آستانے پر جبیں فرسا بھی ہے؟
ہے حسینوں میں وفا نا آشنا تیرا خطاب
اے تلوّن کیش! تُو مشہور بھی، رسوا بھی ہے
لے کے آیا ہے جہاں میں عادتِ سیماب تُو
تیری بے تابی کے صدقے، ہے عجب بے تاب تُو

۲

عشق کی آشفتگی نے کر دیا صحرا جسے
مُشتِ خاک ایسی نہاں زیرِ قبا رکھتا ہُوں مَیں

ہیں ہزاروں اس کے پہلو، رنگ ہر پہلو کا اور
سینے میں ہیرا کوئی ترشا ہوا رکھتا ہُوں مَیں

دل نہیں شاعر کا، ہے کیفیّتوں کی رست خیز
کیا خبر تجھ کو درونِ سینہ کیا رکھتا ہُوں مَیں

آرزو ہر کیفیت میں اک نئے جلوے کی ہے
مضطرب ہوں، دل سکوں نا آشنا رکھتا ہُوں مَیں

بے نیازی سے ہے پیدا میری فطرت کا نیاز
سوز و سازِ جستجو مثلِ صبا رکھتا ہُوں مَیں

موجبِ تسکیں تماشائے شرارِ جستہ
ہو نہیں سکتا کہ دل برق آشنا رکھتا ہُوں مَیں

ہر تقاضا عشق کی فطرت کا ہو جس سے خموش
آہ! وہ کامل تجلّی مدّعا رکھتا ہُوں مَیں

جستجو کل کی لیے پھرتی ہے اجزا میں مجھے
حسن بے پایاں ہے، دردِ لادوا رکھتا ہُوں مَیں

زندگی الفت کی درد انجامیوں سے ہے مری
عشق کو آزادِ دستورِ وفا رکھتا ہُوں مَیں

سچ اگر پوچھے تو افلاسِ تخیل ہے وفا
دل میں ہر دم اک نیا محشر بپا رکھتا ہُوں مَیں

فیضِ ساقی شبنم آسا، ظرفِ دل دریا طلب
تشنۂ دائم ہوں آتش زیرِ پا رکھتا ہُوں مَیں

مجھ کو پیدا کر کے اپنا نکتہ چیں پیدا کیا
نقش ہوں، اپنے مصور سے گلا رکھتا ہُوں مَیں

محفلِ ہستی میں جب ایسا تنگ جلوہ تھا حسن
پھر تخیل کس لیے لا انتہا رکھتا ہُوں مَیں

در بیابانِ طلب پیوستہ می کوشیم ما

موجِ بحریم و شکستِ خویش بر دوشیم ما

کوششِ ناتمام

فرقتِ آفتاب میں کھاتی ہے پیچ و تاب صبح

چشمِ شفق ہے خوں فشاں اخترِ شام کے لیے

رہتی ہے قیسِ روز کو لیلیٰ شام کی ہوس

اخترِ صبح مضطرب تابِ دوام کے لیے

کہتا تھا قطبِ آسماں قافلۂ نجوم سے

ہم رہو، میَں ترس گیا لطفِ خرام کے لیے

سوتوں کو ندیوں کا شوق، بحر کا ندیوں کو عشق

موجۂ بحر کو تپش ماہِ تمام کے لیے

حسنِ ازل کہ پردۂ لالہ و گل میں ہے نہاں

کہتے ہیں بے قرار ہے جلوۂ عام کے لیے

رازِ حیات پوچھ لے خضرِ نجستہ گام سے

زندہ ہر ایک چیز ہے کوششِ ناتمام سے

نوائے غم

زندگانی ہے مری مثلِ ربابِ خاموش

جس کی ہر رنگ کے نغموں سے ہے لبریز آغوش

ربطِ کون و مکاں جس کی خموشی پہ نثار

جس کے ہر تار میں ہیں سینکڑوں نغموں کے مزار

محشرستانِ نوا کا ہے امیں جس کا سکوت

اور منّت کشِ ہنگامہ نہیں جس کا سکوت

آہ! امّیدِ محبّت کی بر آئی نہ کبھی

چوٹ مضراب کی اس ساز نے کھائی نہ کبھی

مگر آتی ہے نسیمِ چمن طُور کبھی

سمتِ گردُوں سے ہوائے نفَسِ حُور کبھی

چھیڑ آہستہ سے دیتی ہے مرا تارِ حیات

جس سے ہوتی ہے رِہا روحِ گرفتارِ حیات

نغمۂ یاس کی دھیمی سی صدا اُٹھتی ہے

اشک کے قافلے کو بانگِ درا اُٹھتی ہے

جس طرح رفعتِ شبنم ہے مذاقِ رم سے

میری فطرت کی بلندی ہے نوائے غم سے

عشرتِ امروز

نہ مجھ سے کہہ کہ اجل ہے پیامِ عیش و سرور

نہ کھینچ نقشۂ کیفیتِ شرابِ طہُور

فراقِ حُور میں ہو غم سے ہمکنار نہ تُو

پری کو شیشۂ الفاظ میں اتار نہ تُو

مجھے فریفتۂ ساقیِ جمیل نہ کر

بیانِ حُور نہ کر، ذکرِ سلسبیل نہ کر

مقامِ امن ہے جنّت، مجھے کلام نہیں

شباب کے لیے موزوں ترا پیام نہیں

شباب، آہ! کہاں تک امیدوار رہے

وہ عیش، عیش نہیں، جس کا انتظار رہے

وہ حسن کیا جو محتاجِ چشمِ بینا ہو

نمود کے لیے منّت پذیرِ فردا ہو

عجیب چیز ہے احساس زندگانی کا

عقیدہ ”عشرتِ امروز“ ہے جوانی کا

انسان

قدرت کا عجیب یہ ستم ہے!

انسان کو راز جو بنایا

راز اس کی نگاہ سے چھپایا

بے تاب ہے ذوقِ آگہی کا

کھُلتا نہیں بھید زندگی کا

حیرت آغاز و انتہا ہے

آئینے کے گھر میں اور کیا ہے

ہے گرمِ خرام موجِ دریا

دریا سوئے سجرِ جادہ پیما

بادل کو ہَوا اڑا رہی ہے

شانوں پہ اٹھائے لا رہی ہے

تارے مستِ شرابِ تقدیر

زندانِ فلک میں پا بہ زنجیر

خورشید، وہ عابدِ سحر خیز

لانے والا پیامِ "برخیز"

مغرب کی پہاڑیوں میں چھپ کر

پیتا ہے مئے شفق کا ساغر

لذّت گیرِ وجود ہر شے

سرمستِ مئے نمود ہر شے

کوئی نہیں غم گسارِ انساں

کیا تلخ ہے روزگارِ انساں!

جلوۂ حسن

جلوۂ حسن کہ ہے جس سے تمنّا بے تاب

پالتا ہے جسے آغوشِ تخیل میں شباب

ابدی بنتا ہے یہ عالمِ فانی جس سے
ایک افسانۂ رنگیں ہے جوانی جس سے
جو سکھاتا ہے ہمیں سر بہ گریباں ہونا
منظرِ عالمِ حاضر سے گریزاں ہونا
دُور ہو جاتی ہے ادراک کی خامی جس سے
عقل کرتی ہے تاثّر کی غلامی جس سے

آہ! موجود بھی وہ حسن کہیں ہے کہ نہیں
خاتمِ دہر میں یارب وہ نگیں ہے کہ نہیں

ایک شام

(دریائے نیگّر "ہائیڈل برگ" کے کنارے پر)

خاموش ہے چاندنی قمر کی
شاخیں ہیں خموش ہر شجر کی
وادی کے نوا فروش خاموش
کہسار کے سبز پوش خاموش
فطرت بے ہوش ہو گئی ہے
آغوش میں شب کے سو گئی ہے
کچھ ایسا سکوت کا فسوں ہے
نیکر کا خرام بھی سکوں ہے
تاروں کا خموش کارواں ہے
یہ قافلہ بے درا رواں ہے
خاموش ہیں کوہ و دشت و دریا
قدرت ہے مراقبے میں گویا
اے دل! تُو بھی خموش ہو جا
آغوش میں غم کو لے کے سو جا

تنہائی

تنہائی شب میں ہے حزیں کیا
انجم نہیں تیرے ہم نشیں کیا!
یہ رفعتِ آسمانِ خاموش
خوابیدہ زمیں، جہانِ خاموش
یہ چاند، یہ دشت و در، یہ کہسار
فطرت ہے تمام نسترن زار
موتی خوش رنگ، پیارے پیارے
یعنی ترے آنسوؤں کے تارے

کس شے کی تجھے ہوس ہے اے دل!
قدرت تری ہم نفس ہے اے دل!

پیامِ عشق

سن اے طلب گارِ دردِ پہلو! مَیں ناز ہوں، تُو نیاز ہو جا
مَیں غزنوی سومناتِ دل کا ہُوں تُو سراپا ایاز ہو جا
نہیں ہے والبستہ زیرِ گردُوں کمال شانِ سکندری سے
تمام ساماں ہے تیرے سینے میں، تُو بھی آئینہ ساز ہو جا
غرض ہے پیکارِ زندگی سے کمال پائے ہلال تیرا
جہاں کا فرضِ قدیم ہے تُو، ادا مثالِ نماز ہو جا
نہ ہو قناعت شعارِ گلچیں! اسی سے قائم ہے شان تیری
وفورِ گل ہے اگر چمن میں تو اور دامن دراز ہو جا
گئے وہ ایّام، اب زمانہ نہیں ہے صحرا نوردیوں کا
جہاں میں مانندِ شمعِ سوزاں میانِ محفل گداز ہو جا
وجود افراد کا مجازی ہے، ہستی قوم ہے حقیقی
فدا ہو ملّت پہ یعنی آتش زنِ طلسم مجاز ہو جا
یہ ہند کے فرقہ ساز اقبال آذری کر رہے ہیں گویا

بچا کے دامن بتوں سے اپنا غبارِ راہِ حجاز ہو جا

فراق

تلاشِ گوشۂ عزلت میں پھر رہا ہُوں مَیں
یہاں پہاڑ کے دامن میں آ چھپا ہُوں مَیں
شکستہ گیت میں چشموں کے دلبری ہے کمال
دعائے طفلکِ گفتار آزما کی مثال
ہے تختِ لعلِ شفق پر جلوسِ اخترِ شام
بہشت دیدۂ بینا ہے حسن منظرِ شام

سکوتِ شام جدائی ہوا بہانہ مجھے
کسی کی یاد نے سکھلا دیا ترانہ مجھے

یہ کیفیت ہے مری جانِ ناشکیبا کی
مری مثال ہے طفلِ صغیرِ تنہا کی
اندھیری رات میں کرتا ہے وہ سرود آغاز
صدا کو اپنی سمجھتا ہے غیر کی آواز
یونہی مَیں دل کو پیامِ شکیب دیتا ہوں
شبِ فراق کو گویا فریب دیتا ہوں

عبدالقادر کے نام

اٹھ کہ ظلمت ہوئی پیدا افقِ خاور پر
بزم میں شعلہ نوائی سے اُجالا کر دیں
ایک فریاد ہے مانندِ سپند اپنی بساط
اسی ہنگامے سے محفل تہ و بالا کر دیں
اہلِ محفل کو دکھا دیں اثرِ صیقلِ عشق
سنگِ امروز کو آئینۂ فردا کر دیں
جلوۂ یوسفِ گم گشتہ دکھا کر ان کو

تپش آمادہ تر از خونِ زلیخا کر دیں
اس چمن کو سبق آئینِ نمو کا دے کر
قطرۂ شبنمِ بے مایہ کو دریا کر دیں
رختِ جاں بت کدۂ چیں سے اٹھا لیں اپنا
سب کو محوِ رخِ سعدی و سلیمیٰ کر دیں
دیکھ! یثرب میں ہوا ناقۂ لیلیٰ بے کار
قیس کو آرزوئے نو سے شناسا کر دیں
بادہ دیرینہ ہو اور گرم ہو ایسا کہ گداز
جگرِ شیشہ و پیمانہ و مینا کر دیں
گرم رکھتا تھا ہمیں سردیِ مغرب میں جو داغ
چیر کر سینہ اسے وقفِ تماشا کر دیں
شمع کی طرح جئیں بزم گہِ عالم میں
خود جلیں، دیدۂ اغیار کو بینا کر دیں

"ہر چہ در دل گذرد وقفِ زباں دارد شمع
سوختن نیست خیالے کہ نہاں دارد شمع"

صقلیہ

(جزیرۂ سسلی)

رو لے اب دل کھول کر اے دیدۂ خوننابہ بار
وہ نظر آتا ہے تہذیبِ حجازی کا مزار
تھا یہاں ہنگامہ ان صحرا نشینوں کا کبھی
بحر بازی گاہ تھا جن کے سفینوں کا کبھی
زلزلے جن سے شہنشاہوں کے درباروں میں تھے
بجلیوں کے آشیانے جن کی تلواروں میں تھے
اک جہانِ تازہ کا پیغام تھا جن کا ظہور
کھا گئی عصرِ کہن کو جن کی تیغِ ناصبور
مردہ عالم زندہ جن کی شورشِ قم سے ہوا

آدمی آزاد زنجیرِ توہّم سے ہوا

غلغلوں سے جس کے لذّت گیر اب تک گوش ہے
کیا وہ تکبیر اب ہمیشہ کے لیے خاموش ہے؟

آہ اے مسلی! سمندر کی ہے تجھ سے آبرو
رہنما کی طرح اس پانی کے صحرا میں ہے تُو

زیب تیرے خال سے رخسار دریا کو رہے
تیری شمعوں سے تسلّی بحر پیما کو رہے

ہو سبک چشم مسافر پر ترا منظر مدام
موج رقصاں تیرے ساحل کی چٹانوں پر مدام

تُو کبھی اس قوم کی تہذیب کا گہوارہ تھا
حسنِ عالم سوز جس کا آتشِ نظّارہ تھا

نالہ کش شیراز کا بلبل ہوا بغداد پر
داغ رویا خون کے آنسو جہاں آباد پر

آسماں نے دولتِ غرناطہ جب برباد کی
ابنِ بدروں کے دلِ ناشاد نے فریاد کی

غم نصیب اقبال کو بخشا گیا ماتم ترا
چُن لیا تقدیر نے وہ دل کہ تھا محرم ترا

ہے ترے آثار میں پوشیدہ کس کی داستاں
تیرے ساحل کی خموشی میں ہے اندازِ بیاں

درد اپنا مجھ سے کہہ، مَیں بھی سراپا درد ہوں
جس کی تُو منزل تھا، مَیں اس کاروَاں کی گرد ہوں

رنگ تصویرِ کہن میں بھر کے دکھلا دے مجھے
قصّہ، ایّامِ سلف کا کہہ کے تڑپا دے مجھے

مَیں ترا تحفہ سوئے ہندوستاں لے جاؤں گا
خود یہاں روتا ہوں، اوروں کو وہاں رلواؤں گا

★

زندگی انساں کی اک دم کے سوا کچھ بھی نہیں
دم ہَوا کی موج ہے، رم کے سوا کچھ بھی نہیں

گل، تبسم کہہ رہا تھا زندگانی کو مگر
شمع بولی، گریۂ غم کے سوا کچھ بھی نہیں

رازِ ہستی راز ہے جب تک کوئی محرم نہ ہو
کھل گیا جس دم تو محرم کے سوا کچھ بھی نہیں

زائرانِ کعبہ سے اقبآل یہ پوچھے کوئی
کیا حرم کا تحفہ زمزم کے سوا کچھ بھی نہیں!

★

الٰہی عقلِ خجستہ پے کو ذرا سی دیوانگی سِکھا دے
اسے ہے سودائے بخیہ کاری، مجھے سرِ پیرہن نہیں ہے

ملا محبّت کا سوز مجھ کو تو بولے صبح ازل فرشتے
مثالِ شمعِ مزار ہے تُو، تری کوئی انجمن نہیں ہے

یہاں کہاں ہم نفس میسر، یہ دیس نا آشنا ہے اے دل!
وہ چیز تُو مانگتا ہے مجھ سے کہ زیرِ چرخِ کہن نہیں ہے

نرالا سارے جہاں سے اس کو عرب کے معمار نے بنایا
بنا ہمارے حصارِ ملّت کی اتحادِ وطن نہیں ہے

کہاں کا آنا، کہاں کا جانا، فریب ہے امتیازِ عقبیٰ
نمود ہر شے میں ہے ہماری، کہیں ہمارا وطن نہیں ہے

''مدیرِ مخزن'' سے کوئی اقبالؔ جا کے میرا پیام کہہ دے
جو کام کچھ کر رہی ہیں قومیں، انہیں مذاقِ سخن نہیں ہے

★

زمانہ دیکھے گا جب مرے دل سے محشر اٹھے گا گفتگو کا
مری خموشی نہیں ہے، گویا مزار ہے حرفِ آرزو کا

جو موجِ دریا لگی یہ کہنے، سفر سے قائم ہے شان میری
گہر یہ بولا صدف نشینی ہے مجھ کو سامان آبرو کا

نہ ہو طبیعت ہی جن کی قابل، وہ تربیت سے نہیں سنورتے
ہوا نہ سرسبز رہ کے پانی میں عکس سروِ کنارِ جُو کا

کوئی دل ایسا نظر نہ آیا نہ جس میں خوابیدہ ہو تمنّا
الٰہی تیرا جہان کیا ہے نگار خانہ ہے آرزو کا

کھلا یہ مر کر کہ زندگی اپنی تھی طلسمِ ہوس سراپا
جسے سمجھتے تھے جسمِ خاکی، غبار تھا کوئے آرزو کا

اگر کوئی شے نہیں ہے پنہاں تو کیوں سراپا تلاش ہُوں مَیں
نگہ کو نظّارے کی تمنّا ہے، دل کو سودا ہے جستجو کا

چمن میں گلچیں سے غنچہ کہتا تھا، اتنا بیدرد کیوں ہے انساں
تری نگاہوں میں ہے تبسم شکستہ ہونا مرے سبُو کا

ریاضِ ہستی کے ذرّے ذرّے سے ہے محبّت کا جلوہ پیدا
حقیقتِ گل کو تُو جو سمجھے تو یہ بھی پیماں ہے رنگ و بو کا

تمام مضموں مرے پرانے، کلام میرا خطا سراپا
ہنر کوئی دیکھتا ہے مجھ میں تو عیب ہے میرے عیب جُو کا

120

سپاسِ شرطِ ادب ہے ورنہ کرمِ ترا ہے ستم سے بڑھ کر
ذرا سا اک دل دیا ہے، وہ بھی فریب خوردہ ہے آرزو کا

کمالِ وحدت عیاں ہے ایسا کہ نوکِ نشتر سے تُو جو چھیڑے
یقیں ہے مجھ کو گرے رگِ گل سے قطرہ انسان کے لہو کا

گیا ہے تقلید کا زمانہ، مجاز رختِ سفر اٹھائے
ہوئی حقیقت ہی جب نمایاں تو کس کو یارا ہے گفتگو کا

جو گھر سے اقبال دُور ہُوں مَیں، تو ہوں نہ محزوں عزیز میرے
مثالِ گوہر وطن کی فرقت کمال ہے میری آبرو کا

★

چمک تیری عیاں بجلی میں، آتش میں، شرارے میں
جھلک تیری ہویدا چاند میں، سورج میں، تارے میں

بلندی آسمانوں میں، زمینوں میں تری پستی
روانی بحر میں، افتادگی تیری کنارے میں

شریعت کیوں گریباں گیر ہو ذوقِ تکلم کی
چھپا جاتا ہُوں اپنے دل کا مطلب استعارے میں

جو ہے بیدار انساں میں وہ گہری نیند سوتا ہے
شجر میں، پھول میں، حیواں میں، پتھر میں، ستارے میں

مجھے پھونکا ہے سوزِ قطرۂ اشکِ محبّت نے
غضب کی آگ تھی پانی کے چھوٹے سے شرارے میں

نہیں جنسِ ثوابِ آخرت کی آرزو مجھ کو
وہ سوداگر ہُوں، مَیں نے نفع دیکھا ہے خسارے میں

سکوں نا آشنا رہنا اسے سامانِ ہستی ہے
تڑپ کس دل کی یا رب چھپ کے آ بیٹھی ہے پارے میں

صدائے لن ترانی سن کے اے اقبالؔ مَیں چپ ہُوں
تقاضوں کی کہاں طاقت ہے مجھ فرقت کے مارے میں

★

یوں تو اے بزمِ جہاں! دلکش تھے ہنگامے ترے
اک ذرا افسردگی تیرے تماشاؤں میں تھی

پا گئی آسودگی کوئے محبّت میں وہ خاک
مدتوں آوارہ جو حکمت کے صحراؤں میں تھی

کس قدر اے ہے! تجھے رسمِ حجاب آئی پسند
پردۂ انگور سے نکلی تو میناؤں میں تھی

حسن کی تاثیر پر غالب نہ آ سکتا تھا علم
اتنی نادانی جہاں کے سارے داناؤں میں تھی

مَیں نے اے اقبالؔ یورپ میں اسے ڈھونڈا عبث
بات جو ہندوستاں کے ماہ سیماؤں میں تھی

★

مثالِ پرتَوِ مے، طوفِ جام کرتے ہیں
یہی نماز ادا صبح و شام کرتے ہیں

خصوصیّت نہیں کچھ اس میں اے کلیم تری
شجر، حجر بھی خدا سے کلام کرتے ہیں

نیا جہاں کوئی اے شمع ڈھونڈیئے کہ یہاں
ستم کشِ تپشِ ناتمام کرتے ہیں

بھلی ہے ہم نفسو اس چمن میں خاموشی
کہ خوشنواؤں کو پابندِ دام کرتے ہیں

غرض نشاط ہے شغلِ شراب سے جن کی
حلال چیز کو گویا حرام کرتے ہیں

بھلا نبھے گی تری ہم سے کیونکر اے واعظ!
کہ ہم تو رسمِ محبّت کو عام کرتے ہیں

الٰہی سحر ہے پیرانِ خرقہ پوش میں کیا!
کہ اک نظر سے جوانوں کو رام کرتے ہیں

مَیں ان کی محفلِ عشرت سے کانپ جاتا ہُوں
جو گھر کو پھونک کے دنیا میں نام کرتے ہیں

ہرے رہو وطنِ مازّنی کے میدانو!
جہاز پر سے تمہیں ہم سلام کرتے ہیں

جو بے نماز کبھی پڑھتے ہیں نماز اقبال
بلا کے دیر سے مجھ کو امام کرتے ہیں

★

مارچ ۱۹۰۷

زمانہ آیا ہے بے حجابی کا، عام دیدارِ یار ہو گا
سکوت تھا پردہ دار جس کا، وہ راز اب آشکار ہو گا

گزر گیا اب وہ دَور ساقی کہ چھپ کے پیتے تھے پینے والے
بنے گا سارا جہان مے خانہ، ہر کوئی بادہ خوار ہو گا

کبھی جو آوارۂ جنوں تھے، وہ بستیوں میں پھر آ بسیں گے
برہنہ پائی وہی رہے گی مگر نیا خارزار ہو گا

سنا دیا گوشِ منتظر کو حجاز کی خامشی نے آخر
جو عہد صحرائیوں سے باندھا گیا تھا، پھر استوار ہو گا

نکل کے صحرا سے جس نے روما کی سلطنت کو الٹ دیا تھا
سنا ہے یہ قدسیوں سے مَیں نے، وہ شیر پھر ہوشیار ہو گا

کیا مرا تذکرہ جو ساقی نے بادہ خواروں کی انجمن میں
تو پیرِ مے خانہ سن کے کہنے لگا کہ منہ پھٹ ہے، خوار ہو گا

دیارِ مغرب کے رہنے والو! خدا کی بستی دکاں نہیں ہے
کھرا جسے تم سمجھ رہے ہو، وہ اب زرِ کم عیار ہو گا

تمھاری تہذیب اپنے خنجر سے آپ ہی خود کشی کرے گی
جو شاخِ نازک پہ آشیانہ بنے گا، ناپائدار ہو گا

سفینۂ برگِ گل بنا لے گا قافلہ مورِ ناتواں کا
ہزار موجوں کی ہو کشاکش مگر یہ دریا سے پار ہو گا

چمن میں لالہ دکھاتا پھرتا ہے داغ اپنا کلی کلی کو
یہ جانتا ہے کہ اس دکھاوے سے دل جلوں میں شمار ہو گا

کہا جو قمری سے مَیں نے اک دن، یہاں کے آزاد پا بہ گل ہیں
تو غنچے کہنے لگے، ہمارے چمن کا یہ راز دار ہو گا

خدا کے عاشق تو ہیں ہزاروں، بنوں میں پھرتے ہیں مارے مارے
مَیں اس کا بندہ بنوں گا جس کو خدا کے بندوں سے پیار ہو گا

یہ رسمِ بزمِ فنا ہے اے دل! گناہ ہے جنبشِ نظر بھی
رہے گی کیا آبرو ہماری جو تو یہاں بے قرار ہو گا

مَیں ظلمتِ شب میں لے کے نکلوں گا اپنے درماندہ کارواں کو
شرر فشاں ہو گی آہ میری، نفَس مرا شعلہ بار ہو گا

نہیں ہے غیر از نمود کچھ بھی جو مدّعا تیری زندگی کا
تو اک نفَس میں جہاں سے مٹنا تجھے مثالِ شرار ہو گا

نہ پوچھ اقبال کا ٹھکانا ابھی وہی کیفیت ہے اس کی
کہیں سرِ رہ گزار بیٹھا ستم کشِ انتظار ہو گا

حصہ سوم

١٩٠٨ سے ۔۔۔

بلادِ اسلامیہ

سرزمیں دلّی کی مسجودِ دلِ رغم دیدہ ہے
ذرّے ذرّے میں لہو اسلاف کا خوابیدہ ہے

پاک اس اجڑے گلستاں کی نہ ہو کیونکر زمیں
خانقاہِ عظمتِ اسلام ہے یہ سرزمیں

سوتے ہیں اس خاک میں خیر الامم کے تاجدار
نظمِ عالم کا رہا جن کی حکومت پر مدار

دل کو تڑپاتی ہے اب تک گرمیِ محفل کی یاد
جل چکا حاصل مگر محفوظ ہے حاصل کی یاد

ہے زیارت گاہِ مسلم گو جہان آباد بھی
اس کرامت کا مگر حق دار ہے بغداد بھی

یہ چمن وہ ہے کہ تھا جس کے لیے سامانِ ناز
لالۂ صحرا جسے کہتے ہیں تہذیبِ حجاز

خاک اس بستی کی ہو کیونکر نہ ہمدوشِ ارم
جس نے دیکھے جانشینانِ پیمبر کے قدم

جس کے غنچے تھے چمن ساماں، وہ گلشن ہے یہی
کانپتا تھا جن سے روما، ان کا مدفن ہے یہی

ہے زمینِ قرطبہ بھی دیدۂ مسلم کا نور
ظلمتِ مغرب میں جو روشن تھی مثلِ شمعِ طور

بجھ کے بزمِ ملّتِ بیضا پریشاں کر گئی
اور دیا تہذیبِ حاضر کا فروزاں کر گئی

قبر اس تہذیب کی یہ سرزمینِ پاک ہے
جس سے تاکِ گلشنِ یورپ کی رگ نم ناک ہے

خطۂ قسطنطنیہ یعنی قیصر کا دیار

مہدیِ اُمّت کی سطوت کا نشانِ پائندار

صورتِ خاکِ حرم یہ سر زمیں بھی پاک ہے

آستانِ مسندِ آرائے شہِ لولاک ہے

نکہتِ گُل کی طرح پاکیزہ ہے اس کی ہَوا

تربتِ ایّوبِ انصاریؓ سے آتی ہے صدا

اے مسلماں! ملّتِ اسلام کا دل ہے یہ شہر

سینکڑوں صدیوں کی کشت و خوں کا حاصل ہے یہ شہر

وہ زمیں ہے تو مگر اے خواب گاہِ مصطفیٰؐ

دید ہے کعبے کو تیری حج اکبر سے سوا

خاتم ہستی میں تُو تاباں ہے مانندِ نگیں

اپنی عظمت کی ولادت گاہ تھی تیری زمیں

تجھ میں راحت اس شہنشاہِ معظم کو ملی

جس کے دامن میں اماں اقوامِ عالم کو ملی

نام لیوا جس کے شاہنشاہِ عالم کے ہوئے

جانشیں قیصر کے، وارث مسندِ جم کے ہوئے

ہے اگر قومیتِ اسلام پابندِ مقام

ہند ہی بنیاد ہے اس کی، نہ فارس ہے، نہ شام

آہ یثرب! دیس ہے مسلم کا تُو، ماوٰی ہے تُو

نقطۂ جاذب، تاثّر کی شعاعوں کا ہے تُو

جب تلک باقی ہے تُو دنیا میں، باقی ہم بھی ہیں

صبح ہے تُو اس چمن میں گوہرِ شبنم بھی ہیں

ستارہ

قمر کا خوف کہ ہے خطرۂ سحر تجھ کو

آلِ حسن کی کیا مل گئی خبر تجھ کو؟

متاعِ نور کے لٹ جانے کا ہے ڈر تجھ کو
ہے کیا ہراسِ فنا صورتِ شررِ تجھ کو؟
زمیں سے دُور دیا آسماں نے گھر تجھ کو
مثالِ ماہ اُڑھائی قبائے زر تجھ کو

غضب ہے پھر تری ننھی سی جان ڈرتی ہے!
تمام رات تری کانپتے گزرتی ہے

چمکنے والے مسافر! عجب یہ بستی ہے
جو اوج ایک کا ہے، دوسرے کی پستی ہے
اجل ہے لاکھوں ستاروں کی اک ولادتِ مہر
فنا کی نیند مئے زندگی کی مستی ہے
وداعِ غنچہ میں ہے رازِ آفرینشِ گل
عدم، عدم ہے کہ آئینہ دارِ ہستی ہے!

سکوں محال ہے قدرت کے کارخانے میں
ثبات ایک تغیر کو ہے زمانے میں

دو ستارے

آئے جو قِراں میں دو ستارے
کہنے لگا ایک، دوسرے سے
یہ وصل مدام ہو تو کیا خوب
انجامِ خرام ہو تو کیا خوب
تھوڑا سا جو مہرباں فلک ہو
ہم دونوں کی ایک ہی چمک ہو
لیکن یہ وِصال کی تمنّا
پیغامِ فراق تھی سراپا
گردشِ تاروں کا ہے مقدر
ہر ایک کی راہ ہے مقرر

ہے خواب ثباتِ آشنائی
آئینِ جہاں کا ہے جدائی

گورستانِ شاہی

آسماں، بادل کا پہنے خرقۂ دیرینہ ہے
کچھ مکدّر سا جبینِ ماہ کا آئینہ ہے
چاندنی پھیکی ہے اس نظّارۂ خاموش میں
صبحِ صادق سو رہی ہے رات کی آغوش میں
کس قدر اشجار کی حیرت فزا ہے خامشی
بربطِ قدرت کی دھیمی سی نوا ہے خامشی
باطن ہر ذرّۂ عالم، سراپا درد ہے
اور خاموشی لبِ ہستی پہ آہِ سرد ہے

آہ! جولاں گاہِ عالم گیر یعنی وہ حصار
دوش پر اپنے اٹھائے سینکڑوں صدیوں کا بار
زندگی سے تھا کبھی معمور، اب سنسان ہے
یہ خموشی اس کے ہنگاموں کا گورستاں ہے
اپنے سکّانِ کہن کی خاک کا دلدادہ ہے
کوہ کے سر پر مثالِ پاسباں استادہ ہے

ابر کے روزن سے وہ بالائے بامِ آسماں
ناظرِ عالم ہے نجمِ سبز فامِ آسماں
خاک بازی وسعتِ دنیا کا ہے منظر اسے
داستاں ناکامیِ انساں کی ہے ازبر اسے
ہے ازل سے یہ مسافر سوئے منزل جا رہا
آسماں سے انقلابوں کا تماشا دیکھتا
گو سکوں ممکن نہیں عالم میں اختر کے لیے
فاتحہ خوانی کو یہ ٹھہرا ہے دم بھر کے لیے

رنگ و آبِ زندگی سے گل بدامن ہے زمیں
سینکڑوں خوں گشتہ تہذیبوں کا مدفن ہے زمیں

خواب گہ شاہوں کی ہے یہ منزلِ حسرت فزا
دیدۂ عبرت! خراجِ اشکِ گلگوں کر ادا
ہے تو گورستاں مگر یہ خاک گردوں پایہ ہے
آہ! اک برگشتہ قسمت قوم کا سرمایہ ہے
مقبروں کی شان حیرت آفریں ہے اس قدر
جنبشِ مژگاں سے ہے ہے چشمِ تماشا کو حذر
کیفیت ایسی ہے ناکامی کی اُس تصویر میں
جو اتر سکتی نہیں آئینۂ تحریر میں

سوتے ہیں خاموش، آبادی کے ہنگاموں سے دُور
مضطرب رکھتی تھی جن کو آرزوئے ناصبور
قبر کی ظلمت میں ہے ان آفتابوں کی چمک
جن کے دروازوں پہ رہتا تھا جبیں گستر فلک
کیا یہی ہے ان شہنشاہوں کی عظمت کا مآل
جن کی تدبیرِ جہاں بانی سے ڈرتا تھا زوال
رعبِ فغفوری ہو دنیا میں کہ شانِ قیصری
ٹل نہیں سکتی غنیم موت کی یورش کبھی
بادشاہوں کی بھی کشتِ عمر کا حاصل ہے گور
جادۂ عظمت کی گویا آخری منزل ہے گور

شورشِ بزمِ طرب کیا، عود کی تقریر کیا!
درد مندانِ جہاں کا نالۂ شب گیر کیا!
عرصۂ پیکار میں ہنگامۂ شمشیر کیا!
خون کو گرمانے والا نعرۂ تکبیر کیا!
اب کوئی آواز سوتوں کو جگا سکتی نہیں
سینۂ ویراں میں جانِ رفتہ آ سکتی نہیں

روح، مُشتِ خاک میں زحمت کشِ بیداد ہے
کوچہ گردِ نے ہوا جس دم نفَس، فریاد ہے
زندگی انساں کی ہے مانندِ مرغِ خوش نوا
شاخ پر بیٹھا، کوئی دم چہچہایا، اُڑ گیا
آہ! کیا آئے ریاضِ دہر میں ہم، کیا گئے!
زندگی کی شاخ سے پھوٹے، کھلے، مرجھا گئے
موت ہر شاہ و گدا کے خواب کی تعبیر ہے
اس ستم گر کا ستم انصاف کی تصویر ہے

سلسلہ ہستی کا ہے اک بحرِ نا پیدا کنار
اور اس دریائے بے پایاں کی موجیں ہیں مزار
اے ہوس! خوں رو کہ ہے یہ زندگی بے اعتبار
یہ شرارے کا تبسم، یہ خسِ آتش سوار
چاند، جو صورت گرِ ہستی کا اک اعجاز ہے
پہنے سیمابی قبا محوِ خرامِ ناز ہے
چرخِ بے انجم کی دہشت ناک وسعت میں مگر
بے کسی اس کی کوئی دیکھے ذرا وقتِ سحر
اک ذرا سا ابر کا ٹکڑا ہے، جو مہتاب تھا
آخری آنسو ٹپک جانے میں ہو جس کی فنا

زندگی اقوام کی بھی ہے یونہی بے اعتبار
رنگ ہائے رفتہ کی تصویر ہے ان کی بہار
اس زیاں خانے میں کوئی ملّتِ گردُوں وقار
رہ نہیں سکتی ابد تک بارِ دوشِ روزگار
اس قدر قوموں کی بربادی سے ہے خوگر جہاں
دیکھتا بے اعتنائی سے ہے یہ منظر جہاں
ایک صورت پر نہیں رہتا کسی شَے کو قرار
ذوقِ جدت سے ہے ترکیبِ مزاجِ روزگار
ہے نگینِ دہر کی زینت ہمیشہ نامِ نو

مادرِ گیتی رہی آبستنِ اقوامِ نو

ہے ہزاروں قافلوں سے آشنا یہ رہ گزر

چشمِ کوہِ نور نے دیکھے ہیں کتنے تاجور

مصر و بابل مٹ گئے باقی نشاں تک بھی نہیں

دفترِ ہستی میں ان کی داستاں تک بھی نہیں

آ دبایا مہرِ ایراں کو اجل کی شام نے

عظمتِ یونان و روما لوٹ لی ایّام نے

آہ! مسلم بھی زمانے سے یونہی رخصت ہوا

آسماں سے ابرِ آذاری اٹھا، برسا، گیا

ہے رگِ گل صبح کے اشکوں سے موتی کی لڑی

کوئی سورج کی کرن شبنم میں ہے الجھی ہوئی

سینۂ دریا شعاعوں کے لیے گہوارہ ہے

کس قدر پیارا لبِ جُو مہر کا نظّارہ ہے

محوِ زینت ہے صنوبر، جوئبار آئینہ ہے

غنچۂ گل کے لیے بادِ بہار آئینہ ہے

نعرہ زن ہے کوئل باغ کے کاشانہ میں

چشمِ انساں سے نہاں، پتوں کے عزلت خانہ میں

اورَ بلبل، مطربِ رنگیں نوائے گلستاں

جس کے دم سے زندہ ہے گویا ہوائے گلستاں

عشق کے ہنگاموں کی اڑتی ہوئی تصویر ہے

خامۂ قدرت کی کیسی شوخ یہ تحریر ہے

باغ میں خاموش جلسے گلستاں زادوں کے ہیں

وادیِ کہسار میں نعرے شباں زادوں کے ہیں

زندگی سے یہ پرانا خاک داں معمور ہے

موت میں بھی زندگانی کی تڑپ مستور ہے

پتّیاں پھولوں کی گرتی ہیں خزاں میں اس طرح

دستِ طفلِ خفتہ سے رنگیں کھلونے جس طرح

اس نشاط آباد میں گو عیش بے اندازہ ہے
ایک غم، یعنی غمِ ملّت ہمیشہ تازہ ہے

دل ہمارے یادِ عہدِ رفتہ سے خالی نہیں
اپنے شاہوں کو یہ اُمّت بھولنے والی نہیں
اشک باری کے بہانے ہیں یہ اجڑے بام و در
گریۂ پیہم سے بینا ہے ہماری چشمِ تر
دہر کو دیتے ہیں موتی دیدۂ گریاں کے ہم
آخری بادل ہیں اک گزرے ہوئے طوفاں کے ہم
ہیں ابھی صد ہا گہر اس ابر کی آغوش میں
برق ابھی باقی ہے اس کے سینۂ خاموش میں
وادیِ گل، خاکِ صحرا کو بنا سکتا ہے یہ
خواب سے امّیدِ دہقاں کو جگا سکتا ہے یہ
ہو چکا گو قوم کی شانِ جلالی کا ظہور
ہے مگر باقی ابھی شانِ جمالی کا ظہور

نمودِ صبح

ہو رہی ہے زیرِ دامانِ افق سے آشکار
صبح یعنی دخترِ دوشیزۂ لیل و نہار
پا چکا فرصت درودِ فصلِ انجم سے سپہر
کشتِ خاور میں ہوا ہے آفتاب آئینہ کار
آسماں نے آمدِ خورشید کی پا کر خبر
محملِ پروازِ شب باندھا سرِ دوشِ غبار
شعلۂ خورشید گویا حاصل اس کھیتی کا ہے
بوئے تھے دہقانِ گردوں نے جو تاروں کے شرار
ہے رواں نجمِ سحر، جیسے عبادت خانے سے
سب سے پیچھے جائے کوئی عابدِ شب زندہ دار
کیا سماں ہے جس طرح آہستہ آہستہ کوئی

کھینچتا ہو میان کی ظلمت سے تیغِ آب دار

مطلعِ خورشید میں مضمر ہے یوں مضمونِ صبح

جیسے خلوت گاہِ مینا میں شرابِ خوش گوار

ہے تہِ دامانِ بادِ اختلاط انگیز صبح

شورشِ ناقوس، آوازِ اذاں سے ہمکنار

جاگے کوئل کی اذاں سے طائرانِ نغمہ سنج

ہے ترنم ریز قانونِ سحر کا تار تار

تضمین بر شعرِ انیسی شاملو

ہمیشہ صورتِ بادِ سحر آوارہ رہتا ہُوں

محبّت میں ہے منزل سے بھی خوشتر جادہ پیمائی

دلِ بے تاب جا پہنچا دیارِ پیرِ سنجر میں

میسر ہے جہاں درمانِ دردِ ناشکیبائی

ابھی نا آشنائے لب تھا حرفِ آرزو میرا

زباں ہونے کو تھی منّت پذیر تابِ گویائی

یہ مرقد سے صدا آئی، حرم کے رہنے والوں کو

شکایت تجھ سے ہے اے تارکِ آئینِ آبائی!

ترا اے قیس کیونکر ہو گیا سوزِ دروں ٹھنڈا

کہ لیلیٰ میں تو ہیں اب تک وہی اندازِ لیلائی

نہ تخم "لا الہ" تیری زمین شور سے پھوٹا

زمانے بھر میں رسوا ہے تری فطرت کی نازائی

تجھے معلوم ہے غافل کہ تیری زندگی کیا ہے

کنشتی ساز، معمورِ نوا ہائے کلیسائی

ہوئی ہے تربیت آغوشِ بیت اللہ میں تیری

دلِ شوریدہ ہے لیکن صنم خانے کا سودائی

"وفا آموختی از ما، بکارِ دیگراں کر دی

ربودی گوہرے از ما نثارِ دیگراں کر دی"

فلسفۂ غم

(میاں فضل حُسین صاحب بیرسٹر ایٹ لا، لاہور کے نام)

گو سراپا کیفِ عشرت ہے شرابِ زندگی

اشک بھی رکھتا ہے دامن میں سحابِ زندگی

موجِ غم پر رقص کرتا ہے حبابِ زندگی

ہے 'الم' کا سُورہ بھی جزوِ کتابِ زندگی

ایک بھی پتّی اگر کم ہو تو وہ گُل ہی نہیں

جو خزاں نادیدہ ہو بلبل، وہ بلبل ہی نہیں

آرزو کے خون سے رنگیں ہے دل کی داستاں

نغمۂ انسانیت کامل نہیں غیر از فغاں

دیدۂ بینا میں داغِ غم چراغِ سینہ ہے

روح کو سامانِ زینت آہ کا آئینہ ہے

حادثاتِ غم سے ہے انساں کی فطرت کو کمال

غازہ ہے آئینۂ دل کے لیے گردِ ملال

غم جوانی کو جگا دیتا ہے لطفِ خواب سے

ساز یہ بیدار ہوتا ہے اسی مضراب سے

طائرِ دل کے لیے غم شہپرِ پرواز ہے

راز ہے انساں کا دل، غم انکشافِ راز ہے

غم نہیں غم، روح کا اک نغمۂ خاموش ہے

جو سرودِ بربطِ ہستی سے ہم آغوش ہے

شام جس کی آشنائے نالۂ 'یارب' نہیں

جلوہ پیرا جس کی شب میں اشک کے کوکب نہیں

جس کا جامِ دل شکستِ غم سے ہے ناآشنا

جو سدا مستِ شرابِ عیش و عشرت ہی رہا

ہاتھ جس گلچیں کا ہے محفوظ نوکِ خار سے

عشق جس کا بے خبر ہے ہجر کے آزار سے
کُلفتِ غم گرچہ اُس کے روز و شب سے دُور ہے
زندگی کا راز اُس کی آنکھ سے مستور ہے

اے کہ نظمِ دہر کا ادراک ہے حاصل تجھے
کیوں نہ آساں ہو غم و اندوہ کی منزل تجھے

ہے ابد کے نسخۂ دیرینہ کی تمہید عشق
عقلِ انسانی ہے فانی، زندۂ جاوید عشق
عشق کے خورشید سے شامِ اجل شرمندہ ہے
عشق سوزِ زندگی ہے، تا ابد پائندہ ہے
رخصتِ محبوب کا مقصد فنا ہوتا اگر
جوشِ الفت بھی دلِ عاشق سے کر جاتا سفر
عشق کچھ محبوب کے مرنے سے مر جاتا نہیں
روح میں غم بن کے رہتا ہے، مگر جاتا نہیں

ہے بقائے عشق سے پیدا بقا محبوب کی
زندگانی ہے عدم ناآشنا محبوب کی

آتی ہے ندّی جبین کوہ سے گاتی ہوئی
آسماں کے طائروں کو نغمہ سکھلاتی ہوئی
آئنہ روشن ہے اُس کا صورتِ رخسارِ حُور
گِر کے وادی کی چٹانوں پر یہ ہو جاتا ہے چُور
نہر جو تھی، اُس کے گوہر پیارے پیارے بن گئے
یعنی اس افتاد سے پانی کے تارے بن گئے
جوئے سیماب رواں پھٹ کر پریشاں ہو گئی
مضطرب بوندوں کی اک دنیا نمایاں ہو گئی
ہجر، اِن قطروں کو لیکن وصل کی تعلیم ہے
دو قدم پر پھر وہی جُو مثلِ تارِ سیم ہے
ایک اصلیت میں ہے نہرِ رواں زندگی

گرِ کے رفعت سے ہجومِ نوعِ انساں بن گئی

پستیِ عالم میں ملنے کو جدا ہوتے ہیں ہم
عارضی فرقت کو دائم جان کر روتے ہیں ہم

مرنے والے مرتے ہیں لیکن فنا ہوتے نہیں
یہ حقیقت میں کبھی ہم سے جدا ہوتے نہیں

عقل جس دم دہر کی آفات میں محصور ہو
یا جوانی کی اندھیری رات میں مستور ہو

دامنِ دل بن گیا ہو رزم گاہِ خیر و شر
راہ کی ظلمت سے ہو مشکل سوئے منزل سفر

خضرِ ہمّت ہو گیا ہو آرزو سے گوشہ گیر
فکر جب عاجز ہو اور خاموش آوازِ ضمیر

وادیِ ہستی میں کوئی ہم سفر تک بھی نہ ہو
جادہ دکھلانے کو جگنو کا شرر تک بھی نہ ہو

مرنے والوں کی جبیں روشن ہے اس ظلمات میں
جس طرح تارے چمکتے ہیں اندھیری رات میں

پھول کا تحفہ عطا ہونے پر

وہ مستِ ناز جو گلشن میں جا نکلتی ہے
کلی کلی کی زباں سے دعا نکلتی ہے
"الٰہی! پھولوں میں وہ انتخاب مجھ کو کرے
کلی سے رشکِ گلِ آفتاب مجھ کو کرے"
تجھے وہ شاخ سے توڑیں! زہے نصیب ترے
تڑپتے رہ گئے گلزار میں رقیب ترے
اٹھا کے صدمۂ فرقت وصال تک پہنچا
تری حیات کا جوہر، کمال تک پہنچا
مرا کنول کہ تصدّق ہیں جس پہ اہلِ نظر

مرے شباب کے گلشن کو ناز ہے جس پر
کبھی یہ پھول ہم آغوشِ مدّعا نہ ہوا
کسی کے دامنِ رنگیں سے آشنا نہ ہوا
شگفتہ کر نہ سکے گی کبھی بہار اسے
فسردہ رکھتا ہے گلچیں کا انتظار اسے

ترانۂ ملی

چین و عرب ہمارا، ہندوستاں ہمارا
مسلم ہیں ہم، وطن ہے سارا جہاں ہمارا
توحید کی امانت سینوں میں ہے ہمارے
آساں نہیں مٹانا نام و نشاں ہمارا
دنیا کے بت کدوں میں پہلا وہ گھر خدا کا
ہم اس کے پاسباں ہیں، وہ پاسباں ہمارا
تیغوں کے سائے میں ہم پل کر جواں ہوئے ہیں
خنجر ہلال کا ہے قومی نشاں ہمارا
مغرب کی وادیوں میں گونجی اذاں ہماری
تھمتا نہ تھا کسی سے سیل رواں ہمارا
باطل سے دبنے والے اے آسماں نہیں ہم
سو بار کر چکا ہے تُو امتحاں ہمارا
اے گلستانِ اندلس! وہ دن ہیں یاد تجھ کو
تھا تیری ڈالیوں پر جب آشیاں ہمارا
اے موجِ دجلہ! تُو بھی پہچانتی ہے ہم کو
اب تک ہے تیرا دریا افسانہ خواں ہمارا
اے ارضِ پاک! تیری حرمت پہ کٹ مرے ہم
ہے خوں تری رگوں میں اب تک رواں ہمارا
سالارِ کارواں ہے میرِ حجاز اپنا
اس نام سے ہے باقی آرامِ جاں ہمارا

اقبال کا ترانہ بانگِ درا ہے گویا
ہوتا ہے جادہ پیما پھر کارواں ہمارا

وطنیت

(یعنی وطن بحیثیت ایک سیاسی تصوّر کے)

اس دَور میں مے اور ہے، جام اور ہے جم اور
ساقی نے بنا کی روشِ لطف و ستم اور
مسلم نے بھی تعمیر کیا اپنا حرم اور
تہذیب کے آذر نے ترشوائے صنم اور
ان تازہ خداؤں میں بڑا سب سے وطن ہے
جو پیرہن اس کا ہے، وہ مذہب کا کفن ہے

یہ بت کہ تراشیدۂ تہذیب نوی ہے
غارت گرِ کاشانۂ دینِ نبوی ہے
بازو ترا توحید کی قوت سے قوی ہے
اسلام ترا دیس ہے، تُو مصطفوی ہے
نظّارۂ دیرینہ زمانے کو دکھا دے
اے مصطفوی خاک میں اس بت کو مِلا دے!

ہو قیدِ مقامی تو نتیجہ ہے تباہی
رہ بحر میں آزادِ وطن صورتِ ماہی
ہے ترکِ وطن سنتِ محبوبِ الہی
دے تُو بھی نبوّت کی صداقت پہ گواہی
گفتارِ سیاست میں وطن اور ہی کچھ ہے
ارشادِ نبوّت میں وطن اور ہی کچھ ہے

اقوامِ جہاں میں ہے رقابت تو اسی سے
تسخیر ہے مقصودِ تجارت تو اسی سے
خالی ہے صداقت سے سیاست تو اسی سے

کمزور کا گھر ہوتا ہے غارت تو اسی سے
اقوام میں مخلوقِ خدا بٹتی ہے اس سے
قومیتِ اسلام کے جڑ کٹتی ہے اس سے

قطعہ

کل ایک شوریدہ خواب گاہِ نبی پہ رو رو کے کہہ رہا تھا
کہ مصر و ہندوستاں کے مسلم بنائے ملّت مٹا رہے ہیں
یہ زائرانِ حریمِ مغرب ہزار رہبر بنیں ہمارے
ہمیں بھلا ان سے واسطہ کیا جو تجھ سے نا آشنا رہے ہیں
غضب ہیں یہ ''مرشدانِ خود بیں،، خدا تری قوم کو بچائے!
بگاڑ کر تیرے مسلموں کو یہ اپنی عزت بنا رہے ہیں
سنے گا اقبال کون ان کو ، یہ انجمن ہی بدل گئی ہے
نئے زمانے میں آپ ہم کو پرانی باتیں سنا رہے ہیں!

ایک حاجی مدینے کے راستے میں

قافلہ لوٹا گیا صحرا میں اور منزل ہے دُور
اس بیاباں یعنی بحرِ خشک کا ساحل ہے دُور
ہم سفر میرے شکارِ دشنۂ رہزن ہوئے
بچ گئے جو، ہو کے بے دل سوئے بیت اللہ پھرے
اس بخاری نوجواں نے کس خوشی سے جان دی!
موت کے زہراب میں پائی ہے اس نے زندگی
خنجرِ رہزن اسے گویا ہلالِ عید تھا
''ہائے یثرب،، دل میں، لب پر نعرۂ توحید تھا
خوف کہتا ہے کہ یثرب کی طرف تنہا نہ چل
شوق کہتا ہے کہ تُو مسلم ہے، بے باکانہ چل
بے زیارت سوئے بیت اللہ پھر جاؤں گا کیا
عاشقوں کو روزِ محشر منہ نہ دکھلاؤں گا کیا

خوفِ جاں رکھتا نہیں کچھ دشت پیمائے حجاز
ہجرتِ مدفونِ یثرب میں یہی مخفی ہے راز

گو سلامت محملِ شامی کی ہمراہی میں ہے
عشق کی لذّت مگر خطروں کی جاں کاہی میں ہے

آہ! یہ عقلِ زیاں اندیش کیا چالاک ہے
اور تاثّرِ آدمی کا کس قدر بے باک ہے

شکوہ

کیوں زیاں کار بنوں، سود فراموش رہوں
فکرِ فردا نہ کروں محوِ غم دوش رہوں
نالے بلبل کے سنوں اور ہمہ تن گوش رہوں
ہمنوا! میَں بھی کوئی گل ہُوں کہ خاموش رہوں؟
جراَت آموز مری تابِ سخن ہے مجھ کو
شکوہ اللہ سے، خاکم بدہن، ہے مجھ کو

ہے بجا شیوۂ تسلیم میں مشہور ہیں ہم
قصّۂ درد سناتے ہیں کہ مجبور ہیں ہم
ساز خاموش ہیں، فریاد سے معمور ہیں ہم
نالہ آتا ہے اگر لب پہ تو معذور ہیں ہم
اے خدا! شکوۂ اربابِ وفا بھی سن لے
خوگرِ حمد سے تھوڑا سا گلا بھی سن لے

تھی تو موجود ازل سے ہی تری ذاتِ قدیم
پھول تھا زیبِ چمن پر نہ پریشاں تھی شمیم
شرطِ انصاف ہے اے صاحبِ الطافِ عمیم
بوئے گل پھیلتی کس طرح جو ہوتی نہ نسیم
ہم کو جمعیّتِ خاطر یہ پریشانی تھی
ورنہ اُمّت ترے محبوب کی دیوانی تھی؟

ہم سے پہلے تھا عجب تیرے جہاں کا منظر
کہیں مسجود تھے پتھر، کہیں معبود شجر
خوگرِ پیکرِ محسوس تھی انساں کی نظر
مانتا پھر کوئی اَن دیکھے خدا کو کیونکر
تجھ کو معلوم ہے، لیتا تھا کوئی نام ترا؟
قوتِ بازوئے مسلم نے کیا کام ترا

بس رہے تھے یہیں سلجوق بھی، تورانی بھی
اہلِ چیں چین میں، ایران میں ساسانی بھی
اسی معمورے میں آباد تھے یونانی بھی
اسی دنیا میں یہودی بھی تھے، نصرانی بھی
پر ترے نام پہ تلوار اٹھائی کس نے
بات جو بگڑی ہوئی تھی، وہ بنائی کس نے

تھے ہمیں ایک ترے معرکہ آراؤں میں
خشکیوں میں کبھی لڑتے، کبھی دریاؤں میں
دیں اذانیں کبھی یورپ کے کلیساؤں میں
کبھی افریقہ کے تپتے ہوئے صحراؤں میں
شان آنکھوں میں نہ بچتی تھی جہاں داروں کی
کلمہ جب پڑھتے تھے ہم چھاؤں میں تلواروں کی

ہم جو جیتے تھے تو جنگوں کے مصیبت کے لیے
اور مرتے تھے ترے نام کی عظمت کے لیے
تھی نہ کچھ تیغ زنی اپنی حکومت کے لیے
سربکف پھرتے تھے کیا دہر میں دولت کے لیے؟
قوم اپنی جو زر و مالِ جہاں پر مرتی
بت فروشی کے عوض بت شکنی کیوں کرتی!

ٹل نہ سکتے تھے اگر جنگ میں اڑ جاتے تھے
پاؤں شیروں کے بھی میداں سے اکھڑ جاتے تھے

تجھ سے سرکش ہوا کوئی تو بگڑ جاتے تھے

تیغ کیا چیز ہے، ہم توپ سے لڑ جاتے تھے

نقشِ توحید کا ہر دل پہ بٹھایا ہم نے

زیرِ خنجر بھی یہ پیغام سنایا ہم نے

تُو ہی کہہ دے کہ اکھاڑا درِ خیبر کس نے

شہر قیصر کا جو تھا، اس کو کیا سر کس نے

توڑے مخلوق خداوندوں کے پیکر کس نے

کاٹ کر رکھ دیئے کفار کے لشکر کس نے

کس نے ٹھنڈا کیا آتش کدۂ ایراں کو؟

کس نے پھر زندہ کیا تذکرۂ یزداں کو؟

کون سی قوم فقط تیری طلب گار ہوئی

اور تیرے لیے زحمت کشِ پیکار ہوئی

کس کی شمشیرِ جہاں گیر، جہاں دار ہوئی

کس کی تکبیر سے دنیا تری بیدار ہوئی

کس کی ہیبت سے صنم سہمے ہوئے رہتے تھے

منہ کے بل گر کے "ھُو اللّٰہ اَحَد" کہتے تھے

آ گیا عین لڑائی میں اگر وقتِ نماز

قبلہ رُو ہو کے زمیں بوس ہوئی قومِ حجاز

ایک ہی صف میں کھڑے ہو گئے محمود و ایاز

نہ کوئی بندہ رہا اور نہ کوئی بندہ نواز

بندہ و صاحب و محتاج و غنی ایک ہوئے

تیری سرکار میں پہنچے تو سبھی ایک ہوئے

محفلِ کون و مکاں میں سحر و شام پھرے

مئے توحید کو لے کر صفتِ جام پھرے

کوہ میں، دشت میں لے کر ترا پیغام پھرے

اور معلوم ہے تجھ کو، کبھی ناکام پھرے؟

دشت تو دشت ہیں، دریا بھی نہ چھوڑے ہم نے
بحرِ ظلمات میں دوڑا دیئے گھوڑے ہم نے

صفحۂ دہر سے باطل کو مٹایا ہم نے
نوعِ انساں کو غلامی سے چھڑایا ہم نے
تیرے کعبے کو جبینوں سے بسایا ہم نے
تیرے قرآن کو سینوں سے لگایا ہم نے
پھر بھی ہم سے یہ گلہ ہے کہ وفادار نہیں
ہم وفادار نہیں، تُو بھی تو دلدار نہیں!

امتیں اور بھی ہیں، ان میں گنہ گار بھی ہیں
عجز والے بھی ہیں، مستِ مئے پندار بھی ہیں
ان میں کاہل بھی ہیں، غافل بھی ہیں، ہشیار بھی ہیں
سینکڑوں ہیں کہ ترے نام سے بیزار بھی ہیں
رحمتیں ہیں تری اغیار کے کاشانوں پر
برق گرتی ہے تو بیچارے مسلمانوں پر

بت صنم خانوں میں کہتے ہیں، مسلمان گئے
ہے خوشی ان کو کہ کعبے کے نگہبان گئے
منزلِ دہر سے اونٹوں کے حدیٰ خوان گئے
اپنی بغلوں میں دبائے ہوئے قرآن گئے
خندہ زن کفر ہے، احساس تجھے ہے کہ نہیں
اپنی توحید کا کچھ پاس تجھے ہے کہ نہیں

یہ شکایت نہیں، ہیں ان کے خزانے معمور
نہیں محفل میں جنھیں بات بھی کرنے کا شعور
قہر تو یہ ہے کہ کافر کو ملیں حُور و قصور
اور بیچارے مسلماں کو فقط وعدۂ حُور
اب وہ الطاف نہیں، ہم پہ عنایات نہیں
بات یہ کیا ہے کہ پہلی سی مدارات نہیں

کیوں مسلمانوں میں ہے دولتِ دنیا نایاب
تیری قدرت تو ہے وہ جس کی نہ حد ہے نہ حساب
تُو جو چاہے تو اُٹھے سینۂ صحرا سے حباب
رہروِ دشت ہو سیلی زدۂ موجِ سراب
طعنِ اغیار ہے، رسوائی ہے، ناداری ہے
کیا ترے نام پہ مرنے کا عوض خواری ہے؟

بنی اغیار کی اب چاہنے والی دنیا
رہ گئی اپنے لیے ایک خیالی دنیا
ہم تو رخصت ہوئے، اوروں نے سنبھالی دنیا
پھر نہ کہنا ہوئی توحید سے خالی دنیا
ہم تو جیتے ہیں کہ دنیا میں ترا نام رہے
کہیں ممکن ہے کہ ساقی نہ رہے، جام رہے!

تیری محفل بھی گئی، چاہنے والے بھی گئے
شب کے آہیں بھی گئیں، صبح کے نالے بھی گئے
دل تجھے دے بھی گئے، اپنا صلا لے بھی گئے
آ کے بیٹھے بھی نہ تھے اور نکالے بھی گئے
آئے عُشّاق، گئے وعدۂ فردا لے کر
اب اُنہیں ڈھونڈ چراغِ رخِ زیبا لے کر

دردِ لیلیٰ بھی وہی، قیس کا پہلو بھی وہی
نجد کے دشت و جبل میں رمِ آہُو بھی وہی
عشق کا دل بھی وہی، حسن کا جادو بھی وہی
اُمّتِ احمدِؐ مرسل بھی وہی، تُو بھی وہی
پھر یہ آزردگیِ غیرِ سبب کیا معنی
اپنے شیداؤں پہ یہ چشمِ غضب کیا معنی

تجھ کو چھوڑا کہ رسولِ عربی کو چھوڑا؟
بت گری پیشہ کیا؟ بت شکنی کو چھوڑا؟

عشق کو، عشق کی آشفتہ سری کو چھوڑا؟
رسمِ سلمانؓ و اویسِ قرنیؓ کو چھوڑا؟

آگِ تکبیر کی سینوں میں دبی رکھتے ہیں
زندگی مثلِ بلالؓ حبَشی رکھتے ہیں

عشق کی خیر وہ پہلی سی ادا بھی نہ سہی
جادہ پیمائی تسلیم و رضا بھی نہ سہی

مضطرب دل صفتِ قبلہ نما بھی نہ سہی
اور پابندیِ آئینِ وفا بھی نہ سہی

کبھی ہم سے، کبھی غیروں سے شناسائی ہے
بات کہنے کی نہیں، تُو بھی تو ہرجائی ہے!

سرِ فاراں پہ کیا دین کو کامل تُو نے
اک اشارے میں ہزاروں کے لیے دل تُو نے

آتش اندوز کیا عشق کا حاصل تُو نے
پھونک دی گرمیِ رخسار سے محفل تُو نے

آج کیوں سینے ہمارے شرر آباد نہیں
ہم وہی سوختہ ساماں ہیں، تجھے یاد نہیں؟

وادیِ نجد میں وہ شورِ سلاسل نہ رہا
قیس دیوانہَ نظّارہَ محمل نہ رہا

حوصلے وہ نہ رہے، ہم نہ رہے، دل نہ رہا
گھر یہ اجڑا ہے کہ تُو رونقِ محفل نہ رہا

اے خوش آں روز کہ آئی و بصد ناز آئی
بے حجابانہ سوئے محفلِ ما باز آئی

بادہ کش غیر ہیں گلشن میں لبِ جُو بیٹھے
سنتے ہیں جام بکف نغمہَ کو کو بیٹھے

دُور ہنگامہَ گلزار سے یک سُو بیٹھے
تیرے دیوانے بھی ہیں منتظرِ "ھُو" بیٹھے

اپنے پروانوں کو پھر ذوقِ خود افروزی دے
برقِ دیرینہ کو فرمانِ جگر سوزی دے

قومِ آوارہ عناں تاب رہے پھر سوئے حجاز
لے اڑا بلبل بے پر کو مذاقِ پرواز
مضطرب باغ کے ہر غنچے میں ہے بوئے نیاز
تُو ذرا چھیڑ تو دے، تشنۂ مضراب ہے ساز
نغمے بے تاب ہیں تاروں سے نکلنے کے لیے
طور مضطر ہے اسی آگ میں جلنے کے لیے

مشکلیں اُمّتِ مرحوم کی آساں کر دے
مورِ بے مایہ کو ہمدوشِ سلیماں کر دے
جنسِ نایابِ محبّت کو پھر ارزاں کر دے
ہند کے دَیر نشینوں کو مسلماں کر دے
جوئے خوں می چکد از حسرتِ دیرینۂ ما
می تپد نالہ بہ نشترکدۂ سینۂ ما

بوئے گل لے گئی بیرونِ چمن رازِ چمن
کیا قیامت ہے کہ خود پھول ہیں غمازِ چمن!
عہدِ گل ختم ہوا ٹوٹ گیا سازِ چمن
اڑ گئے ڈالیوں سے زمزمہ پردازِ چمن
ایک بلبل ہے کہ ہے محوِ ترنم اب تک
اس کے سینے میں ہے نغموں کا تلاطم اب تک
قمریاں شاخِ صنوبر سے گریزاں بھی ہوئیں

پتّیاں پھول کی جھڑ جھڑ کے پریشاں بھی ہوئیں
وہ پرانی روشیں باغ کی ویراں بھی ہوئیں
ڈالیاں پیرہنِ برگ سے عریاں بھی ہوئیں
قیدِ موسم سے طبیعت رہی آزاد اس کی
کاش گلشن میں سمجھتا کوئی فریاد اس کی!

لطف مرنے میں ہے باقی، نہ مزا جینے میں
کچھ مزا ہے تو یہی خونِ جگر پینے میں
کتنے بے تاب ہیں جوہر مرے آئینے میں
کس قدر جلوے تڑپتے ہیں مرے سینے میں
اس گلستاں میں مگر دیکھنے والے ہی نہیں
داغ جو سینے میں رکھتے ہوں، وہ لالے ہی نہیں

چاک اس بلبلِ تنہا کی نوا سے دل ہوں
جاگنے والے اسی بانگِ درا سے دل ہوں
یعنی پھر زندہ نئے عہدِ وفا سے دل ہوں
پھر اسی بادۂ دیرینہ کے پیاسے دل ہوں
عجمی خم ہے تو کیا، مے تو حجازی ہے مری
نغمہ ہندی ہے تو کیا، لے تو حجازی ہے مری!

رات اور شاعر

رات

کیوں میری چاندنی میں پھرتا ہے تُو پریشاں
خاموش صورتِ گل، مانندِ بو پریشاں

تاروں کے موتیوں کا شاید ہے جوہری تُو
مچھلی ہے کوئی میرے دریائے نور کی تُو

یا تو مری جبیں کا تارا گرا ہوا ہے
رفعت کو چھوڑ کر جو بستی میں جا بسا ہے

خاموش ہو گیا ہے تارِ ربابِ ہستی
ہے میرے آئینے میں تصویرِ خوابِ ہستی

دریا کی تہ میں چشمِ گرداب سو گئی ہے

ساحل سے لگ کے موجِ بے تاب سو گئی ہے

بستئ زمیں کی کیسی ہنگامہ آفریں ہے

یوں سو گئی ہے جیسے آباد ہی نہیں ہے

شاعر کا دل ہے لیکن ناآشنا سکوں سے

آزاد رہ گیا تُو کیونکر مرے فسوں سے؟

شاعر

مَیں ترے چاند کی کھیتی میں گہر بوتا ہُوں

چھپ کے انسانوں سے مانندِ سحر روتا ہُوں

دن کی شورش میں نکلتے ہوئے گھبراتے ہیں

عزلتِ شب میں مرے اشک ٹپک جاتے ہیں

مجھ میں فریاد جو پنہاں ہے، سناؤں کس کو

تپشِ شوق کا نظّارہ دکھاؤں کس کو

برقِ ایمن مرے سینے پہ پڑی روتی ہے

دیکھنے والی ہے جو آنکھ، کہاں سوتی ہے!

صفتِ شمعِ لحد مردہ ہے محفل میری

آہ، اے رات! بڑی دُور ہے منزل میری

عہدِ حاضر کی ہَوا راس نہیں ہے اس کو

اپنے نقصان کا احساس نہیں ہے اس کو

ضبطِ پیغامِ محبّت سے جو گھبراتا ہُوں

تیرے تابندہ ستاروں کو سنا جاتا ہُوں

بزمِ انجم

سورج نے جاتے جاتے شامِ سیہ قبا کو
طشتِ افق سے لے کر لالے کے پھول مارے

پہنا دیا شفق نے سونے کا سارا زیور
قدرت نے اپنے گہنے چاندی کے سب اتارے

محمل میں خاموشی کے لیلائے ظلمت آئی
چمکے عروسِ شب کے موتی وہ پیارے پیارے

وہ دُور رہنے والے ہنگامَہ جہاں سے
کہتا ہے جن کو انساں اپنی زباں میں ”تارے“

محوِ فلک فروزی تھی انجمن فلک کی
عرشِ بریں سے آئی آواز اک مَلَک کی

اے شب کے پاسبانو، اے آسماں کے تارو!
تابندہ قوم ساری گردُوں نشیں تمھاری

چھیڑو سرود ایسا، جاگ اٹھیں سونے والے
رہبر ہے قافلوں کی تابِ جبیں تمھاری

آئینے قسمتوں کے تم کو یہ جانتے ہیں
شاید سنیں صدائیں اہلِ زمیں تمھاری

رخصت ہوئی خموشی تاروں بھری فضا سے
وسعت تھی آسماں کی معمور اس نوا سے

حسنِ ازل ہے پیدا تاروں کی دلبری میں
جس طرح عکسِ گل ہو شبنم کے آرسی میں

آئینِ نو سے ڈرنا، طرزِ کہن پہ اڑنا
منزل یہی کٹھن ہے قوموں کی زندگی میں

یہ کاروانِ ہستی ہے تیز گام ایسا
قومیں کچل گئی ہیں جس کی روا روی میں

آنکھوں سے ہیں ہماری غائب ہزاروں انجم
داخل ہیں وہ بھی لیکن اپنی برادری میں

اک عمر میں نہ سمجھے اس کو زمین والے

جو بات پا گئے ہم تھوڑی سی زندگی میں

ہیں جذبِ باہمی سے قائم نظام سارے

پوشیدہ ہے یہ نکتہ تاروں کی زندگی میں

سیرِ فلک

تھا تخیّل جو ہمسفر میرا

آسماں پر ہوا گزر میرا

اڑتا جاتا تھا اور نہ تھا کوئی

جاننے والا چرخ پر میرا

تارے حیرت سے دیکھتے تھے مجھے

رازِ سر بستہ تھا سفر میرا

حلقۂ صبح و شام سے نکلا

اس پرانے نظام سے نکلا

کیا سناؤں تمہیں ارم کیا ہے

خاتمِ آرزوئے دیدہ و گوش

شاخِ طوبیٰ پہ نغمہ ریز طیور

بے حجابانہ حُور جلوہ فروش

ساقیانِ جمیل جام بدست

پینے والوں میں شورِ نوشانوش

دُور جنّت سے آنکھ نے دیکھا

ایک تاریک خانہ، سرد و خموش

طالعِ قیس و گیسوئے لیلیٰ

اس کی تاریکیوں سے دوش بدوش

خنک ایسا کہ جس سے شرما کر

کرۂ زمہریر ہو رُوپوش

مَیں نے پوچھی جو کیفیت اس کی

حیرت انگیز تھا جوابِ سروش

یہ مقامِ خنک جہنم ہے

نار سے، نور سے تھی آغوش

شعلے ہوتے ہیں مستعار اس کے

جن سے لرزاں ہیں مردِ عبرت کوش

اہلِ دنیا یہاں جو آتے ہیں

اپنے انگار ساتھ لاتے ہیں

نصیحت

مَیں نے اقبال سے از راہِ نصیحت یہ کہا

عامِل روزہ ہے تُو اور نہ پابندِ نماز

تُو بھی ہے شیوۂ اربابِ ریا میں کامل

دل میں لندن کی ہوس، لب پہ ترے ذکرِ حجاز

جھوٹ بھی مصلحت آمیز ترا ہوتا ہے

تیرا اندازِ تملّق بھی سراپا اعجاز

ختم تقریر تری مدحتِ سرکار پہ ہے

فکرِ روشن ہے ترا موجدِ آئینِ نیاز

درِ حکام بھی ہے تجھ کو مقامِ محمود

پالسی بھی تری پیچیدہ تر از زلفِ ایاز

اور لوگوں کی طرح تُو بھی چھپا سکتا ہے

پردۂ خدمتِ دیں میں ہوس جاہ کا راز

نظر آ جاتا ہے مسجد میں بھی تُو عید کے دن

اثرِ وعظ سے ہوتی ہے طبیعت بھی گداز

دست پرورد ترے مُلک کے اخبار بھی ہیں

چھیڑنا فرض ہے جن پر تری تشہیر کا ساز

اس پہ طرہ ہے کہ تُو شعر بھی کہہ سکتا ہے

تیری میناۓ سخن میں ہے شرابِ شیراز

جتنے اوصاف ہیں لیڈر کے، وہ ہیں تجھ میں سبھی
تجھ کو لازم ہے کہ ہو اٹھ کے شریکِ تگ و تاز

غم صیّاد نہیں، اور پر و بال بھی ہیں
پھر سبب کیا ہے، نہیں تجھ کو دماغِ پرواز

"عاقبت منزلِ ما وادیِ خاموشان است
حالیا غلغلہ در گنبدِ افلاک انداز"

رام

لبریز ہے شرابِ حقیقت سے جامِ ہند
سب فلسفی ہیں خطۂ مغرب کے رامِ ہند

یہ ہندیوں کے فکرِ فلک رس کا ہے اثر
رفعت میں آسماں سے بھی اونچا ہے بامِ ہند

اس دیس میں ہوئے ہیں ہزاروں ملک سرشت
مشہور جن کے دم سے ہے دنیا میں نامِ ہند

ہے رام کے وجود پہ ہندوستاں کو ناز
اہلِ نظر سمجھتے ہیں اس کو امامِ ہند

اعجاز اس چراغِ ہدایت کا ہے یہی
روشن تر از سحر ہے زمانے میں شامِ ہند

تلوار کا دھنی تھا، شجاعت میں فرد تھا
پاکیزگی میں، جوشِ محبّت میں فرد تھا

موٹر

کیسی پتے کی بات جگندرؔ نے کل کہی
موٹر ہے ذوالفقار علی خاںؔ کا کیا خموش

ہنگامہ آفریں نہیں اس کا خرامِ ناز
مانندِ برقِ تیز، مثالِ ہوا خموش

مَیں نے کہا، نہیں ہے یہ موٹر پہ منحصر
ہے جادۂ حیات میں ہر تیز پا خموش

ہے پا شکستہ شیوۂ فریاد سے جرس
نکہت کا کارواں ہے مثالِ صبا خموش

مینا مدام شورشِ قلقل سے پا بہ گِل
لیکن مزاجِ جامِ خرام آشنا خموش

شاعر کے فکر کو پر پروازِ خامشی
سرمایہ دار گرمیِ آوازِ خامشی!

خطاب بہ جوانانِ اسلام

کبھی اے نوجواں مسلم! تدبّر بھی کِیا تُو نے
وہ کیا گردُوں تھا تُو جس کا ہے اک ٹوٹا ہوا تارا

تجھے اِس قوم نے پالا ہے آغوشِ محبّت میں
کُچل ڈالا تھا جس نے پاؤں میں تاجِ سرِ دارا

تمدّن آفریں خلّاقِ آئینِ جہاں داری
وہ صحرائے عرب یعنی شترِبانوں کا گہوارا

سماں ”الفقر فخری“ کا رہا شانِ امارت میں
”بآب و رنگ و خال و خط چہ حاجت روئے زیبا را“

گدائی میں بھی وہ اللہ والے تھے غیور اتنے
کہ منعم کو گدا کے ڈر سے بخشش کا نہ تھا یارا

غرض مَیں کیا کہوں تجھ سے کہ وہ صحرا نشیں کیا تھے
جہاں گیر و جہاں دار و جہاں بان و جہاں آرا

اگر چاہوں تو نقشہ کھینچ کر الفاظ میں رکھ دوں

مگر تیرے تخیل سے فزوں تر ہے وہ نظّارا
تجھے آبا سے اپنے کوئی نسبت ہو نہیں سکتی
کہ تُو گفتار وہ کردار، تُو ثابت وہ سیّارا
گنوا دی ہم نے جو اسلاف سے میراث پائی تھی
ثریّا سے زمیں پر آسماں نے ہم کو دے مارا
حکومت کا تو کیا رونا کہ وہ اک عارضی شے تھی
نہیں دنیا کے آئین مسلّم سے کوئی چارا
مگر وہ علمِ کے موتی، کتابیں اپنے آبا کی
جو دیکھیں ان کو یورپ میں تو دل ہوتا ہے سیپارا

"غنی! روزِ سیاہِ پیرِ کنعاں را تماشا کن
کہ نورِ دیدہ اش روشن کند چشمِ زلیخا را"

غرّۂ شوّال یا ہلالِ عید

غرّۂ شوّال! اے نورِ نگاہِ روزہ دار
آ کہ تھے تیرے لیے مسلم سراپا انتظار
تیری پیشانی پہ تحریرِ پیامِ عید ہے
شام تیری کیا ہے، صبح عیش کی تمہید ہے
سرگزشتِ ملّتِ بیضا کا تُو آئینہ ہے
اے مہِ نَو! ہم کو تجھ سے الفتِ دیرینہ ہے
جس علم کے سائے میں تیغ آزما ہوتے تھے ہم
دشمنوں کے خون سے رنگیں قبا ہوتے تھے ہم
تیری قسمت میں ہم آغوشی اسی رایت کی ہے
حسنِ روز افزوں سے تیرے آبروِ ملّت کی ہے
آشنا پرور ہے قوم اپنی، وفا آئیں ترا
ہے محبّت خیز یہ پیراہنِ سیمیں ترا
اوجِ گردُوں سے ذرا دنیا کی پَستی دیکھ لے
اپنی رفعت سے ہمارے گھر کی پستی دیکھ لے!

قافلے دیکھ اور ان کی برق رفتاری بھی دیکھ

رہروِ درماندہ کی منزل سے بیزاری بھی دیکھ

دیکھ کر تجھ کو افق پر ہم لٹاتے تھے گہر

اے تہی ساغر! ہماری آج ناداری بھی دیکھ

فرقہ آرائی کی زنجیروں میں ہیں مسلم اسیر

اپنی آزادی بھی دیکھ، ان کی گرفتاری بھی دیکھ

دیکھ مسجد میں شکستِ رشتۂ تسبیحِ شیخ

بت کدے میں برہمن کی پختہ زُنّاری بھی دیکھ

کافروں کی مسلم آئینی کا بھی نظارہ کر

اور اپنے مسلموں کی مسلم آزاری بھی دیکھ

بارشِ سنگِ حوادث کا تماشائی بھی ہو

اُمّتِ مرحوم کی آئینہ دیواری بھی دیکھ

ہاں، تملّق پیشگی دیکھ آبرو والوں کی تُو

اور جو بے آبرو تھے، ان کی خود داری بھی دیکھ

جس کو ہم نے آشنا لطفِ تکلم سے کیا

اس حریفِ بے زباں کی گرم گفتاری بھی دیکھ

سازِ عشرت کی صدا مغرب کے ایوانوں میں سن

اور ایراں میں ذرا ماتم کی تیاری بھی دیکھ

چاک کر دی ترکِ ناداں نے خلافت کی قبا

سادگی مسلم کی دیکھ، اوروں کی عیاری بھی دیکھ

صورت آئینہ سب کچھ دیکھ اور خاموش رہ

شورشِ امروز میں محوِ سرودِ دوش رہ

شمع اور شاعر

فروری، ۱۹۱۲

شاعر

دوش می گفتم بہ شمعِ منزلِ ویرانِ خویش

گیسوئے تو از پرِ پروانہ دارد شانہ

در جہاں مثلِ چراغِ لالۂ صحرا ستم

نے نصیبِ محفلے نے قسمتِ کاشانہ

مدتے مانندِ تو من ہم نفَس می سوختم

در طوافِ شعلہ ام بالے نہ زد پروانہ

می تپد صد جلوہ در جانِ امل فرسودِ من

بر نمی خیزد ازیں محفل دلِ دیوانہ

از کجا ایں آتشِ عالم فروز اندوختی

کرمکِ بے مایہ را سوزِ کلیم آموختی

شمع

مجھ کو جو موجِ نفَس دیتی ہے پیغامِ اجل

لب اسی موجِ نفَس سے ہے نوا پیرا ترا

مَیں تو جلتی ہُوں کہ ہے مضمر مری فطرت میں سوز

تُو فروزاں ہے کہ پروانوں کو ہو سودا ترا

گریہ ساماں میں کہ میرے دل میں ہے طوفانِ اشک

شبنم افشاں تُو کہ بزمِ گل میں ہو چرچا ترا

گل بہ دامن ہے مری شب کے لہو سے میری صبح

ہے ترے امروز سے نا آشنا فردا ترا

یوں تو روشن ہے مگر سوزِ دروں رکھتا نہیں

شعلہ ہے مثلِ چراغِ لالۂ صحرا ترا

سوچ تو دل میں، لقب ساقی کا ہے زیبا تجھے؟
انجمن پیاسی ہے اور پیمانہ بے صہبا ترا!

اور ہے تیرا شعار، آئینِ ملّت اور ہے
زشت روئی سے تری آئینہ ہے رسوا ترا

کعبہ پہلو میں ہے اور سودائی بت خانہ ہے
کس قدر شوریدہ سر ہے شوقِ بے پروا ترا

قیس پیدا ہوں تری محفل میں یہ ممکن نہیں
تنگ ہے صحرا ترا، محمل ہے بے لیلا ترا

اے درِ تابندہ، اے پروردۂ آغوشِ موج!
لذّتِ طوفاں سے ہے نا آشنا دریا ترا

اب نوا پیرا ہے کیا، گلشن ہوا برہم ترا
بے محل تیرا ترنّم، نغمہ بے موسم ترا

تھا جنہیں ذوقِ تماشا، وہ تو رخصت ہو گئے
لے کے اب تو وعدۂ دیدارِ عام آیا تو کیا

انجمن سے وہ پرانے شعلہ آشام اٹھ گئے
ساقیا! محفل میں تُو آتش بجام آیا تو کیا

آہ، جب گلشن کی جمعیّت پریشاں ہو چکی
پھول کو بادِ بہاری کا پیام آیا تو کیا

آخرِ شب دید کے قابل تھی بسمل کی تڑپ
صبح دم کوئی اگر بالائے بام آیا تو کیا

بجھ گیا وہ شعلہ جو مقصودِ ہر پروانہ تھا
اب کوئی سودائی سوزِ تمام آیا تو کیا

پھول بے پروا ہیں، تُو گرمِ نوا ہو یا نہ ہو
کارواں بے حس ہے، آوازِ درا ہو یا نہ ہو

شمعِ محفل ہو کے تُو جب سوز سے خالی رہا
تیرے پروانے بھی اس لذّت سے بیگانے رہے

رشتۂ الفت میں جب ان کو پرو سکتا تھا تُو
پھر پریشاں کیوں تری تسبیح کے دانے رہے

شوقِ بے پروا گیا، فکرِ فلک پیما گیا
تیری محفل میں نہ دیوانے نہ فرزانے رہے

وہ جگر سوزی نہیں، وہ شعلہ آشامی نہیں
فائدہ پھر کیا جو گردِ شمع پروانے رہے

خیر، تُو ساقی سہی لیکن پلائے گا کسے
اب نہ وہ مے کش رہے باقی نہ مے خانے رہے

رو رہی ہے آج اک ٹوٹی ہوئی مینا اسے
کل تلک گردش میں جس ساقی کے پیمانے رہے

آج ہیں خاموش وہ دشتِ جنوں پرور جہاں
رقص میں لیلیٰ رہی، لیلیٰ کے دیوانے رہے

وائے ناکامی! متاعِ کارواں جاتا رہا
کارواں کے دل سے احساسِ زیاں جاتا رہا

جن کے ہنگاموں سے تھے آباد ویرانے کبھی
شہر ان کے مٹ گئے آبادیاں بَن ہو گئیں

سطوتِ توحید قائم جن نمازوں سے ہوئی
وہ نمازیں ہند میں نذرِ برہمن ہو گئیں

دہر میں عیشِ دوام آئیں کی پابندی سے ہے
موج کو آزادیاں سامانِ شیون ہو گئیں

خود تجلّی کو تمنّا جن کے نظّاروں کی تھی
وہ نگاہیں نا امیدِ نورِ ایمن ہو گئیں

اڑتی پھرتی تھیں ہزاروں بلبلیں گلزار میں
دل میں کیا آئی کہ پابندِ نشیمن ہو گئیں

وسعتِ گردُوں میں تھی ان کی تڑپ نظارہ سوز
بجلیاں آسودۂ دامانِ خرمن ہو گئیں

دیدۂ خونبار ہو منّت کشِ گلزار کیوں

اشک پیہم سے نگاہیں گل بہ دامن ہو گئیں
شامِ غم لیکن خبر دیتی ہے صبحِ عید کی
ظلمتِ شب میں نظر آئی کرن امّید کی

مژدہ اے پیمانہ بردارِ خمستانِ حجاز!
بعد مدت کے ترے رِندوں کو پھر آیا ہے ہوش
نقدِ خودداری بہائے بادۂ اغیار تھی
پھر دکاں تیری ہے لبریز صدائے ناؤ نوش
ٹوٹنے کو ہے طلسمِ ماہِ سیمایانِ ہند
پھر سلیمیٰ کی نظر دیتی ہے پیغامِ خروش
پھر یہ غوغا ہے کہ لا ساقی شرابِ خانہ ساز
دل کے ہنگامے مئے مغرب نے کر ڈالے خموش
نغمہ پیرا ہو کہ یہ ہنگامِ خاموشی نہیں
ہے سحر کا آسماں خورشید سے مینا بدوش

در غمِ دیگر بسوز و دیگراں را ہم بسوز
گفتمت روشن حدیثے گر توانی دار گوش
کہہ گئے ہیں شاعری جزویست از پیغمبری
ہاں سنا دے محفلِ ملّت کو پیغامِ سروش

آنکھ کو بیدار کر دے وعدۂ دیدار سے
زندہ کر دے دل کو سوزِ جوہرِ گفتار سے

رہزنِ ہمّت ہوا ذوقِ تنِ آسانی ترا
بحر تھا صحرا میں تُو، گلشن میں مثلِ جُو ہوا
اپنی اصلیت پہ قائم تھا تو جمعیّت بھی تھی
چھوڑ کر گل کو پریشاں کاروانِ بُو ہوا
زندگی قطرے کی سکھلاتی ہے اسرارِ حیات
یہ کبھی گوہر، کبھی شبنم، کبھی آنسو ہوا
پھر کہیں سے اس کو پیدا کر، بڑی دولت ہے یہ
زندگی کیسی جو دل بیگانۂ پہلو ہوا

آبرو باقی تری ملّت کی جمعیّت سے تھی
جب یہ جمعیّت گئی، دنیا میں رسوا تُو ہوا

فرد قائم ربطِ ملّت سے ہے، تنہا کچھ نہیں
موج ہے دریا میں اور بیرونِ دریا کچھ نہیں

پردۂ دل میں محبّت کو ابھی مستور رکھ
یعنی اپنی مے کو رسوا صورتِ مینا نہ کر

خیمہ زن ہو وادیِ سینا میں مانندِ کلیم
شعلۂ تحقیق کو غارت گرِ کاشانہ کر

شمع کو بھی ہو ذرا معلوم انجامِ ستم
صرف تعمیرِ سحر خاکسترِ پروانہ کر

تُو اگر خود دار ہے، منّت کشِ ساقی نہ ہو
عین دریا میں حباب آسا نگوں پیمانہ کر

کیفیت باقی پرانے کوہ و صحرا میں نہیں
ہے جنوں تیرا نیا، پیدا نیا ویرانہ کر

خاک میں تجھ کو مقدر نے ملایا ہے اگر
تُو عصا افتاد سے پیدا مثالِ دانہ کر

ہاں، اسی شاخِ کہن پر پھر بنا لے آشیاں
اہلِ گلشن کو شہیدِ نغمۂ مستانہ کر

اس چمن میں پیروِ بلبل ہو یا تلمیذِ گل
یا سراپا نالہ بن جا یا نوا پیدا نہ کر

کیوں چمن میں بے صدا مثلِ رمِ شبنم ہے تُو
لب کشا ہو جا، سرودِ ربطِ عالم ہے تُو

آشنا اپنی حقیقت سے ہو اے دہقاں ذرا
دانہ تُو، کھیتی بھی تُو، باراں بھی تُو، حاصل بھی تُو

آہ، کس کی جستجو آوارہ رکھتی ہے تجھے
راہ تُو، رہرو بھی تُو، رہبر بھی تُو، منزل بھی تُو

کانپتا ہے دل ترا اندیشۂ طوفاں سے کیا
ناخدا تُو، بحر تُو، کشتی بھی تُو، ساحل بھی تُو

دیکھ آ کر کوچۂ چاکِ گریباں میں کبھی
قیس تُو، لیلیٰ بھی تُو، صحرا بھی تُو، محمل بھی تُو

وائے نادانی کہ تُو محتاجِ ساقی ہو گیا
مے بھی تُو، مینا بھی تُو، ساقی بھی تُو، محفل بھی تُو

شعلہ بن کر پھونک دے خاشاکِ غیر اللہ کو
خوفِ باطل کیا کہ ہے غارت گرِ باطل بھی تُو

بے خبر! تُو جوہرِ آئینۂ ایّام ہے
تُو زمانے میں خدا کا آخری پیغام ہے

اپنی اصلیت سے ہو آگاہ اے غافل کہ تُو
قطرہ ہے، لیکن مثالِ بحرِ بے پایاں بھی ہے

کیوں گرفتارِ طلسمِ ہیچ مقداری ہے تُو
دیکھ تو پوشیدہ تجھ میں شوکتِ طوفاں بھی ہے

سینہ ہے تیرا امیں اس کے پیامِ ناز کا
جو نظامِ دہر میں پیدا بھی ہے، پنہاں بھی ہے

ہفت کشور جس سے ہو تسخیر بے تیغ و تفنگ
تُو اگر سمجھے تو تیرے پاس وہ ساماں بھی ہے

اب تلک شاہد ہے جس پر کوہِ فاراں کا سکوت
اے تغافل پیشہ! تجھ کو یاد وہ پیماں بھی ہے؟

تُو ہی ناداں چند کلیوں پر قناعت کر گیا
ورنہ گلشن میں علاجِ تنگیِ داماں بھی ہے

دل کی کیفیت ہے پیدا پردۂ تقریر میں
کسوتِ مینا میں مے مستور بھی، عریاں بھی ہے

پھونک ڈالا ہے مری آتش نوائی نے مجھے
اور میری زندگانی کا یہی ساماں بھی ہے

راز اس آتش نوائی کا مرے سینے میں دیکھ

جلوۂ تقدیر میرے دل کے آئینے میں دیکھ!

آسماں ہو گا سحر کے نور سے آئینہ پوش

اور ظلمت رات کی سیماب پا ہو جائے گی

اس قدر ہو گی ترنم آفریں بادِ بہار

نکہتِ خوابیدہ غنچے کی نوا ہو جائے گی

آ ملیں گے سینہ چاکانِ چمن سے سینہ چاک

بزمِ گل کی ہم نفس بادِ صبا ہو جائے گی

شبنم افشانی مری پیدا کرے گی سوز و ساز

اس چمن کی ہر کلی درد آشنا ہو جائے گی

دیکھ لو گے سطوتِ رفتارِ دریا کا مآل

موجِ مضطر ہی اسے زنجیرِ پا ہو جائے گی

پھر دلوں کو یاد آ جائے گا پیغامِ سجود

پھر جبیں خاکِ حرم سے آشنا ہو جائے گی

نالۂ صیّاد سے ہوں گے نوا ساماں طیور

خونِ گلچیں سے کلی رنگیں قبا ہو جائے گی

آنکھ جو کچھ دیکھتی ہے، لب پہ آ سکتا نہیں

محوِ حیرت ہوں کہ دنیا کیا سے کیا ہو جائے گی

شب گریزاں ہو گی آخر جلوۂ خورشید سے

یہ چمن معمور ہو گا نغمۂ توحید سے

مسلم

جون ۱۹۱۲

ہر نفَس اقبالؔ تیرا آہ میں مستور ہے

سینۂ سوزاں ترا فریاد سے معمور ہے

نغمۂ امیّد تیری بربطِ دل میں نہیں

ہم سمجھتے ہیں یہ لیلیٰ تیرے محمل میں نہیں

گوش آوازِ سرودِ رفتہ کا جویا ترا
اور دل ہنگامۂ حاضر سے بے پروا ترا
قصۂ گل ہم نوایانِ چمن سنتے نہیں
اہلِ محفل تیرا پیغامِ کہن سنتے نہیں
اے درائے کاروانِ خفتہ پا! خاموش رہ
ہے بہت یاس آفریں تیری صدا خاموش رہ
زندہ پھر وہ محفلِ دیرینہ ہو سکتی نہیں
شمع سے روشن شبِ دو شینہ ہو سکتی نہیں

ہم نشیں! مسلم ہُوں مَیں، توحید کا حامل ہُوں مَیں
اس صداقت پر ازل سے شاہدِ عادل ہُوں مَیں
نبضِ موجودات میں پیدا حرارت اس سے ہے
اور مسلم کے تخیل میں جسارت اس سے ہے
حق نے عالم اس صداقت کے لیے پیدا کیا
اور مجھے اس کی حفاظت کے لیے پیدا کیا
دہر میں غارت گرِ باطل پرستی مَیں ہوا
حق تو یہ ہے حافظِ ناموسِ ہستی مَیں ہوا
میری ہستی پیرہن عریانیِ عالم کی ہے
میرے مٹ جانے سے رسوائی بنی آدم کی ہے
قسمتِ عالم کا مسلم کوکبِ تابندہ ہے
جس کی تابانی سے افسونِ سحر شرمندہ ہے
آشکارا ہیں مری آنکھوں پہ اسرارِ حیات
کہہ نہیں سکتے مجھے نومیدِ پیکارِ حیات
کب ڈرا سکتا ہے غم کا عارضی منظر مجھے
ہے بھروسا اپنی ملّت کے مقدر پر مجھے
یاس کے عنصر سے ہے آزاد میرا روزگار
فتحِ کامل کی خبر دیتا ہے جوشِ کارزار
ہاں یہ سچ ہے چشم بر عہدِ کہن رہتا ہوں مَیں
اہلِ محفل سے پرانی داستاں کہتا ہوں مَیں

یادِ عہدِ رفتہ میری خاک کو اکسیر ہے
میرا ماضی میرے استقبال کی تفسیر ہے
سامنے رکھتا ہُوں اس دورِ نشاط افزا کو مَیں
دیکھتا ہُوں دوش کے آئینے میں فردا کو مَیں

حضورِ رسالت مآبؐ میں

گراں جو مجھ پہ یہ ہنگامۂ زمانہ ہوا
جہاں سے باندھ کے رختِ سفر روانہ ہوا
قیودِ شام و سحر میں بسر تو کی، لیکن
نظامِ کہنۂ عالم سے آشنا نہ ہوا
فرشتے بزمِ رسالت میں لے گئے مجھ کو
حضورِ آیۂ رحمتؐ میں لے گئے مجھ کو
کہا حضورؐ نے، اے عندلیبِ باغِ حجاز!
کلی کلی ہے تری گرمیِ نوا سے گداز
ہمیشہ سرخوشِ جامِ ولا ہے دل تیرا
فتادگی ہے تری غیرتِ سجودِ نیاز
اڑا جو پستیِ دنیا سے تُو سوئے گردوں
سکھائی تجھ کو ملائک نے رفعتِ پرواز
نکل کے باغِ جہاں سے برنگِ بو آیا
ہمارے واسطے کیا تحفہ لے کے تُو آیا؟
"حضورؐ! دہر میں آسودگی نہیں ملتی
تلاش جس کی ہے وہ زندگی نہیں ملتی
ہزاروں لالہ و گل ہیں ریاضِ ہستی میں
وفا کی جس میں ہو بُو وہ کلی نہیں ملتی
مگر مَیں نذر کو اک آبگینہ لایا ہوں
جو چیز اس میں ہے، جنّت میں بھی نہیں ملتی
جھلکتی ہے تری اُمّت کی آبرو اس میں

طرابلس کے شہیدوں کا ہے لہو اس میں

شفاخانۂ حجاز

اک پیشوائے قوم نے اقبال سے کہا

کھلنے کو جدّہ میں ہے شفاخانۂ حجاز

ہوتا ہے تیری خاک کا ہر ذرّہ بے قرار

سنتا ہے تُو کسی سے جو افسانۂ حجاز

دستِ جنوں کو اپنے بڑھا جیب کی طرف

مشہور تُو جہاں میں ہے دیوانۂ حجاز

دارالشفا حوالیِ بطحا میں چاہیے

نبضِ مریض پنجۂ عیسیٰ میں چاہیے

مَیں نے کہا کہ موت کے پردے میں ہے حیات

پوشیدہ جس طرح ہو حقیقت مجاز میں

تلخانۂ اجل میں جو عاشق کو مل گیا

پایا نہ خضر نے مئے عمرِ دراز میں

اوروں کو دیں حضور! یہ پیغامِ زندگی

مَیں موت ڈھونڈتا ہُوں زمینِ حجاز میں

آئے ہیں آپ لے کے شفا کا پیام کیا

رکھتے ہیں اہلِ دردِ مسیحا سے کام کیا!

جوابِ شکوہ

دل سے جو بات نکلتی ہے اثر رکھتی ہے

پر نہیں، طاقتِ پرواز مگر رکھتی ہے

قدسی الاصل ہے، رفعت پہ نظر رکھتی ہے

خاک سے اٹھتی ہے، گردُوں پہ گزر رکھتی ہے

عشق تھا فتنہ گر و سرکش و چالاک مرا

آسماں چیر گیا نالۂ فریاد مرا

پیرِ گردوں نے کہا سن کے، کہیں ہے کوئی!
بولے سیارے، سرِ عرشِ بریں ہے کوئی!
چاند کہتا تھا، نہیں۔ اہلِ زمیں ہے کوئی!
کہکشاں کہتی تھی پوشیدہ یہیں ہے کوئی!
کچھ جو سمجھا مرے شکوے کو تو رضواں سمجھا
مجھے جنّت سے نکالا ہوا انساں سمجھا

تھی فرشتوں کو بھی حیرت کہ یہ آواز ہے کیا!
عرش والوں پہ بھی کھُلتا نہیں یہ راز ہے کیا!
تا سرِ عرش بھی انساں کی تگ و تاز ہے کیا؟
آ گئی خاک کی چٹکی کو بھی پرواز ہے کیا؟
غافل آداب سے سکّانِ زمیں کیسے ہیں!
شوخ و گستاخ یہ پستی کے مکیں کیسے ہیں!

اس قدر شوخ کہ اللہ سے بھی برہم ہے
تھا جو مسجودِ ملائک یہ وہی آدم ہے؟
عالمِ کیف ہے دانائے رموزِ کم ہے
ہاں، مگر عجز کے اَسرار سے نا محرم ہے
ناز ہے طاقتِ گفتار پہ انسانوں کو
بات کرنے کا سلیقہ نہیں نادانوں کو

آئی آواز ۔۔ غم انگیز ہے افسانہ ترا
اشکِ بے تاب سے لبریز ہے پیمانہ ترا
آسماں گیر ہوا نعرۂ مستانہ ترا
کس قدر شوخ زباں ہے دلِ دیوانہ ترا
شکر شکوے کو کیا حسنِ ادا سے تُو نے
ہم سخن کر دیا بندوں کو خدا سے تُو نے

ہم تو مائل بہ کرم ہیں کوئی سائل ہی نہیں

راہ دکھلائیں کسے؟ رہروِ منزل ہی نہیں
تربیت عام تو ہے، جوہرِ قابل ہی نہیں
جس سے تعمیر ہو آدم کی، یہ وہ گِل ہی نہیں
کوئی قابل ہو تو ہم شانِ کئی دیتے ہیں
ڈھونڈنے والوں کو دنیا بھی نئی دیتے ہیں

ہاتھ بے زور ہیں، الحاد سے دل خوگر ہیں
اُمتی باعثِ رسوائیِ پیغمبر ہیں
بت شکن اٹھ گئے، باقی جو رہے بت گر ہیں
تھا براہیمؑ پدر اور پسر آزر ہیں
بادہ آشام نئے، بادہ نیا، خم بھی نئے
حرمِ کعبہ نیا، بت بھی نئے، تم بھی نئے

وہ بھی دن تھے کہ یہی مایۂ رعنائی تھا!
نازشِ موسمِ گل، لالۂ صحرائی تھا!
جو مسلمان تھا اللہ کا سودائی تھا
کبھی محبوب تمہارا یہی ہرجائی تھا
کسی یکجائی سے اب عہدِ غُلامی کر لو
ملّتِ احمدِؐ مرسل کو مقامی کر لو

کس قدر تم پہ گراں صبح کی بیداری ہے!
ہم سے کب پیار ہے؟ ہاں نیند تمہیں پیاری ہے
طبعِ آزاد پہ قیدِ رمضاں بھاری ہے
تمہیں کہہ دو یہی آئینِ وفا داری ہے؟
قوم مذہب سے ہے، مذہب جو نہیں تم بھی نہیں
جذبِ باہم جو نہیں، محفلِ انجم بھی نہیں

جن کو آتا نہیں دنیا میں کوئی فن، تم ہو
نہیں جس قوم کو پروائے نشیمن، تم ہو
بجلیاں جس میں ہوں آسودہ وہ خرمن، تم ہو

بیچ کھاتے ہیں جو اسلاف کے مدفن، تم ہو
ہو نکو نام جو قبروں کی تجارت کر کے
کیا نہ بیچو گے جو مل جائیں صنم پتھر کے؟

صفحۂ دہر سے باطل کو مٹایا کس نے؟
نوعِ انساں کو غلامی سے چھڑایا کس نے؟
میرے کعبے کو جبینوں سے بسایا کس نے؟
میرے قرآن کو سینوں سے لگایا کس نے؟
تھے تو آبا وہ تمہارے ہی، مگر تم کیا ہو؟
ہاتھ پر ہاتھ دھرے منتظرِ فردا ہو!

کیا کہا؟ بہرِ مسلماں ہے فقط وعدۂ حُور
شکوہ بیجا بھی کرے کوئی تو لازم ہے شعُور!
عدل ہے فاطرِ ہستی کا ازل سے دستور
مسلم آئیں ہوا کافر تو ملے حُور و قصور
تم میں حوروں کا کوئی چاہنے والا ہی نہیں
جلوۂ طور تو موجود ہے موسیٰ ہی نہیں

منفعت ایک ہے اِس قوم کی، نقصان بھی ایک
ایک ہی سب کا نبی، دین بھی، ایمان بھی ایک
حرمِ پاک بھی، اللہ بھی، قرآن بھی ایک
کچھ بڑی بات تھی ہوتے جو مسلمان بھی ایک؟
فرقہ بندی ہے کہیں، اور کہیں ذاتیں ہیں!
کیا زمانے میں پنپنے کی یہی باتیں ہیں؟

کون ہے تارکِ آئینِ رسولِ مختار؟
مصلحت وقت کی ہے کس کے عمل کا معیار؟
کس کی آنکھوں میں سمایا ہے شعارِ اغیار؟
ہو گئی کس کی نگہ طرزِ سلف سے بیزار؟
قلب میں سوز نہیں، روح میں احساس نہیں

کچھ بھی پیغامِ محمدﷺ کا تمہیں پاس نہیں

جا کے ہوتے ہیں مساجد میں صف آرا تو غریب
زحمتِ روزہ جو کرتے ہیں گوارا، تو غریب
نام لیتا ہے اگر کوئی ہمارا، تو غریب
پردہ رکھتا ہے اگر کوئی تمھارا، تو غریب
امرا نشۂ دولت میں ہیں غافل ہم سے
زندہ ہے ملّتِ بیضا غربا کے دم سے

واعظِ قوم کی وہ پختہ خیالی نہ رہی
برقِ طبعی نہ رہی، شعلہ مقالی نہ رہی
رہ گئی رسمِ اذاں، روحِ بلالی نہ رہی
فلسفہ رہ گیا، تلقینِ غزالی نہ رہی
مسجدیں مرثیہ خواں ہیں کہ نمازی نہ رہے
یعنی وہ صاحبِ اوصافِ حجازی نہ رہے

شور ہے، ہو گئے دنیا سے مسلماں نابود
ہم یہ کہتے ہیں کہ تھے بھی کہیں مسلم موجود؟
وضع میں تم ہو نصاریٰ تو تمدّن میں ہنود
یہ مسلماں ہیں! جنہیں دیکھ کے شرمائیں یہود
یوں تو سیّد بھی ہو، مرزا بھی ہو، افغان بھی ہو
تم سبھی کچھ ہو، بتاؤ تو مسلمان بھی ہو!

دمِ تقریر تھی مسلم کی صداقت بے باک
عدل اس کا تھا قوی، لوثِ مراعات سے پاک
شجرِ فطرتِ مسلم تھا حیا سے نم ناک
تھا شجاعت میں وہ اک ہستیِ فوق الادراک
خود گدازی نمِ کیفیتِ صہبایش بُود
خالی از خویش شدن صورتِ مینایش بُود

ہر مسلماں رگِ باطل کے لیے نشتر تھا

اس کے آئینۂ ہستی میں عمل جوہر تھا
جو بھروسا تھا اسے قوتِ بازو پر تھا
ہے تمہیں موت کا ڈر، اس کو خدا کا ڈر تھا
باپ کا علم نہ بیٹے کو اگر ازبر ہو
پھر پسر قابلِ میراثِ پدر کیونکر ہو!

ہر کوئی مستِ مۓ ذوقِ تن آسانی ہے
تم مسلماں ہو! یہ اندازِ مسلمانی ہے؟
حیدری فقر ہے نے دولتِ عثمانی ہے
تم کو اسلاف سے کیا نسبتِ روحانی ہے؟
وہ زمانے میں معزز تھے مسلماں ہو کر
اور تم خوار ہوئے تارکِ قرآں ہو کر

تم ہو آپس میں غضبناک، وہ آپس میں رحیم
تم خطاکار و خطابیں، وہ خطا پوش و کریم
چاہتے سب ہیں کہ ہوں اوجِ ثریّا پہ مقیم
پہلے ویسا کوئی پیدا تو کرے قلبِ سلیم
تختِ فغفور بھی ان کا تھا، سریرِ کے بھی
یوں ہی باتیں ہیں کہ تم میں وہ حمیّت ہے بھی؟

خود کشی شیوہ تمہارا، وہ غیور و خوددار
تم اخوّت سے گریزاں، وہ اخوّت پہ نثار
تم ہو گفتار سراپا، وہ سراپا کردار
تم ترستے ہو کلی کو، وہ گلستاں بہ کنار
اب تلک یاد ہے قوموں کو حکایت ان کی
نقش ہے صفحۂ ہستی پہ صداقت ان کی

مثلِ انجم افقِ قوم پہ روشن بھی ہوئے
بتِ ہندی کی محبّت میں برہمن بھی ہوئے
شوقِ پرواز میں مہجورِ نشیمن بھی ہوئے

بے عمل تھے ہی جواں، دین سے بدظن بھی ہوئے
ان کو تہذیب نے ہر بند سے آزاد کیا
لا کے کعبے سے صنم خانے میں آباد کیا

قیس زحمت کشِ تنہائیِ صحرا نہ رہے
شہر کی کھائے ہَوا، بادیہ پیمانہ نہ رہے
وہ تو دیوانہ ہے، بستی میں رہے یا نہ رہے
یہ ضروری ہے حجابِ رخِ لیلا نہ رہے
گلۂ جور نہ ہو، شکوۂ بیداد نہ ہو
عشق آزاد ہے، کیوں حسن بھی آزاد نہ ہو!

عہدِ نَو برق ہے، آتش زنِ ہر خرمن ہے
ایمن اس سے کوئی صحرا نہ کوئی گلشن ہے
اس نئی آگ کا اقوام کہیں ایندھن ہے
ملّتِ ختمِ رسّل شعلہ بہ پیراہن ہے
آج بھی ہو جو براہیمؑ کا ایماں پیدا
آگ کر سکتی ہے اندازِ گلستاں پیدا

دیکھ کر رنگِ چمن ہو نہ پریشاں مالی
کوکبِ غنچہ سے شاخیں ہیں چمکنے والی
خس و خاشاک سے ہوتا ہے گلستاں خالی
گل بر انداز ہے خونِ شہدا کی لالی
رنگِ گردوں کا ذرا دیکھ تو عنّابی ہے
یہ نکلتے ہوئے سورج کی افق تابی ہے

امتیں گلشنِ ہستی میں ثمر چیدہ بھی ہیں
اور محرومِ ثمر بھی ہیں، خزاں دیدہ بھی ہیں
سینکڑوں نخل ہیں، کاہیدہ بھی، بالیدہ بھی ہیں
سینکڑوں بطنِ چمن میں ابھی پوشیدہ بھی ہیں
نخلِ اسلام نمونہ ہے برو مندی کا

پھل ہے یہ سینکڑوں صدیوں کی چمن بندی کا

پاک ہے گردِ وطن سے سرِ داماں تیرا

تُو وہ یوسف ہے کہ ہر مِصر ہے کنعاں تیرا

قافلہ ہو نہ سکے گا کبھی ویراں تیرا

غیر یک بانگِ درا کچھ نہیں ساماں تیرا

نخلِ شمع استی و در شعلہ دو ریشۂ تُو

عاقبت سوز بود سایۂ اندیشۂ تُو

تُو نہ مٹ جائے گا ایران کے مٹ جانے سے

نَشّۂ مَے کو تعلق نہیں پیمانے سے

ہے عیاں یورشِ تاتار کے افسانے سے

پاسباں مل گئے کعبے کو صنم خانے سے

کشتیِ حق کا زمانے میں سہارا تُو ہے

عصرِ نو رات ہے، دھندلا سا ستارا تُو ہے

ہے جو ہنگامہ بپا یورشِ بلغاری کا

غافلوں کے لیے پیغام ہے بیداری کا

تُو سمجھتا ہے یہ ساماں ہے دل آزاری کا

امتحاں ہے ترے ایثار کا، خود داری کا

کیوں ہراساں ہے صہیلِ فرسِ اعدا سے

نورِ حق بجھ نہ سکے گا نفسِ اعدا سے

چشمِ اقوام سے مخفی ہے حقیقت تیری

ہے ابھی محفلِ ہستی کو ضرورت تیری

زندہ رکھتی ہے زمانے کو حرارت تیری

کوکبِ قسمتِ امکاں ہے خلافت تیری

وقتِ فرصت ہے کہاں، کام ابھی باقی ہے

نورِ توحید کا اتمام ابھی باقی ہے

مثلِ بو قید ہے غنچے میں، پریشاں ہو جا

رخت بردوش ہوائے چمنستاں ہو جا
ہے تنک مایہ تو ذرّے سے بیاباں ہو جا
نغمۂ موج سے ہنگامۂ طوفاں ہو جا!
قوتِ عشق سے ہر پست کو بالا کر دے
دہر میں اسمِ محمدﷺ سے اُجالا کر دے

ہو نہ یہ پھول تو بلبل کا ترنم بھی نہ ہو
چمنِ دہر میں کلیوں کا تبسم بھی نہ ہو
یہ نہ ساقی ہو تو پھر مے بھی نہ ہو، خم بھی نہ ہو
بزمِ توحید بھی دنیا میں نہ ہو، تم بھی نہ ہو
خیمہ افلاک کا استادہ اسی نام سے ہے
نبضِ ہستی تپش آمادہ اسی نام سے ہے

دشت میں، دامنِ کہسار میں، میدان میں ہے
بحر میں، موج کی آغوش میں، طوفان میں ہے
چین کے شہر، مراکش کے بیاباں میں ہے
اور پوشیدہ مسلمان کے ایمان میں ہے
چشمِ اقوام یہ نظّارہ ابد تک دیکھے
رفعتِ شانِ رَفَعْنَا لَکَ ذِکرَک دیکھے

مردمِ چشمِ زمین یعنی وہ کالی دنیا
وہ تمہارے شہدا پالنے والی دنیا
گرمیِ مہر کی پروردہ ہلالی دنیا
عشق والے جسے کہتے ہیں بلالی دنیا
تپش اندوز ہے اس نام سے پارے کی طرح
غوطہ زن نور میں ہے آنکھ کے تارے کی طرح

عقل ہے تیری سپر، عشق ہے شمشیر تری
میرے درویش! خلافت ہے جہاں گیر تری
ماسوا اللہ کے لیے آگ ہے تکبیر تری

تُو مسلماں ہو تو تقدیر ہے تدبیر تری
کی محمد ﷺ سے وفا تُو نے تو ہم تیرے ہیں
یہ جہاں چیز ہے کیا، لوحِ و قلم تیرے ہیں

ساقی

نشہ پلا کے گِرانا تو سب کو آتا ہے
مزا تو جب ہے کہ گِرتوں کو تھام لے ساقی
جو بادہ کش تھے پرانے، وہ اٹھتے جاتے ہیں
کہیں سے آبِ بقائے دوام لے ساقی!
کئی ہے رات تو ہنگامہ گستری میں تری
سحر قریب ہے، اللہ کا نام لے ساقی!

تعلیم اور اس کے نتائج

(تضمین بر شعرِ مُلّا عرشی)

خوش تو ہیں ہم بھی جوانوں کی ترقی سے مگر
لبِ خنداں سے نکل جاتی ہے فریاد بھی ساتھ
ہم سمجھتے تھے کہ لائے گی فراغت تعلیم
کیا خبر تھی کہ چلا آئے گا الحاد بھی ساتھ
گھر میں پرویز کے شیریں تو ہوئی جلوہ نما
لے کے آئی ہے مگر تیشۂ فرہاد بھی ساتھ
"تخمِ دیگر بکف آریم و بکاریم ز نو
کانچہ کشتیم ز خجلت نتواں کرد درو"

قربِ سلطان

تمیزِ حاکم و محکوم مٹ نہیں سکتی
مجال کیا کہ گدا گر ہو شاہ کا ہمدوش

جہاں میں خواجہ پرستی ہے بندگی کا کمال
رضائے خواجہ طلب کن قبائے رنگیں پوش

مگر غرض جو حصولِ رضائے حاکم ہو
خطاب ملتا ہے منصب پرست و قوم فروش

پرانے طرزِ عمل میں ہزار مشکل ہے
نئے اصول سے خالی ہے فکر کی آغوش

مزا تو یہ ہے کہ یوں زیرِ آسماں رہیے
"ہزار گونہ سخن در دہانِ و لب خاموش"

یہی اصول ہے سرمایۂ سکونِ حیات
"گدائے گوشہ نشینی تو حافظاؔ مخروش"

مگر خروش پہ مائل ہے تُو، تو بِسمِ اللہ
"بگیر بادۂ صافی، ببانگِ چنگ بنوش"

شریکِ بزمِ امیر و وزیر و سلطاں ہو
لڑا کے توڑ دے سنگِ ہوس سے شیشۂ ہوش

پیامِ مرشدِ شیراز بھی مگر سن لے
کہ ہے یہ سِرِّ نہاں خانۂ ضمیرِ سروش

"محلِ نور تجلی است رائے انورِ شاہ
چو قربِ او طلَبی در صفائے نیت کوش"

نویدِ صبح

جنوری، ۱۹۱۲

آتی ہے مشرق سے جب ہنگامہ در دامنِ سحر
منزلِ ہستی سے کر جاتی ہے خاموشی سفر

محفلِ قدرت کا آخر ٹوٹ جاتا ہے سکوت
دیتی ہے ہر چیز اپنی زندگانی کا ثبوت

پھیلاتے ہیں پرندے پا کے پیغامِ حیات
باندھتے ہیں پھول بھی گلشن میں احرامِ حیات

مسلِم خوابیدہ اُٹھ، ہنگامہ آرا تُو بھی ہو
وہ چمک اُٹھّا افق، گرمِ تقاضا تُو بھی ہو

وسعتِ عالم میں رہ پیما ہو مثلِ آفتاب
دامنِ گردُوں سے نا پیدا ہوں یہ داغِ سحاب

کھینچ کر خنجر کرن کا، پھر ہو سرگرمِ ستیز
پھر سِکھا تاریکیِ باطل کو آدابِ گریز

تُو سراپا نور ہے، خوشتر ہے عریانی تجھے
اور عریاں ہو کے لازم ہے خود افشانی تجھے

ہاں، نمایاں ہو کے برقِ دیدۂ خفّاش ہو
اے دلِ کون و مکاں کے رازِ مضمر! فاش ہو

دعا

یا رب! دلِ مسلم کو وہ زندہ تمنّا دے
جو قلب کو گرما دے، جو روح کو تڑپا دے

پھر وادیِ فاراں کے ہر ذرّے کو چمکا دے
پھر شوقِ تماشا دے، پھر ذوقِ تقاضا دے

محرومِ تماشا کو پھر دیدۂ بینا دے
دیکھا ہے جو کچھ میَں نے اوروں کو بھی دکھلا دے

بھٹکے ہوئے آہُو کو پھر سوئے حرم لے چل
اس شہر کے خوگر کو پھر وسعتِ صحرا دے

پیدا دلِ ویراں میں پھر شورشِ محشر کر
اس محمل خالی کو پھر شاہدِ لیلا دے

اس دَور کی ظلمت میں ہر قلبِ پریشاں کو
وہ داغِ محبّت دے جو چاند کو شرما دے

رفعت میں مقاصد کو ہم دوشِ ثریّا کر
خود داریِ ساحل دے، آزادیِ دریا دے

بے لوث محبّت ہو، بے باک صداقت ہو

سینوں میں اُجالا کر، دل صورتِ مینا دے

احساس عنایت کر آثارِ مصیبت کا

امروز کی شورش میں اندیشۂ فردا دے

مَیں بلبلِ نالاں ہُوں اک اُجڑے گلستاں کا

تاثیر کا سائل ہُوں، محتاج کو داتا دے!

عید پر شعر لکھنے کی فرمائش کے جواب میں

یہ شالامار میں اک برگِ زرد کہتا تھا

گیا وہ موسمِ گل جس کا راز دار ہُوں مَیں

نہ پائمال کریں مجھ کو زائرانِ چمن

اِنھی کی شاخِ نشیمن کی یادگار ہُوں مَیں

ذرا سے پتّے نے بے تاب کر دیا دل کو

چمن میں آ کے سراپا غمِ بہار ہُوں مَیں

خزاں میں مجھ کو رلاتی ہے یادِ فصلِ بہار

خوشی ہو عید کی کیونکر کہ سوگوار ہُوں مَیں

اجاڑ ہو گئے عہدِ کہن کے مے خانے

گذشتہ بادہ پرستوں کی یادگار ہُوں مَیں

پیامِ عیش و مسرت ہمیں سناتا ہے

ہلالِ عید ہماری ہنسی اُڑاتا ہے

فاطمہ بنت عبداللہ

جنوری، ۱۹۱۲

(عرب لڑکی جو طرابلس کی جنگ میں غازیوں کو پانی پلاتی ہوئی شہید ہوئی)

فاطمہ! تُو آبروئے اُمّتِ مرحوم ہے

ذرّہ ذرّہ تیری مُشتِ خاک کا معصوم ہے

یہ سعادت، حُورِ صحرائی! تری قسمت میں تھی

غازیانِ دیں کی سقائی تری قسمت میں تھی

یہ جہادِ اللہ کے رستے میں بے تیغ و سپر

ہے جسارت آفریں شوقِ شہادت کس قدر

یہ کلی بھی اس گلستانِ خزاں منظر میں تھی

ایسی چنگاری بھی یا رب، اپنی خاکستر میں تھی!

اپنے صحرا میں بہت آہُو ابھی پوشیدہ ہیں

بجلیاں برسے ہوئے بادل میں بھی خوابیدہ ہیں!

فاطمہ! گو شبنم افشاں آنکھ تیرے غم میں ہے

نغمۂ عشرت بھی اپنے نالۂ ماتم میں ہے

رقص تیری خاک کا کتنا نشاط انگیز ہے

ذرّہ ذرّہ زندگی کے سوز سے لبریز ہے

ہے کوئی ہنگامہ تیری تربتِ خاموش میں

پل رہی ہے ایک قوم تازہ اس آغوش میں

بے خبر ہُوں گرچہ ان کی وسعتِ مقصد سے مَیں

آفرینش دیکھتا ہُوں ان کی اس مرقد سے مَیں

تازہ انجم کا فضائے آسماں میں ہے ظہور

دیدۂ انساں سے نامحرم ہے جن کی موجِ نور

جو ابھی ابھرے ہیں ظلمت خانۂ ایّام سے

جن کی ضو ناآشنا ہے قیدِ صبح و شام سے

جن کی تابانی میں اندازِ کہن بھی، نَو بھی ہے

اور تیرے کوکبِ تقدیر کا پرتَو بھی ہے

شبنم اور ستارے

اک رات یہ کہنے لگے شبنم سے ستارے

ہر صبح نئے تجھ کو میسر ہیں نظارے

کیا جانیے، تو کتنے جہاں دیکھ چکی ہے

جو بن کے مٹے، ان کے نشاں دیکھ چکی ہے

زُہرہ نے سنی ہے یہ خبر ایک مَلَک سے
انسانوں کی بستی ہے بہت دُور فلک سے
کہہ ہم سے بھی اس کشورِ دلکش کا فسانہ
گاتا ہے قمر جس کی محبّت کا ترانہ

اے تارو نہ پوچھو چمنستانِ جہاں کی
گلشن نہیں، اک بستی ہے وہ آہ و فغاں کی
آتی ہے صبا واں سے پلٹ جانے کی خاطر
بے چاری کلی کھلتی ہے مرجھانے کی خاطر
کیا تم سے کہوں کیا چمن افروز کلی ہے
ننھا سا کوئی شعلۂ بے سوز کلی ہے
گل نالۂ بلبل کی صدا سن نہیں سکتا
دامن سے مرے موتیوں کو چُن نہیں سکتا
ہیں مرغِ نوا ریز گرفتار، غضب ہے
اگتے ہیں تہِ سایۂ گل خار، غضب ہے
رہتی ہے سدا نرگسِ بیمار کی تر آنکھ
دل طالبِ نظّارہ ہے، محرومِ نظر آنکھ
دل سوختۂ گرمیِ فریاد ہے شمشاد
زندانی ہے اور نام کو آزاد ہے شمشاد
تارے شررِ آہ ہیں انساں کی زباں میں
میں گریۂ گردوں ہوں گلستاں کی زباں میں
نادانی ہے یہ گردِ زمیں طوف قمر کا
سمجھا ہے کہ درماں ہے وہاں داغِ جگر کا
بنیاد ہے کاشانۂ عالم کی ہوا پر
فریاد کی تصویر ہے قرطاسِ فضا پر

محاصرۂ ادرنہ

یورپ میں جس گھڑی حق و باطل کی چھڑ گئی

حق، خنجر آزمائی پہ مجبور ہو گیا

گردِ صلیب گردِ قمر حلقہ زن ہوئی

لشکرئ حصارِ درنہ میں محصور ہو گیا

مسلم سپاہیوں کے ذخیرے ہوئے تمام

روئے امّید آنکھ سے مستور ہو گیا

آخر امیرِ عسکرِ ترکی کے حکم سے

"آئینِ جنگ"، شہر کا دستور ہو گیا

ہر شے ہوئی ذخیرۂ لشکر میں منتقل

شاہیں گدائے دانۂ عصفور ہو گیا

لیکن فقیہِ شہر نے جس دم سنی یہ بات

گرما کے مثلِ صاعقۂ طور ہو گیا

ذمّی کا مال لشکرِ مسلم پہ ہے حرام

فتوٰی تمام شہر میں مشہور ہو گیا

چھوٹی نہ تھی یہود و نصارٰی کا مال فوج

مسلم، خدا کے حکم سے مجبور ہو گیا

غلام قادر رہیلہ

رہیلہ کس قدر ظالم، جفا جُو، کینہ پرور تھا

نکالیں شاہِ تیموری کی آنکھیں نوکِ خنجر سے

دیا اہلِ حرم کو رقص کا فرماں ستم گر نے

یہ اندازِ ستم کچھ کم نہ تھا آثارِ محشر سے

بھلا تعمیل اس فرمانِ غیرت کش کی ممکن تھی!

شہنشاہئ حرم کی نازنینانِ سمن برسے

بنایا آہ! سامانِ طرب بیدرد نے ان کو
نہاں تھا حسن جن کا چشمِ مہر و ماہ و اختر سے

لرزتے تھے دلِ نازک، قدم مجبورِ جنبش تھے
رواں دریائے خوں، شہزادیوں کے دیدۂ تَر سے

یونہی کچھ دیر تک محوِ نظر آنکھیں رہیں اس کی
کیا گھبرا کے پھر آزاد سر کو بارِ مغفر سے

کمر سے، اٹھ کے تیغِ جاں ستاں، آتش فشاں کھولی
سبق آموز تابانی ہوں انجم جس کے جوہر سے

رکھا خنجر کو آگے اور پھر کچھ سوچ کر لیٹا
تقاضا کر رہی تھی نیند گویا چشمِ احمر سے

بجھائے خواب کے پانی نے اخگر اس کی آنکھوں کے
نظر شرما گئی ظالم کی دردانگیز منظر سے

پھر اٹھا اور تیموری حرم سے یوں لگا کہنے
شکایت چاہیے تم کو نہ کچھ اپنے مقدر سے

مرا مسند پہ سو جانا بناوٹ تھی، تکلف تھا
کہ غفلت دُور سے شانِ صف آرایانِ لشکر سے

یہ مقصد تھا مرا اس سے، کوئی تیمور کی بیٹی
مجھے غافل سمجھ کر مار ڈالے میرے خنجر سے

مگر یہ راز آخر کھل گیا سارے زمانے پر
حمیّت نام ہے جس کا، گئی تیمور کے گھر سے

ایک مکالمہ

اک مرغِ سرا نے یہ کہا مرغِ ہَوا سے

پردار اگر تُو ہے تو کیا میَں نہیں پردار!

گر تُو ہے ہَوا گِیر تو ہُوں میَں بھی ہَوا گِیر

آزاد اگر تُو ہے، نہیں میَں بھی گرفتار

پرواز، خصوصیّتِ ہر صاحبِ پر ہے

کیوں رہتے ہیں مرغانِ ہَوا مائلِ پندار؟

مجروح حمیّت جو ہوئی مرغِ ہَوا کی

یوں کہنے لگا سن کے یہ گفتارِ دل آزار

کچھ شک نہیں پرواز میں آزاد ہے تُو بھی

حد ہے تری پرواز کی لیکن سرِ دیوار

واقف نہیں تُو ہمتِ مرغانِ ہَوا سے

تُو خاک نشیمَن، اِنہیں گردُوں سے سروکار

"تو مرغ سرائی، خورش از خاک بجوئی

ما در صددِ دانہ بہ انجم زدہ مِنقار"

میَں اور تُو

مذاقِ دِید سے ناآشنا نظر ہے مری

تری نگاہ ہے فطرت کی راز داں، پھر کیا

رہینِ شکوۂ ایّام ہے زبان مری

تری مراد پہ ہے دورِ آسماں، پھر کیا

رکھا مجھے چمن آوارہ مثلِ موجِ نسیم

عطا فلک نے کیا تجھ کو آشیاں، پھر کیا

فزوں ہے سود سے سرمایۂ حیات ترا

مرے نصیب میں ہے کاوِشِ زیاں، پھر کیا

ہَوا میں تیرتے پھرتے ہیں تیرے طیارے
مرا جہاز ہے محرومِ بادباں، پھر کیا

قوی شدیم چہ شد، ناتواں شدیم چہ شد؟
چنیں شدیم چہ شد یا چناں شدیم چہ شد؟
بہیچ گونہ دریں گلستاں قرارے نیست
توگر بہار شدی، ما خزاں شدیم، چہ شد؟

تضمین بر شعرِ ابو طالب کلیم

خوب ہے تجھ کو شعارِ صاحبِ یثربؓ کا پاس
کہہ رہی ہے زندگی تیری کہ تُو مسلم نہیں

جس سے تیرے حلقۂ خاتم میں گردوں تھا اسیر
اے سلیماں! تیری غفلت نے گنوایا وہ نگیں

وہ نشانِ سجدہ جو روشن تھا کوکب کی طرح
ہو گئی ہے اس سے اب ناآشنا تیری جبیں

دیکھ تو اپنا عمل، تجھ کو نظر آتی ہے کیا
وہ صداقت جس کی بے باکی تھی حیرت آفریں

تیرے آبا کی نگہ بجلی تھی جس کے واسطے
ہے وہی باطل ترے کاشانۂ دل میں مکیں

غافل! اپنے آشیاں کو آ کے پھر آباد کر
نغمہ زن ہے طورِ معنی پر کلیم نکتہ بیں

"سرکشی باہر کہ کردی رام او باید شدن
شعلہ ساں از ہر کجا برخاستی، آنجا نشیں"

شبلی و حالی

مسلم سے ایک روز یہ اقبالؔ نے کہا

دیوانِ جزو و کل میں ہے تیرا وجود فرد

تیرے سرودِ رفتہ کے نغمے علومِ نو

تہذیب تیرے قافلہ ہائے کہن کی گرد

پتھر ہے اس کے واسطے موجِ نسیم بھی

نازک بہت ہے آئنۂ آبروئے مرد

مردانِ کار، ڈھونڈ کے اسبابِ حادثات

کرتے ہیں چارۂ ستم چرخِ لاجورد

پوچھ ان سے جو چمن کے ہیں دیرینہ راز دار

کیونکر ہوئی خزاں ترے گلشن سے ہم نبرد

مسلم مرے کلام سے بے تاب ہو گیا

غمّاز ہو گئی غمِ پنہاں کی آہِ سرد

کہنے لگا کہ دیکھ تو کیفیتِ خزاں

اوراق ہو گئے شجرِ زندگی کے زرد

خاموش ہو گئے چمنستاں کے رازدار

سرمایۂ گداز تھی جن کی نوائے درد

شبلیؔ کو رو رہے تھے ابھی اہلِ گلستاں

حالیؔ بھی ہو گیا سوئے فردوس رہ نورد

"اکنوں کرا دماغ کہ پرسد ز باغباں

بلبل چہ گفت و گل چہ شنید و صبا چہ کرد"

ارتقا

ستیزہ کار رہا ہے ازل سے تا امروز

چراغِ مصطفویؐ سے شرارِ بولہبی

حیات شعلہ مزاج و غیور و شور انگیز

سرشت اس کی ہے مشکل کشی، جفا طلبی
سکوتِ شام سے تا نغمۂ سحر گاہی

ہزار مرحلہ ہائے فغانِ نیم شبی

کشا کشِ زم و گرما، تپ و تراش و خراش
ز خاکِ تیرہ دروں تا بہ شیشۂ حلبی

مقامِ بست و شکست و فشار و سوز و کشید
میانِ قطرۂ نیسان و آتشِ عنبی

اسی کشاکشِ پیہم سے زندہ ہیں اقوام
یہی ہے رازِ تب و تابِ ملّتِ عربی

"مغاں کہ دانۂ انگور آب می سازند
ستارہ می شکنند، آفتاب می سازند"

صدیقؓ

اک دن رسول پاکؐ نے اصحابؓ سے کہا
دیں مال راہِ حق میں جو ہوں تم میں مالدار

ارشاد سن کے فرطِ طرب سے عمرؓ اٹھے
اس روز ان کے پاس تھے درہم کئی ہزار

دل میں یہ کہہ رہے تھے کہ صدیقؓ سے ضرور
بڑھ کر رکھے گا آج قدم میرا راہوار

لائے غرضکہ مال رسولِ امیںؐ کے پاس
ایثار کی ہے دست نگر ابتدائے کار

پوچھا حضورِ سرورِ عالمؐ نے، اے عمرؓ!
اے کہ وہ جوشِ حق سے ترے دل کو ہے قرار

رکھا ہے کچھ عیال کی خاطر بھی تُو نے کیا؟
مسلم ہے اپنے خویش و اقارب کا حق گزار

کی عرض نصف مال ہے فرزند و زن کا حق
باقی جو ہے وہ ملّتِ بیضا پہ ہے نثار

اتنے میں وہ رفیقِ نبوّت بھی آ گیا
جس سے بنائے عشق و محبّت ہے استوار

لے آیا اپنے ساتھ وہ مردِ وفا سرشت
ہر چیز، جس سے چشمِ جہاں میں ہو اعتبار

مُلک یمین و درہم و دینار و رخت و جنس
اسپِ قمر سم و شتر و قاطر و حمار

بولے حضورؐ، چاہیے فکرِ عیال بھی
کہنے لگا وہ عشق و محبّت کا رازدار

اے تجھ سے دیدۂ مہ و انجم فروغ گیر!
اے تیری ذات باعثِ تکوینِ روزگار!

پروانے کو چراغ ہے، بلبل کو پھول بس
صدیقؓ کے لیے ہے خدا کا رسول بس

تہذیبِ حاضر

(تضمین بر شعر فیضی)

حرارت ہے بلا کی بادۂ تہذیبِ حاضر میں
بھڑک اٹھّا بھبوکا بن کے مسلم کا تنِ خاکی

کیا ذرّے کو جگنو دے کے تابِ مستعار اس نے
کوئی دیکھے تو شوخی آفتابِ جلوہ فرما کی

نئے انداز پائے نوجوانوں کی طبیعت نے
یہ رعنائی، یہ بیداری، یہ آزادی، یہ بے باکی

تغیر آگیا ایسا تدبّر میں، تخیل میں
ہنسی سمجھی گئی گلشن میں غنچوں کی جگر چاکی

کیا گم تازہ پروازوں نے اپنا آشیاں لیکن
مناظر دلکشا دکھلا گئی ساحر کی چالاکی

حیاتِ تازہ اپنے ساتھ لائی لذتیں کیا کیا
رقابت، خود فروشی، ناشکیبائی، ہوسناکی

فروغِ شمعِ نو سے بزمِ مسلم جگمگا اٹھی
مگر کہتی ہے پروانوں سے میری کہنہ ادراکی

"تو اے پروانہ! ایں گرمی ز شمع محفلے داری
چو من در آتشِ خود سوز اگر سوزِ دلے داری"

والدہ مرحومہ کی یاد میں

ذرّہ ذرّہ دہر کا زندانی تقدیر ہے
پردۂ مجبوری و بے چارگی تدبیر ہے
آسماں مجبور ہے، شمس و قمر مجبور ہیں
انجم سیماب پا رفتار پر مجبور ہیں
ہے شکست انجام غنچے کا سبُو گلزار میں
سبزہ و گل بھی ہیں مجبورِ نمو گلزار میں
نغمۂ بلبل ہو یا آوازِ خاموش ضمیر
ہے اسی زنجیرِ عالم گیر میں ہر شے اسیر

آنکھ پر ہوتا ہے جب یہ سرِّ مجبوری عیاں
خشک ہو جاتا ہے دل میں اشک کا سیلِ رواں
قلبِ انسانی میں رقصِ عیش و غم رہتا نہیں

نغمہ رہ جاتا ہے، لطفِ زیر و بم رہتا نہیں
علم و حکمت رہزنِ سامانِ اشک و آہ ہے
یعنی اک الماس کا ٹکڑا دلِ آگاہ ہے
گرچہ میرے باغ میں شبنم کی شادابی نہیں
آنکھ میری مایہ دارِ اشکِ عنّابی نہیں
جانتا ہوں آہ، میں آلامِ انسانی کا راز
ہے نوائے شکوہ سے خالی مری فطرت کا ساز
میرے لب پر قصّۂ نیرنگیِ دوراں نہیں
دل مرا حیراں نہیں، خنداں نہیں، گریاں نہیں
پر تری تصویر قاصد گریۂ پیہم کی ہے
آہ! یہ تردید میری حکمتِ محکم کی ہے

گریۂ سرشار سے بنیادِ جاں پائندہ ہے
درد کے عرفاں سے عقلِ سنگدل شرمندہ ہے
موجِ دودِ آہ سے آئینہ ہے روشن مرا
گنجِ آب آورد سے معمور ہے دامن مرا
حیرتی ہوں میَں تری تصویر کے اعجاز کا
رخ بدل ڈالا ہے جس نے وقت کی پرواز کا
رفتہ و حاضر کو گویا پا بپا اس نے کیا
عہدِ طفلی سے مجھے پھر آشنا اس نے کیا
جب ترے دامن میں پلتی تھی وہ جانِ ناتواں
بات سے اچھی طرح محرم نہ تھی جس کی زباں
اور اب چرچے ہیں جس کی شوخیِ گفتار کے
بے بہا موتی ہیں جس کی چشمِ گوہر بار کے

علم کی سنجیدہ گفتاری، بڑھاپے کا شعور
دنیوی اعزاز کی شوکت، جوانی کا غرور
زندگی کی اوج گاہوں سے اتر آتے ہیں ہم
صحبتِ مادر میں طفلِ سادہ رہ جاتے ہیں ہم

بے تکلف خندہ زن ہیں، فکر سے آزاد ہیں
پھر اسی کھوئے ہوئے فردوس میں آباد ہیں

کس کو اب ہو گا وطن میں آہ! میرا انتظار
کون میرا خط نہ آنے سے رہے گا بے قرار
خاکِ مرقد پر تری لے کر یہ فریاد آؤں گا
اب دعائے نیم شب میں کس کو مَیں یاد آؤں گا!
تربیت سے تیری مَیں انجم کا ہم قسمت ہوا
گھر مرے اجداد کا سرمایۂ عزت ہوا
دفترِ ہستی میں تھی زرّیں وَرَق تیری حیات
تھی سراپا دین و دنیا کا سبق تیری حیات
عمر بھر تیری محبّت میری خدمت گر رہی
مَیں تری خدمت کے قابل جب ہُوا تُو چل بسی

وہ جواں، قامت میں ہے جو صورتِ سروِ بلند
تیری خدمت سے ہوا جو مجھ سے بڑھ کر بہرہ مند
کاروبارِ زندگانی میں وہ ہم پہلو مرا
وہ محبّت میں تری تصویر، وہ بازو مرا
تجھ کو مثلِ طفلک بے دست و پا روتا ہے وہ
صبر سے ناآشنا صبح و مسا روتا ہے وہ
تخم جس کا تُو ہماری کشتِ جاں میں بو گئی
شرکتِ غم سے وہ الفت اور محکم ہو گئی
آہ! یہ دنیا، یہ ماتم خانۂ برنا و پیر
آدمی ہے کس طلسم دوش و فردا میں اسیر!

کتنی مشکل زندگی ہے، کس قدر آساں ہے موت
گلشنِ ہستی میں ماندِ نسیم ارزاں ہے موت
زلزلے ہیں، بجلیاں ہیں، قحط ہیں، آلام ہیں
کیسی کیسی دخترانِ مادرِ ایّام ہیں!
کلبۂ افلاس میں، دولت کے کاشانے میں موت

دشت و در میں، شہر میں، گلشن میں، ویرانے میں موت
موت ہے ہنگامہ آرا قلزمِ خاموش میں
ڈوب جاتے ہیں سفینے موج کی آغوش میں
نَے مجالِ شکوہ ہے، نَے طاقتِ گفتار ہے
زندگانی کیا ہے، اک طوقِ گلو افشار ہے!

قافلے میں غیرِ فریادِ درا کچھ بھی نہیں
اک متاعِ دیدۂ تَر کے سوا کچھ بھی نہیں
ختم ہو جائے گا لیکن امتحاں کا دَور بھی
ہیں پسِ نہ پردۂ گردُوں ابھی دَور اور بھی
سینہ چاک اس گلستاں میں لالہ و گل ہیں تو کیا
نالہ و فریاد پر مجبور بلبل ہیں تو کیا
جھاڑیاں، جن کے قفس میں قید ہے آہِ خزاں
سبز کر دے گی انہیں بادِ بہارِ جاوداں
خفتہ خاکِ پے سپر میں ہے شرار اپنا تو کیا
عارضی محمل ہے یہ مشتِ غبار اپنا تو کیا
زندگی کی آگ کا انجام خاکستر نہیں
ٹوٹنا جس کا مقدر ہو یہ وہ گوہر نہیں
زندگی محبوب ایسی دیدۂ قدرت میں ہے
ذوقِ حفظِ زندگی ہر چیز کی فطرت میں ہے

موت کے ہاتھوں سے مٹ سکتا اگر نقشِ حیات
عام یوں اس کو نہ کر دیتا نظامِ کائنات
ہے اگر ارزاں تو یہ سمجھو اجل کچھ بھی نہیں
جس طرح سونے سے جینے میں خلل کچھ بھی نہیں
آہ غافل! موت کا راز نہاں کچھ اور ہے
نقش کی ناپائداری سے عیاں کچھ اور ہے

جنّتِ نظّارہ ہے نقشِ ہوا بالائے آب
موجِ مضطر توڑ کر تعمیر کرتی ہے حباب

موج کے دامن میں پھر اس کو چھپا دیتی ہے یہ
کتنی بیدردی سے نقش اپنا مٹا دیتی ہے یہ
پھر نہ کر سکتی حباب اپنا اگر پیدا ہوا
توڑنے میں اس کے یوں ہوتی نہ بے پروا ہوا
اس روش کا کیا اثر ہے ہیئتِ تعمیر پر
یہ تو حجّت ہے ہَوا کی قوتِ تعمیر پر
فطرتِ ہستی شہیدِ آرزو رہتی نہ ہو
خوب تر پیکر کی اس کو جستجو رہتی نہ ہو
آہ سیمابِ پریشاں، انجمِ گردُوں فروز
شوخ یہ چنگاریاں، ممنونِ شب ہے جن کا سوز
عقل جس سے سر بہ زانو ہے وہ مدت ان کی ہے
سرگزشتِ نوعِ انساں ایک ساعت ان کی ہے

پھر یہ انساں، آں سوئے افلاک ہے جس کی نظر
قدسیوں سے بھی مقاصد میں ہے جو پاکیزہ تر
جو مثالِ شمعِ روشن، محفلِ قدرت میں ہے
آسماں اک نقطہ جس کی وسعتِ فطرت میں ہے
جس کی نادانی صداقت کے لیے بے تاب ہے
جس کا ناخن سازِ ہستی کے لیے مضراب ہے
شعلہ یہ کمتر ہے گردُوں کے شراروں سے بھی کیا
کم بہا ہے آفتاب اپنا ستاروں سے بھی کیا

تخمِ گل کی آنکھ زیرِ خاک بھی بے خواب ہے
کس قدر نشوونما کے واسطے بے تاب ہے
زندگی کا شعلہ اس دانے میں جو مستور ہے
خود نمائی، خود فزائی کے لیے مجبور ہے
سردیِ مرقد سے بھی افسردہ ہو سکتا نہیں
خاک میں دب کر بھی اپنا سوز کھو سکتا نہیں
پھول بن کر اپنی تربت سے نکل آتا ہے یہ

موت سے گویا قبائے زندگی پاتا ہے یہ
ہے لحد اس قوتِ آشفتہ کی شیرازہ بند

ڈالتی ہے گردنِ گردوں میں جو اپنی کمند
موت، تجدیدِ مذاقِ زندگی کا نام ہے

خوابِ کے پردے میں بیداری کا اک پیغام ہے
خوگرِ پرواز کو پرواز میں ڈر کچھ نہیں

موت اس گلشن میں جز سنجیدنِ پَر کچھ نہیں

کہتے ہیں اہلِ جہاں دردِ اجل ہے لا دوا
زخمِ فرقت وقت کے مرہم سے پاتا ہے شفا

دل مگر، غم مرنے والوں کا جہاں آباد ہے
حلقۂ زنجیرِ صبح و شام سے آزاد ہے

وقت کے افسوں سے تھمتا نالۂ ماتم نہیں
وقت زخمِ تیغِ فرقت کا کوئی مرہم نہیں

سر پہ آ جاتی ہے جب کوئی مصیبت ناگہاں
اشک پیہم دیدۂ انساں سے ہوتے ہیں رواں

ربط ہو جاتا ہے دل کو نالہ و فریاد سے
خونِ دل بہتا ہے آنکھوں کی سرشک آباد سے

آدمی تابِ شکیبائی سے گو محروم ہے
اس کی فطرت میں یہ اک احساسِ نامعلوم ہے

ق

جوہرِ انساں عدم سے آشنا ہوتا نہیں
آنکھ سے غائب تو ہوتا ہے، فنا ہوتا نہیں

رختِ ہستیِ خاک، غم کی شعلہ افشانی سے ہے
سرد یہ آگ اس لطیف احساس کے پانی سے ہے

آہ، یہ ضبطِ فغاں غفلت کی خاموشی نہیں
آگہی ہے یہ دل آسائی، فراموشی نہیں

پردۂ مشرق سے جس دم جلوہ گر ہوتی ہے صبح

داغِ شب کا دامنِ آفاق سے دھوتی ہے صبح
لالۂ افسردہ کو آتش قبا کرتی ہے یہ
بے زباں طائر کو سرمستِ نوا کرتی ہے یہ
سینۂ بلبل کے زنداں سے سرودِ آزاد ہے
سینکڑوں نغموں سے بادِ صبح دم آباد ہے
خفتگانِ لالہ زار و کوہسار و رود باد
ہوتے ہیں آخر عروسِ زندگی سے ہمکنار
یہ اگر آئینِ ہستی ہے کہ ہو ہر شام صبح
مرقدِ انساں کی شب کا کیوں نہ ہو انجام صبح

دامِ سیمیںِ تخیل ہے مرا آفاق گیر
کر لیا ہے جس سے تیری یاد کو مَیں نے اسیر
یاد سے تیری دلِ دردِ آشنا معمور ہے
جیسے کعبے میں دعاؤں سے فضا معمور ہے
وہ فرائض کا تسلسل نام ہے جس کا حیات
جلوہ گاہیں اس کی ہیں لاکھوں جہانِ بے ثبات
مختلف ہر منزلِ ہستی کی رسم و راہ ہے
آخرت بھی زندگی کی ایک جولاں گاہ ہے
ہے وہاں بے حاصلی کشتِ اجل کے واسطے
ساز گار آب و ہَوا تخمِ عمل کے واسطے
نورِ فطرت، ظلمتِ پیکر کا زندانی نہیں
تنگ ایسا حلقۂ افکارِ انسانی نہیں
زندگانی تھی تری مہتاب سے تابندہ تر
خوب تر تھا صبح کے تارے سے بھی تیرا سفر
مثلِ ایوانِ سحر مرقد فروزاں ہو ترا
نور سے معمور یہ خاکی شبستاں ہو ترا
آسماں تیری لحد پر شبنم افشانی کرے
سبزۂ نورستہ اس گھر کی نگہبانی کرے

شعاعِ آفتاب

صبح جب میری نگہ سودائیِ نظّارہ تھی
آسماں پر اک شعاعِ آفتاب آوارہ تھی

مَیں نے پوچھا اس کرن سے ۔۔ اے سراپا اضطراب!
تیری جانِ ناشکیبا میں ہے کیسا اضطراب

تُو کوئی چھوٹی سی بجلی ہے کہ جس کو آسماں
کر رہا ہے خرمنِ اقوام کی خاطر جواں

یہ تڑپ ہے یا ازل سے تیری خو ہے، کیا ہے یہ
رقص ہے، آوارگی ہے، جستجو ہے، کیا ہے یہ؟

خفتہ ہنگامے ہیں میری ہستی خاموش میں
پرورش پائی ہے مَیں نے صبح کی آغوش میں

مضطرب ہر دم مری تقدیر رکھتی ہے مجھے
جستجو میں لذّتِ تنویر رکھتی ہے مجھے

برقِ آتش خو نہیں، فطرت میں گو ناری ہُوں مَیں
مہرِ عالم تاب کا پیغامِ بیداری ہُوں مَیں

سرمہ بن کر چشمِ انساں میں سما جاؤں گی مَیں
رات نے جو کچھ چھپا رکھا تھا، دکھلاؤں گی مَیں

تیرے مستوں میں کوئی جویائے ہشیاری بھی ہے
سونے والوں میں کسی کو ذوقِ بیداری بھی ہے؟

عرفی

محل ایسا کیا تعمیر عرفی کے تخیل نے
تصدّق جس پہ حیرتِ خانۂ سینا و فارابی

فضائے عشق پر تحریر کی اس نے نوا ایسی
میسر جس سے ہیں آنکھوں کو اب تک اشکِ عنّابی

مرے دل نے یہ اک دن اس کی تربت سے شکایت کی

نہیں ہنگامہَ عالم میں اب سامانِ بے تابی

مزاجِ اہلِ عالم میں تغیر آ گیا ایسا

کہ رخصت ہو گئی دنیا سے کیفیت وہ سیمابی

فغانِ نیم شب شاعر کی بارِ گوش ہوتی ہے

نہ ہو جب چشمِ محفل آشنائے لطفِ بے خوابی

کسی کا شعلہَ فریاد ہو ظلمت ربا کیونکر

گراں ہے شب پرستوں پر سحر کی آسماں تابی

صدا تربت سے آئی "شکوہَ اہلِ جہاں کم گو

نوا را تلخ تر می زن چو ذوقِ نغمہ کم یابی

حدیٰ را تیز تر می خواں چو محمل را گراں بینی"

ایک خط کے جواب میں

ہوس بھی ہو تو نہیں مجھ میں ہمتِ تگ و تاز

حصولِ جاہ ہے وابستہَ مذاقِ تلاش

ہزار شکر، طبیعت ہے ریزہ کار مری

ہزار شکر، نہیں ہے دماغ فتنہ تراش

مرے سخن سے دلوں کی ہیں کھیتیاں سرسبز

جہاں میں ہُوں مَیں مثالِ سحاب دریا پاش

یہ عقدہ ہائے سیاست تجھے مبارک ہوں

کہ فیضِ عشق سے ناخن مرا ہے سینہ خراش

ہوائے بزمِ سلاطیں دلیلِ مردہ دلی

کیا ہے حافظِ رنگیں نوا نے راز یہ فاش

"گرت ہواست کہ با خضر ہم نشیں باشی

نہاں ز چشمِ سکندر چو آبِ حیواں باش"

نانک

قوم نے پیغامِ گوتم کی ذرا پروا نہ کی
قدر پہچانی نہ اپنے گوہرِ یک دانہ کی

آہ! بدقسمت رہے آوازِ حق سے بے خبر
غافل اپنے پھل کی شیرینی سے ہوتا ہے شجر

آشکار اس نے کیا جو زندگی کا راز تھا
ہند کو لیکن خیالی فلسفے پر ناز تھا

شمعِ حق سے جو منوّر ہو یہ وہ محفل نہ تھی
بارشِ رحمت ہوئی لیکن زمیں قابل نہ تھی

آہ! شودر کے لیے ہندوستاں غم خانہ ہے
دردِ انسانی سے اس بستی کا دل بیگانہ ہے

برہمن سرشار ہے اب تک مئے پندار میں
شمعِ گوتم جل رہی ہے محفلِ اغیار میں

بت کدہ پھر بعد مدت کے مگر روشن ہوا
نورِ ابراہیم سے آذر کا گھر روشن ہوا

پھر اٹھی آخر صدا توحید کی پنجاب سے
ہند کو اک مردِ کامل نے جگایا خواب سے

کفر و اسلام

(تضمین بر شعر میر رضیؔ دانش)

ایک دن اقبالؔ نے پوچھا کلیم طور سے
اے کہ تیرے نقشِ پا سے وادیِ سینا چمن

آتشِ نمرود ہے اب تک جہاں میں شعلہ ریز
ہو گیا آنکھوں سے پنہاں کیوں ترا سوزِ کہن

تھا جوابِ صاحبِ سینا کہ مسلم ہے اگر
چھوڑ کر غائب کو تُو حاضر کا شیدائی نہ بن

ذوقِ حاضر ہے تو پھر لازم ہے ایمانِ خلیلؑ
ورنہ خاکستر ہے تیری زندگی کا پیرہن

ہے اگر دیوانۂ غائب تو کچھ پروا نہ کر
منتظر رہ وادیِ فاراں میں ہو کر خیمہ زن

عارضی ہے شانِ حاضر، سطوتِ غائب مدام
اس صداقت کو محبّت سے ہے ربطِ جان و تن

شعلۂ نمرود ہے روشن زمانے میں تو کیا
"شمع خود رامی گدا زد درمیانِ انجمن
نورِ ما چوں آتشِ سنگ از نظر پنہاں خوش است"

بلالؓ

لکھا ہے ایک مغربی حق شناس نے
اہلِ قلم میں جس کا بہت احترام تھا
جولاں گہِ سکندرِ رومی تھا ایشیا
گردُوں سے بھی بلند تر اس کا مقام تھا
تاریخ کہہ رہی ہے کہ رومیؑ کے سامنے
دعویٰ کیا جو پورسؔ و داراؔ نے، خام تھا
دنیا کے اس شہنشہِ انجم سپاہ کو
حیرت سے دیکھتا فلکِ نیل فام تھا
آج ایشیا میں اس کو کوئی جانتا نہیں
تاریخ دان بھی اسے پہچانتا نہیں

لیکن بلالؒ، وہ حبَشی زادۂ حقیر
فطرت تھی جس کی نورِ نبوّت سے مستنیر

جس کا امیں ازل سے ہوا سینۂ بلالؒ
محکوم اس صدا کے ہیں شاہنشہ و فقیر

ہوتا ہے جس سے اسود و احمر میں اختلاط
کرتی ہے جو غریب کو ہم پہلوئے امیر

ہے تازہ آج تک وہ نوائے جگر گداز
صدیوں سے سن رہا ہے جسے گوشِ چرخِ پیر

اقبال! کس کے عشق کا یہ فیضِ عام ہے
رومیؔ فنا ہوا، حبَشی کو دوام ہے

مسلمان اور تعلیمِ جدید

(تضمین بر شعر ملک قمی)

مرشد کی یہ تعلیم تھی اے مسلمِ شوریدہ سر
لازم ہے رہرو کے لیے دنیا میں سامانِ سفر

بدلی زمانے کی ہَوا، ایسا تغیر آ گیا
تھے جو گراں قیمت کبھی، اب ہیں متاعِ کس مخر

وہ شعلۂ روشن ترا ظلمت گریزاں جس سے تھی
گھٹ کر ہوا مثلِ شررِ تارے سے بھی کم نور تر

شیدائی غائب نہ رہ، دیوانۂ موجود ہو
غالب ہے اب اقوام پر معبودِ حاضر کا اثر

ممکن نہیں اس باغ میں کوشش ہو بار آور تری
فرسودہ ہے بھِندا ترا، زیرک ہے مرغِ تیز پر

اس دَور میں تعلیم ہے امراضِ ملّت کی دوا
ہے خونِ فاسد کے لیے تعلیم مثلِ نیشتر

رہبر کے ایما سے ہوا تعلیم کا سودا مجھے
واجب ہے صحرا گرد پر تعمیلِ فرمانِ خضر

لیکن نگاہِ نکتہ بیں دیکھے زبوں بختی مری

"رفتم کہ خار از پا کشم، محمل نہاں شد از نظر

یک لحظہ غافل گشتم و صد سالہ را ہم دور شد"

پھولوں کی شہزادی

کلی سے کہہ رہی تھی ایک دن شبنم گلستاں میں

رہی میں ایک مدت غنچہ ہائے باغِ رضواں میں

تمھارے گلستاں کی کیفیت سرشار ہے ایسی

نگہ فردوس در دامن ہے میری چشم حیراں میں

سنا ہے ہے کوئی شہزادی ہے حاکم اس گلستاں کی

کہ جس کے نقشِ پا سے پھول ہوں پیدا بیاباں میں

کبھی ساتھ اپنے اس کے آستاں تک مجھ کو تُو لے چل

چھپا کر اپنے دامن میں برنگِ موجِ بو لے چل

کلی بولی، سریر آرا ہماری ہے وہ شہزادی

درخشاں جس کی ٹھوکر سے ہوں پتھر بھی نگیں بن کر

مگر فطرت تری افتندہ اور بیگم کی شان اونچی

نہیں ممکن کہ تُو پہنچے ہماری ہم نشیں بن کر

پہنچ سکتی ہے تُو لیکن ہماری شاہزادی تک

کسی دکھ درد کے مارے کا اشکِ آتشیں بن کر

نظر اس کی پیام عید ہے اہلِ محرّم کو

بنا دیتی ہے گوہر، غم زدوں کے اشکِ پیہم کو

تضمین بر شعرِ صائب

کہاں اقبال تُو نے آ بنایا آشیاں اپنا

نوا اس باغ میں بلبل کو ہے سامانِ رسوائی

شرارے وادیِ ایمن کے تُو بوتا تو ہے لیکن
نہیں ممکن کہ پھوٹے اس زمیں سے تخمِ سینائی

کلی زورِ نفَس سے بھی وہاں گل ہو نہیں سکتی
جہاں ہر شے ہو محرومِ تقاضائے خود افزائی

قیامت ہے کہ فطرت سو گئی اہلِ گلستاں کی
نہ ہے بیدار دلِ پیری، نہ ہمّت خواہ برنائی

دلِ آگاہ جب خوابیدہ ہو جاتے ہیں سینوں میں
نوا گر کے لیے زہراب ہوتی ہے شکر خائی

نہیں ضبطِ نوا ممکن تو اُڑ جا اس گلستاں سے
کہ اس محفل سے خوش تر ہے کسی صحرا کی تنہائی

"ہماں بہتر کہ لیلیٰ در بیاباں جلوہ گر باشد
ندارد تنگنائے شہر تابِ حسنِ صحرائی"

فردوس میں ایک مکالمہ

(سعدی)

ہاتف نے کہا مجھ سے کہ فردوس میں اک روز
حالیؔ سے مخاطب ہوئے یوں سعدیِ شیراز

اے آنکہ ز نورِ گہرِ نظمِ فلک تاب
دامن بہ چراغِ مہ و اخترؔ زدۂ باز!

کچھ کیفیتِ مسلمِ ہندی تو بیاں کر
واماندۂ منزل ہے کہ مصروفِ تگ و تاز

مذہب کی حرارت بھی ہے کچھ اس کی رگوں میں؟
تھی جس کی فلک سوز کبھی گرمیِ آواز

باتوں سے ہوا شیخ کی حالیؔ متاثّر
رو رو کے لگا کہنے کہ "اے صاحبِ اعجاز

جب پیرِ فلک نے وَرَقِ ایّام کا اُلٹا
آئی یہ صدا، پاؤ گے تعلیم سے اعزاز

آیا ہے مگر اس سے عقیدوں میں تزلزل
دنیا تو ملی، طائرِ دیں کر گیا پرواز

دیں ہو تو مقاصد میں بھی پیدا ہو بلندی
فطرت ہے جوانوں کی زمیں گیر، زمیں تاز

مذہب سے ہم آہنگی افراد ہے باقی
دیں زخمہ ہے، جمعیّتِ ملّت ہے اگر ساز

بنیاد لرز جائے جو دیوارِ چمن کی
ظاہر ہے کہ انجامِ گلستاں کا ہے آغاز

پانی نہ ملا زمزمِ ملّت سے جو اس کو
پیدا ہیں نئی پود میں الحاد کے انداز

یہ ذکرِ حضورِ شہِ یثرب میں نہ کرنا
سمجھیں نہ کہیں ہند کے مسلم مجھے غمّاز

خرما نتواں یافت ازاں خار کہ کشتیم
دیبا نتواں بافت ازاں پشم کہ رشتیم"

مذہب

تضمین بر شعر میرزا بیدل

تعلیم پیرِ فلسفۂ مغربی ہے یہ
ناداں ہیں جن کو ہستیِ غائب کی ہے تلاش

پیکر اگر نظر سے نہ ہو آشنا تو کیا
ہے شیخ بھی مثالِ برہمن صنم تراش

محسوس پر بنا ہے علومِ جدید کی
اس دَور میں ہے شیشہ عقائد کا پاش پاش

مذہب ہے جس کا نام، وہ ہے اک جنونِ خام
ہے جس سے آدمی کے تخیل کو انتعاش

کہتا ہے مگر فلسفۂ زندگی کچھ اور

مجھ پر کیا یہ مرشدِ کامل نے راز فاش

"با ہر کمال اندکے آشفتگی خوش است

ہر چند عقلِ کل شدۂ بے جنوں مباش"

جنگِ یرموک کا ایک واقعہ

صف بستہ تھے عرب کے جوانانِ تیغ بند

تھی منتظر حنا کی عروسِ زمینِ شام

اک نوجواں صورتِ سیمابِ مضطرب

آ کر ہوا امیرِ عساکر سے ہم کلام

اے بو عبیدہ رخصتِ پیکار دے مجھے

لبریز ہو گیا مرے صبر و سکوں کا جام

بے تاب ہو رہا ہُوں فراقِ رسولؐ میں

اک دم کی زندگی بھی محبّت میں ہے حرام

جاتا ہُوں مَیں حضورِ رسالتؐ پناہ میں

لے جاؤں گا خوشی سے اگر ہو کوئی پیام

یہ ذوق و شوق دیکھ کے پرنم ہوئی وہ آنکھ

جس کی نگاہ تھی صفتِ تیغِ بے نیام

بولا امیرِ فوج کہ وہ نوجواں ہے تُو

پیروں پہ تیرے عشق کا واجب ہے احترام

پوری کرے خدائے محمدؐ تری مراد

کتنا بلند تیری محبّت کا ہے مقام!

پہنچے جو بارگاہِ رسولِ امیںؐ میں تو

کرنا یہ عرض میری طرف سے پس از سلام

ہم پر کرم کیا ہے خدائے غیورؐ نے

پورے ہوئے جو وعدے کیے تھے حضورؐ نے

پیوستہ رہ شجر سے، امیدِ بہار رکھ!

ڈالی گئی جو فصلِ خزاں میں شجر سے ٹوٹ
ممکن نہیں ہری ہو سحابِ بہار سے

ہے لازوال عہدِ خزاں اس کے واسطے
کچھ واسطہ نہیں ہے اسے برگ و بار سے

ہے تیرے گلستاں میں بھی فصلِ خزاں کا دَور
خالی ہے جیبِ گل زرِ کاملِ عیار سے

جو نغمہ زن تھے خلوتِ اوراق میں طیور
رخصت ہوئے ترے شجرِ سایہ دار سے

شاخِ بریدہ سے سبق اندوز ہو کہ تُو
ناآشنا ہے قاعدۂ روزگار سے

ملّت کے ساتھ رابطۂ استوار رکھ
پیوستہ رہ شجر سے، امیدِ بہار رکھ!

شبِ معراج

اخترِ شام کی آتی ہے فلک سے آواز
سجدہ کرتی ہے سحر جس کو وہ ہے آج کی رات
رہِ یک گام ہے ہمّت کے لیے عرشِ بریں
کہہ رہی ہے یہ مسلمان سے معراج کی رات

پھول

تجھے کیوں فکر ہے اے گلِ دلِ صد چاکِ بلبل کی
تُو اپنے پیرہن کے چاک تو پہلے رفو کر لے

تمنّا آبرو کی ہو اگر گلزارِ ہستی میں
تو کانٹوں میں الجھ کر زندگی کرنے کی خو کر لے

صنوبر باغ میں آزاد بھی ہے، پا بہ گِل بھی ہے
اِنھی پابندیوں میں حاصل آزادی کو تُو کر لے

تنک بخشی کو استغنا سے پیغامِ خجالت دے
نہ رہ منّت کشِ شبنم نگوں جام و سبو کر لے

نہیں یہ شانِ خود داری، چمن سے توڑ کر تجھ کو
کوئی دستار میں رکھ لے، کوئی زیبِ گلو کر لے

چمن میں غنچہؑ گُل سے یہ کہہ کر اڑ گئی شبنم
مذاقِ جورِ گلچیں ہو تو، پیدا رنگ و بو کر لے

اگر منظور ہو تجھ کو خزاں ناآشنا رہنا
جہانِ رنگ و بو سے، پہلے قطعِ آرزو کر لے

اسی میں دیکھ، مضمر ہے کمالِ زندگی تیرا
جو تجھ کو زینتِ دامن کوئی آئینہ رو کر لے

شیکسپیئر

شفقِ صبح کو دریا کا خرام آئینہ
نغمہؑ شام کو خاموشیِ شام آئینہ

برگِ گُل آئینہؑ عارضِ زیبائے بہار
شاہدِ مے کے لیے حجلہؑ جام آئینہ

حسن آئینہؑ حق اور دل آئینہؑ حسن
دلِ انساں کو ترا حسنِ کلام آئینہ

ہے ترے فکرِ فلک رس سے کمالِ ہستی

کیا تری فطرتِ روشن تھی آلِ ہستی

تجھ کو جب دیدۂ دیدار طلب نے ڈھونڈا
تابِ خورشید میں خورشید کو پنہاں دیکھا

چشمِ عالم سے تو ہستی رہی مستور تری
اورَ عالم کو تری آنکھ نے عریاں دیکھا

حفظِ اَسرار کا فطرت کو ہے سودا ایسا
رازداں پھر نہ کرے گی کوئی پیدا ایسا

اسیری

ہے اسیری اعتبار افزا جو ہو فطرت بلند
قطرۂ نیساں ہے زندانِ صدف سے ارجمند

مشکِ اذفر چیز کیا ہے، اک لہو کی بوند ہے
مشک بن جاتی ہے ہو کر نافۂ آہُو میں بند

ہر کسی کی تربیت کرتی نہیں قدرت، مگر
کم ہیں وہ طائر کہ ہیں دام و قفس سے بہرہ مند

"شہپرِ زاغ و زغن در بندِ قید و صید نیست
ایں سعادت قسمتِ شہباز و شاہیں کردہ اند"

دریوزۂ خلافت

اگر مُلک ہاتھوں سے جاتا ہے، جائے
تُو احکامِ حق سے نہ کر بے وفائی

نہیں تجھ کو تاریخ سے آگہی کیا
خلافت کی کرنے لگا تُو گدائی

خریدیں نہ جس کو ہم اپنے لہو سے
مسلماں کو ہے ننگ وہ پادشائی

"مرا از شکستن چناں عار ناید
کہ از دیگراں خواستن مومیائی"

ہمایوں

(مسٹر جسٹس شاہ دین مرحوم)

اے ہمایوں! زندگی تیری سراپا سوز تھی
تیری چنگاری چراغِ انجمن افروز تھی

گرچہ تھا تیرا تنِ خاکی نزار و درد مند
تھی ستارے کی طرح روشن تری طبعِ بلند

کس قدر بے باک دل اس ناتواں پیکر میں تھا
شعلۂ گردُوں نورد اک مشتِ خاکستر میں تھا

موت کی لیکن دلِ دانا کو کچھ پروا نہیں
شب کی خاموشی میں جز ہنگامۂ فردا نہیں

موت کو سمجھے ہیں غافل اختتامِ زندگی
ہے یہ شامِ زندگی، صبحِ دوامِ زندگی

خضرِ راہ

شاعر

ساحلِ دریا پہ میں اک رات تھا محوِ نظر
گوشۂ دل میں چھپائے اک جہانِ اضطراب
شب سکوت افزا، ہوا آسودہ، دریا نرم سیر

تھی نظر حیراں کہ یہ دریا ہے یا تصویرِ آب
جیسے گہوارے میں سو جاتا ہے طفلِ شیر خوار

موج مضطر تھی کہیں گہرائیوں میں مستِ خواب
رات کے افسوں سے طائر آشیانوں میں اسیر

اَنجم کم ضو گرفتارِ طلسمِ ماہتاب
دیکھتا کیا ہُوں کہ وہ پیکِ جہاں پیما خضر

جس کی پیری میں ہے مانندِ سحر، رنگِ شباب
کہہ رہا ہے مجھ سے، اے جویائے اَسرارِ ازل!

چشمِ دل وا ہو تو ہے تقدیرِ عالم بے حجاب
دل میں یہ سن کر بپا ہنگامۂ محشر ہوا

مَیں شہیدِ جستجو تھا، یوں سخن گستر ہوا
اے تری چشمِ جہاں بیں پر وہ طوفاں آشکار

جن کے ہنگامے ابھی دریا میں سوتے ہیں خموش
''کشتیِ مسکین''، و ''جانِ پاک'' و ''دیوارِ یتیم''

علمِ موسیٰ بھی ہے تیرے سامنے حیرت فروش
چھوڑ کر آبادیاں رہتا ہے تُو صحرا نورد

زندگی تیری ہے بے روز و شب و فردا و دوش
زندگی کا راز کیا ہے، سلطنت کیا چیز ہے

اور یہ سرمایہ و محنت میں ہے کیسا خروش
ہو رہا ہے ایشیا کا خرقۂ دیرینہ چاک

نوجواں اقوامِ نو دولت کے ہیں پیرایہ پوش
گرچہ اسکندر رہا محرومِ آبِ زندگی

فطرتِ اسکندری اب تک ہے گرمِ ناؤ نوش
بیچتا ہے ہاشمی ناموسِ دینِ مصطفیٰ

خاک و خوں میں مل رہا ہے ترکمانِ سخت کوش
آگ ہے، اولادِ ابراہیم ہے، نمرود ہے

کیا کسی کو پھر کسی کا امتحاں مقصود ہے!

جوابِ خضر

صحرا نوردی

کیوں تعجّب ہے مری صحرا نوردی پر تجھے
یہ تگاپوئے دمادم زندگی کی ہے دلیل

اے رہینِ خانہ تُو نے وہ سماں دیکھا نہیں
گونجتی ہے جب فضائے دشت میں بانگِ رحیل

ریت کے ٹیلے پہ وہ آہُو کا بے پروا خرام
وہ حضر بے برگ و ساماں، وہ سفر بے سنگ و میل

وہ نمودِ اخترِ سیماب پا ہنگامِ صبح
یا نمایاں بام گردُوں سے جبینِ جبرئیل

وہ سکوتِ شامِ صحرا میں غروبِ آفتاب
جس سے روشن تر ہوئی چشمِ جہاں بینِ خلیلؑ

اور وہ پانی کے چشمے پر مقامِ کارواں
اہلِ ایماں جس طرح جنّت میں گردِ سلسبیل

تازہ ویرانے کی سودائے محبّت کو تلاش
اور آبادی میں تُو زنجیرِ کشت و نخیل

پختہ تر ہے گردشِ پیہم سے جامِ زندگی
ہے یہی اے بے خبر رازِ دوامِ زندگی

زندگی

برتر از اندیشہٗ سود و زیاں ہے زندگی
ہے کبھی جاں اور کبھی تسلیمِ جاں ہے زندگی

تُو اسے پیمانہٗ امروز و فردا سے نہ ناپ
جاوداں پیہم دواں، ہر دم جواں ہے زندگی

اپنی دنیا آپ پیدا کر اگر زندوں میں ہے
سرِّ آدم ہے، ضمیر کن فکاں ہے زندگی

زندگانی کی حقیقت کوہکن کے دل سے پوچھ

جوئے شیر و تیشہ و سنگِ گراں ہے زندگی
بندگی میں گھٹ کے رہ جاتی ہے اک جوئے کم آب
اور آزادی میں بحرِ بے کراں ہے زندگی
آشکارا ہے یہ اپنی قوتِ تسخیر سے
گرچہ اک مٹی کے پیکر میں نہاں ہے زندگی
قلزمِ ہستی سے تُو ابھرا ہے مانندِ حباب
اس زیاں خانے میں تیرا امتحاں ہے زندگی
خام ہے جب تک تو ہے مٹی کا اک انبار تُو
پختہ ہو جائے تو ہے شمشیرِ بے زنہار تُو
ہو صداقت کے لیے جس دل میں مرنے کی تڑپ
پہلے اپنے پیکرِ خاکی میں جاں پیدا کرے
پھونک ڈالے یہ زمین و آسمانِ مستعار
اور خاکستر سے آپ اپنا جہاں پیدا کرے
زندگی کی قوتِ پنہاں کو کر دے آشکار
تا یہ چنگاری فروغِ جاوداں پیدا کرے
خاکِ مشرق پر چمک جائے مثالِ آفتاب
تا بدخشاں پھر وہی لعلِ گراں پیدا کرے
سوئے گردُوں نالۂ شب گیر کا بھیجے سفیر
رات کے تاروں میں اپنے راز داں پیدا کرے
یہ گھڑی محشر کی ہے، تُو عرصۂ محشر میں ہے
پیش کر غافل، عملِ کوئی اگر دفتر میں ہے

سلطنت

آ بتاؤں تجھ کو رمزِ آیۂ "اِنَّ الْمَلُوک"
سلطنت اقوامِ غالب کی ہے اک جادوگری
خواب سے بیدار ہوتا ہے ذرا محکوم اگر
پھر سُلا دیتی ہے اس کو حکمراں کی ساحری
جادوئے محمود کی تاثیر سے چشمِ ایاز

دیکھتی ہے حلقۂ گردن میں سازِ دلبری
خونِ اسرائیل آ جاتا ہے آخر جوش میں
توڑ دیتا ہے کوئی موسیٰ طلسمِ سامری
سروری زیبا فقط اس ذاتِ بے ہمتا کو ہے
حکمراں ہے اک وہی، باقی بتانِ آزری
از غلامی فطرتِ آزاد را رسوا مکن
تا تراشی خواجہ ے از برہمن کافر تری
ہے وہی سازِ کہن مغرب کا جمہوری نظام
جس کے پردوں میں نہیں غیر از نوائے قیصری
دیوِ استبداد جمہوری قبا میں پائے کوب
تُو سمجھتا ہے یہ آزادی کی ہے نیلم پری

مجلسِ آئین و اصلاح و رعایات و حقوق
طبِ مغرب میں مزے میٹھے، اثر خواب آوری
گرمیِ گفتار اعضائے مجالس، الاماں!
یہ بھی اک سرمایہ داروں کی ہے جنگِ زرگری
اس سرابِ رنگ و بو کو گلستاں سمجھا ہے تُو
آہ اے ناداں! قفس کو آشیاں سمجھا ہے تُو

سرمایہ و محنت

بندۂ مزدور کو جا کر مرا پیغام دے
خضر کا پیغام کیا، ہے یہ پیامِ کائنات
اے کہ تجھ کو کھا گیا سرمایہ دارِ حیلہ گر
شاخِ آہو پر رہی صدیوں تلک تیری برات
دستِ دولت آفریں کو مزدیوں ملتی رہی
اہلِ ثروت جیسے دیتے ہیں غریبوں کو زکات
ساحرِ الموط نے تجھ کو دیا برگِ حشیش
اور تُو اے بے خبر سمجھا اسے شاخِ نبات
نسل، قومیت، کلیسا، سلطنت، تہذیب، رنگ

خواجگی نے خوب چُن چُن کے بنائے مُسکِرات
کٹ مرا ناداں خیالی دیوتاؤں کے لیے
شکر کی لذّت میں تُو لٹوا گیا نقدِ حیات
مکر کی چالوں سے بازی لے گیا سرمایہ دار
انتہائے سادگی سے کھا گیا مزدور مات
اُٹھ کہ اب بزمِ جہاں کا اور ہی انداز ہے
مشرق و مغرب میں تیرے دَور کا آغاز ہے
ہمتِ عالی تو دریا بھی نہیں کرتی قبول
غنچہ ساں غافل ترے دامن میں شبنم کب تلک
نغمۂ بیداریِ جمہور ہے سامانِ عیش
قصۂ خوابِ آورِ اسکندر و جم کب تلک
آفتابِ تازہ پیدا بطنِ گیتی سے ہوا
آسماں! ڈوبے ہوئے تاروں کا ماتم کب تلک
توڑ ڈالیں فطرتِ انساں نے زنجیریں تمام
دوریِ جنّت سے روتی چشمِ آدم کب تلک
باغبانِ چارہ فرما سے یہ کہتی ہے بہار
زخمِ گل کے واسطے تدبیرِ مرہم کب تلک
کرمکِ ناداں! طوافِ شمع سے آزاد ہو
اپنی فطرت کے تجلّی زار میں آباد ہو

<u>دنیائے اسلام</u>

کیا سناتا ہے مجھے ترک و عرب کی داستاں
مجھ سے کچھ پنہاں نہیں اسلامیوں کا سوز و ساز
لے گئے تثلیث کے فرزند میراثِ خلیل
خشتِ بنیادِ کلیسا بن گئی خاکِ حجاز
ہو گئی رسوا زمانے میں کلاہِ لالہ رنگ
جو سراپا ناز تھے، ہیں آج مجبورِ نیاز
لے رہا ہے مے فروشانِ فرنگستاں سے پارس

وہ مئے سرکش، حرارت جس کی ہے مینا گداز
حکمتِ مغرب سے ملّت کی یہ کیفیت ہوئی

ٹکڑے ٹکڑے جس طرح سونے کو کر دیتا ہے گاز
ہو گیا ماندِ آب، ارزاں مسلماں کا لہو

مضطرب ہے تُو کہ تیرا دل نہیں دانائے راز
گفت رومی "ہر بنائے کہنہ کابآداں کنند"

می ندانی "اوّل آں بنیاد را ویراں کنند"

"مُلک ہاتھوں سے گیا ملّت کی آنکھیں کھل گئیں،،
حق تُرا چشمے عطا کردست غافل در نگر

مومیائی کی گدائی سے تو بہتر ہے شکست
مورِ بے پر! حاجتے پیشِ سلیمانے مبر

ربط و ضبطِ ملّتِ بیضا ہے مشرق کی نجات
ایشیا والے ہیں اس نکتے سے اب تک بے خبر

پھر سیاست چھوڑ کر داخلِ حصارِ دیں میں ہو
مُلک و دولت ہے فقط حفظِ حرم کا اک ثمر

ایک ہوں مسلم حرم کی پاسبانی کے لیے
نیل کے ساحل سے لے کر تا بخاکِ کاشغر

جو کرے گا امتیازِ رنگ و خوں، مٹ جائے گا
ترک خر گاہی ہو یا اعرابی والا گہر

نسل اگر مسلم کی مذہب پر مقدم ہو گئی
اڑ گیا دنیا سے تُو مانندِ خاکِ رہ گزر

تا خلافت کی بنا دنیا میں ہو پھر استوار
لا کہیں سے ڈھونڈ کر اسلاف کا قلب و جگر

اے کہ نشناسی خفی را از جلی ہشیار باش
اے گرفتارِ ابوبکرؓ و علیؓ ہشیار باش

عشق کو فریاد لازم تھی سو وہ بھی ہو چکی
اب ذرا دل تھام کر فریاد کی تاثیر دیکھ

تُو نے دیکھا سطوتِ رفتارِ دریا کا عروج

موجِ مضطر کس طرح بنتی ہے اب زنجیر دیکھ

عام حُرّیّت کا جو دیکھا تھا خواب اسلام نے

اے مسلماں آج تُو اس خواب کی تعبیر دیکھ

اپنی خاکستر سمندر کو ہے سامانِ وجود

مر کے پھر ہوتا ہے پیدا یہ جہانِ پیر، دیکھ

کھول کر آنکھیں مرے آئینۂ گفتار میں

آنے والے دَور کی دھندلی سی اک تصویر دیکھ

آزمودہ فتنہ ہے اک اور بھی گردُوں کے پاس

سامنے تقدیر کے رسوائی تدبیر دیکھ

مسلم استی سینہ را از آرزو آباد دار

ہر زماں پیشِ نظر ، "لایُخلِفُ المِیعاد" دار

طلوعِ اسلام

دلیلِ صبح روشن ہے ستاروں کی تنک تابی

افق سے آفتاب ابھرا، گیا دورِ گراں خوابی

عروقِ مردۂ مشرق میں خونِ زندگی دوڑا

سمجھ سکتے نہیں اس راز کو سینا و فارابی

مسلماں کو مسلماں کر دیا طوفانِ مغرب نے

تلاطم ہائے دریا ہی سے ہے گوہر کی سیرابی

عطا مومن کو پھر درگاہِ حق سے ہونے والا ہے

شکوہِ ترکمانی، ذہنِ ہندی، نطقِ اعرابی

اثر کچھ خواب کا غنچوں میں باقی ہے تو اے بلبل!

"نوا را تلخ تر می زن چو ذوقِ نغمہ کم یابی"

تڑپ صحنِ چمن میں، آشیاں میں، شاخساروں میں

جدا پارے سے ہو سکتی نہیں تقدیر سیمابی

وہ چشمِ پاک بیں کیوں زینتِ برگستواں دیکھے

نظر آتی ہے جس کو مردِ غازی کی جگر تابی
ضمیرِ لالہ میں روشن چراغِ آرزو کر دے
چمن کے ذرّے ذرّے کو شہیدِ جستجو کر دے

سرشکِ چشمِ مسلم میں ہے نیساں کا اثر پیدا
خلیل اللہ کے دریا میں ہوں گے پھر گہر پیدا
کتابِ ملّتِ بیضا کی پھر شیرازہ بندی ہے
یہ شاخِ ہاشمی کرنے کو ہے پھر برگ و بر پیدا
ربود آں ترکِ شیرازی دلِ تبریز و کابل را
صبا کرتی ہے بوئے گل سے اپنا ہم سفر پیدا
اگر عثمانیوں پر کوہِ غم ٹوٹا تو کیا غم ہے
کہ خونِ صد ہزار انجم سے ہوتی ہے سحر پیدا
جہاں بانی سے ہے دشوار تر کارِ جہاں بینی
جگر خوں ہو تو چشمِ دل میں ہوتی ہے نظر پیدا
ہزاروں سال نرگس اپنی بے نوری پہ روتی ہے
بڑی مشکل سے ہوتا ہے چمن میں دیدہ ور پیدا
نوا پیرا ہو اے بلبل کہ ہو تیرے ترنم سے
کبوتر کے تنِ نازک میں شاہیں کا جگر پیدا
ترے سینے میں ہے پوشیدہ رازِ زندگی کہہ دے
مسلماں سے حدیثِ سوز و سازِ زندگی کہہ دے

خدائے لم یزل کا دستِ قدرت تُو، زباں تُو ہے
یقیں پیدا کر اے غافل کہ مغلوبِ گماں تُو ہے
پرے ہے چرخِ نیلی فام سے منزل مسلماں کی
ستارے جس کی گردِ راہ ہوں، وہ کارواں تُو ہے
مکاں فانی، مکیں آنی، ازل تیرا، ابد تیرا
خدا کا آخری پیغام ہے تُو، جاوداں تُو ہے
حنا بندِ عروسِ لالہ ہے خونِ جگر تیرا
تری نسبت براہیمی ہے، معمارِ جہاں تُو ہے

تری فطرت امیں ہے ممکناتِ زندگانی کی
جہاں کے جوہرِ مضمر کا گویا امتحاں تُو ہے

جہانِ آب و گل سے عالمِ جاوید کی خاطر
نبوّت ساتھ جس کو لے گئی وہ ارمغاں تُو ہے

یہ نکتہ سرگزشتِ ملّتِ بیضا سے ہے پیدا
کہ اقوامِ زمینِ ایشیا کا پاسباں تُو ہے

سبق پھر پڑھ صداقت کا، عدالت کا، شجاعت کا
لیا جائے گا تجھ سے کام دنیا کی امامت کا

یہی مقصودِ فطرت ہے، یہی رمزِ مسلمانی
اخوّت کی جہاں گیری، محبّت کی فراوانی

بتانِ رنگ و خوں کو توڑ کر ملّت میں گم ہو جا
نہ تورانی رہے باقی، نہ ایرانی، نہ افغانی

میانِ شاخساراں صحبتِ مرغِ چمن کب تک!
ترے بازو میں ہے پروازِ شاہینِ کہستانی

گمان آباد ہستی میں یقیں مردِ مسلماں کا
بیاباں کی شبِ تاریک میں قندیلِ رہبانی

مٹایا قیصر و کسریٰ کے استبداد کو جس نے
وہ کیا تھا؟ زورِ حیدرؓ، فقرِ بو ذرؓ، صدقِ سلمانیؓ

ہوئے احرارِ ملّت جادہ پیما کس تجمّل سے
تماشائی شگافِ در سے ہیں صدیوں کے زندانی

ثباتِ زندگی ایمانِ محکم سے ہے دنیا میں
کہ المانی سے بھی پایندہ تر نکلا ہے تورانی

جب اس انگارۂ خاکی میں ہوتا ہے یقیں پیدا
تو کر لیتا ہے یہ بال و پرِ روح الامیں پیدا

غلامی میں نہ کام آتی ہیں شمشیریں نہ تدبیریں
جو ہو ذوقِ یقیں پیدا تو کٹ جاتی ہیں زنجیریں

کوئی اندازہ کر سکتا ہے اس کے زورِ بازو کا

نگاہِ مردِ مومن سے بدل جاتی ہیں تقدیریں
ولایت، پادشاہی، علمِ اشیا کی جہاں گیری

یہ سب کیا ہیں، فقط اک نکتۂ ایماں کی تفسیریں
براہیمی نظر پیدا مگر مشکل سے ہوتی ہے

ہوس چھپ چھپ کے سینوں میں بنا لیتی ہے تصویریں
تمیزِ بندہ و آقا فسادِ آدمیت ہے

حذر اے چیرہ دستاں! سخت ہیں فطرت کی تعزیریں
حقیقت ایک ہے ہر شے کی، خاکی ہو کہ نوری ہو

لہو خورشید کا ٹپکے اگر ذرّے کا دل چیریں
یقیں محکم، عملِ پیہم، محبّت فاتحِ عالم

جہادِ زندگانی میں ہیں یہ مردوں کی شمشیریں
چہ باید مرد را طبعِ بلندے، مشربِ نابے

دلِ گرمے، نگاہِ پاک بینے، جانِ بے تابے

عقابی شان سے جھپٹے تھے جو، بے بال و پر نکلے
ستارے شامِ کے خونِ شفق میں ڈوب کر نکلے

ہوئے مدفون دریا زیرِ دریا تیرنے والے
طمانچے موج کے کھاتے تھے، جو، بن کر گہر نکلے

غبارِ رہ گزر ہیں، کیمیا پر ناز تھا جن کو
جبینیں خاک پر رکھتے تھے جو، اکسیر گر نکلے

ہمارا نرم رَو قاصد پیامِ زندگی لایا
خبر دیتی تھیں جن کو بجلیاں وہ بے خبر نکلے

حرم رسوا ہوا پیرِ حرم کی کم نگاہی سے
جوانانِ تتاری کس قدر صاحب نظر نکلے

زمیں سے نوریانِ آسماں پرواز کہتے تھے
یہ خاکی زندہ تر، پایندہ تر، تابندہ تر نکلے

جہاں میں اہلِ ایماں صورتِ خورشید جیتے ہیں
اِدھر ڈوبے اُدھر نکلے، اُدھر ڈوبے اِدھر نکلے

یقیں افراد کا سرمایۂ تعمیرِ ملّت ہے

یہی قوت ہے جو صورت گرِ تقدیرِ ملّت ہے

تُو رازِ کن فکاں ہے، اپنی آنکھوں پر عیاں ہو جا
خودی کا راز داں ہو جا، خدا کا ترجماں ہو جا

ہوس نے کر دیا ہے ٹکڑے ٹکڑے نوعِ انساں کو
اخوّت کا بیاں ہو جا، محبّت کی زباں ہو جا

یہ ہندی، وہ خراسانی، یہ افغانی، وہ تورانی
تو اے شرمندۂ ساحل! اچھل کر بے کراں ہو جا

غبار آلودۂ رنگ و نسب ہیں بال و پر تیرے
تو اے مرغِ حرم! اڑنے سے پہلے پر فشاں ہو جا

خودی میں ڈوب جا غافل! یہ سرِّ زندگانی ہے
نکل کر حلقۂ شام و سحر سے جاوداں ہو جا

مصافِ زندگی میں سیرتِ فولاد پیدا کر
شبستانِ محبّت میں حریر و پرنیاں ہو جا

گزر جا بن کے سیلِ تند رَو کوہ و بیاباں سے
گلستاں راہ میں آئے تو جوئے نغمہ خواں ہو جا

ترے علم و محبّت کی نہیں ہے انتہا کوئی
نہیں ہے تجھ سے بڑھ کر سازِ فطرت میں نوا کوئی

ابھی تک آدمی صیدِ زبونِ شہرِ یاری ہے
قیامت ہے کہ انساں نوعِ انساں کا شکاری ہے

نظر کو خیرہ کرتی ہے چمک تہذیبِ حاضر کی
یہ صناعی مگر جھوٹے نگوں کی ریزہ کاری ہے

وہ حکمت ناز تھا جس پر خرد مندانِ مغرب کو
ہوس کے پنجۂ خونیں میں تیغِ کار زاری ہے

تدبّر کی فسوں کاری سے محکم ہو نہیں سکتا
جہاں میں جس تمدّن کی بِنا سرمایہ داری ہے

عمل سے زندگی بنتی ہے جنّت بھی، جہنّم بھی
یہ خاکی اپنی فطرت میں نہ نوری ہے نہ ناری ہے

خروشِ آموز بلبل ہو، گرہ غنچے کی وا کر دے
کہ تُو اس گلستاں کے واسطے بادِ بہاری ہے

پھر اٹھی ایشیا کے دل سے چنگاری محبّت کی
زمیں جولاں گہِ اطلس قبایانِ تتاری ہے

بیا پیدا خریدار است جانِ ناتوانے را
"پس از مدت گذار افتاد بر ما کاروانے را"

بیا ساقی نوائے مرغ زار از شاخسار آمد
بہار آمد نگار آمد، نگار آمد قرار آمد

کشید ابرِ بہاری خیمہ اندر وادی و صحرا
صدائے آبشاراں از فرازِ کوہسار آمد

سرت گردم تو ہم قانون پیشیں سازدہ ساقی
کہ خیلِ نغمہ پردازاں قطار اندر قطار آمد

کنار از زاہداں برگیر و بے باکانہ ساغر کش
پس از مدت ازیں شاخِ کہن بانگِ ہزار آمد

بہ مشتاقاں حدیثِ خواجۂ بدر و حنین آور
تصرف ہائے پنہانش بچشمِ آشکار آمد

دگر شاخِ خلیلؑ از خون ما نم ناک می گردد
ببازارِ محبّت نقدِ ما کامل عیار آمد

سرِ خاکِ شہیدے برگہائے لالہ می پاشم
کہ خونش با نہالِ ملّتِ ما سازگار آمد

"بیا تا گل بیفشانیم و مے در ساغر اندازیم
فلک را سقف بشگافیم و طرحِ دیگر اندازیم"

★

اے بادِ صبا! کملی والے سے جا کہیو پیغام مرا
قبضے سے اُمّت بیچاری کے دیں بھی گیا، دنیا بھی گئی

یہ موجِ پریشاں خاطر کو پیغام لبِ ساحل نے دیا
ہے دُور وِصال بحر ابھی، تُو دریا میں گھبرا بھی گئی!

عزت ہے محبّت کی قائم اے قیس! حجابِ محمل سے
محمل جو گیا عزت بھی گئی، غیرت بھی گئی لیلیٰ بھی گئی

کی ترک تگ و دو قطرے نے تو آبروئے گوہر بھی ملی
آوارگی فطرت بھی گئی اور کشمکشِ دریا بھی گئی

نکلی تو لبِ اقبال سے ہے، کیا جانیے کس کی ہے یہ صدا
پیغامِ سکوں پہنچا بھی گئی، دل محفل کا تڑپا بھی گئی

★

یہ سرودِ قمری و بلبل فریبِ گوش ہے
باطن ہنگامہ آبادِ چمن خاموش ہے

تیرے پیمانوں کا ہے یہ اے مئے مغرب اثر
خندہ زن ساقی ہے، ساری انجمن بے ہوش ہے

دہر کے غم خانے میں تیرا پتا ملتا نہیں
جرم تھا کیا آفرینش بھی کہ تُو روپوش ہے

آہ! دنیا دل سمجھتی ہے جسے، وہ دل نہیں
پہلوئے انساں میں اک ہنگامۂ خاموش ہے

زندگی کی رہ میں چل، لیکن ذرا بچ بچ کے چل
یہ سمجھ لے لے کوئی لینا خانہ بارِ دوش ہے

جس کے دم سے دلّی و لاہور ہم پہلو ہوئے
آہ، اے اقبال وہ بلبل بھی اب خاموش ہے

★

نالہ ہے بلبلِ شوریدہ ترا خام ابھی
اپنے سینے میں اسے اور ذرا تھام ابھی

پختہ ہوتی ہے اگر مصلحت اندیش ہو عقل
عشق ہو مصلحت اندیش تو ہے خام ابھی

بے خطر کود پڑا آتشِ نمرود میں عشق
عقل ہے محوِ تماشائے لبِ بام ابھی

عشق فرمودۂ قاصد سے سبک گامِ عمل
عقل سمجھی ہی نہیں معنیِ پیغام ابھی

شیوۂ عشق ہے آزادی و دہر آشوبی
تو ہے زُنّاریِ بت خانۂ ایّام ابھی

عذر پرہیز پہ کہتا ہے بگڑ کر ساقی
ہے ترے دل میں وہی کاوشِ انجام ابھی

سعیِ پیہم ہے ترازوئے کم و کیف حیات
تیری میزاں ہے شمارِ سحر و شام ابھی

ابرِ نیساں! یہ تنک بخشیِ شبنم کب تک
مرے کہسار کے لالے ہیں تہی جام ابھی

بادہ گردانِ عجم وہ، عربی میری شراب
مرے ساغر سے جھجکتے ہیں مے آشام ابھی

خبر اقبال کی لائی ہے گلستاں سے نسیم
نو گرفتار پھڑکتا ہے تہ دام ابھی

★

پردہ چہرے سے اٹھا، انجمن آرائی کر
چشمِ مہر و مہ و انجم کو تماشائی کر

تُو جو بجلی ہے تو یہ چشمک پنہاں کب تک
بے حجابانہ مرے دل سے شناسائی کر

نفَسِ گرم کی تاثیر ہے اعجازِ حیات
تیرے سینے میں اگر ہے تو مسیحائی کر

کب تلک طور پہ دریوزہ گری مثلِ کلیم
اپنی ہستی سے عیاں شعلہٴ سینائی کر

ہو تری خاک کے ہر ذرّے سے تعمیرِ حرم
دل کو بیگانہٴ اندازِ کلیسائی کر

اس گلستاں میں نہیں حد سے گزرنا اچھا
ناز بھی کر تو بہ اندازہٴ رعنائی کر

پہلے خوددار تو ماندِ سکندر ہو لے
پھر جہاں میں ہوسِ شوکتِ دارائی کر

مل ہی جائے گی کبھی منزلِ لیلیٰ اقبال!
کوئی دن اور ابھی بادیہ پیمائی کر

★

پھر بادِ بہار آئی، اقبال غزل خواں ہو
غنچہ ہے اگر گل ہو، گل ہے تو گلستاں ہو

تُو خاک کی مٹھی ہے، اجزا کی حرارت سے
برہم ہو، پریشاں ہو، وسعت میں بیاباں ہو

تُو جنسِ محبّت ہے، قیمت ہے گراں تیری
کم مایہ ہیں سوداگر، اس دیس میں ارزاں ہو

کیوں ساز کے پردے میں مستور ہولے تیری
تُو نغمۂ رنگیں ہے، ہر گوش پہ عریاں ہو

اے رہروِ فرزانہ! رستے میں اگر تیرے
گلشن ہے تو شبنم ہو، صحرا ہے تو طوفاں ہو

ساماں کی محبّت میں مضمر ہے تن آسانی
مقصد ہے اگر منزل، غارت گرِ ساماں ہو

★

کبھی اے حقیقتِ منتظر نظر آ لباسِ مجاز میں
کہ ہزاروں سجدے تڑپ رہے ہیں مری جبینِ نیاز میں

طرب آشنائے خروش ہو، تُو نوا ہے محرمِ گوش ہو
وہ سرود کیا کہ چھپا ہوا ہو سکوتِ پردۂ ساز میں

تُو بچا بچا کے نہ رکھ اسے، ترا آئنہ ہے وہ آئنہ
کہ شکستہ ہو تو عزیز تر ہے نگاہِ آئنہ ساز میں

دمِ طوف کرمکِ شمع نے یہ کہا کہ وہ اثرِ کہن
نہ تری حکایتِ سوز میں، نہ مری حدیثِ گداز میں

نہ کہیں جہاں میں اماں ملی، اجو اماں ملی تو کہاں ملی
مرے جرمِ خانہ خراب کو ترے عفوِ بندہ نواز میں

نہ وہ عشق میں رہیں گرمیاں، نہ وہ حسن میں رہیں شوخیاں
نہ وہ غزنوی میں تڑپ رہی، نہ وہ خم ہے زلفِ ایاز میں

جو میں سر بسجدہ ہوا کبھی تو زمیں سے آنے لگی صدا
ترا دل تو ہے صنم آشنا، تجھے کیا ملے گا نماز میں

★

نہ دام بھی غزل آشنا رہے طائرانِ چمن تو کیا
جو فغاں دلوں میں تڑپ رہی تھی، نوائے زیرِ لبی رہی

ترا جلوہ کچھ بھی تسلّیِ دلِ ناصبور نہ کر سکا
وہی گریۂ سحری رہا، وہی آہِ نیم شبی رہی

نہ خدا رہا نہ صنم رہے، نہ رقیبِ دَیر و حرم رہے
نہ رہی کہیں اسدُ اللّٰہیٰ، نہ کہیں ابولہبی رہی

مرا ساز اگرچہ ستم رسیدۂ زخمہ ہائے عجم رہا
وہ شہیدِ ذوقِ وفا ہُوں مَیں کہ نوا مری عرَبی رہی

★

گرچہ تُو زندانی اسباب ہے
قلب کو لیکن ذرا آزاد رکھ

عقل کو تنقید سے فرصت نہیں
عشق پر اعمال کی بنیاد رکھ

اے مسلماں! ہر گھڑی پیشِ نظر
آیۂ "لا یُخْلِفُ المِیْعَاد" رکھ

یہ "لسان العصر" کا پیغام ہے
"إنَّ وعْدَاللّٰهِ حَقٌّ" یاد رکھ

ظریفانہ

★

مشرق میں اصولِ دیں بن جاتے ہیں

مغرب میں مگر مشین بن جاتے ہیں

رہتا نہیں ایک بھی ہمارے پلے

واں ایک کے تین تین بن جاتے ہیں

★

لڑکیاں پڑھ رہی ہیں انگریزی

ڈھونڈ لی قوم نے فلاح کی راہ

روشِ مغربی ہے مدِّ نظر

وضعِ مشرق کو جانتے ہیں گناہ

یہ ڈراما دکھائے گا کیا سین

پردہ اٹھنے کی منتظر ہے نگاہ

★

شیخ صاحب بھی تو پردے کے کوئی حامی نہیں

مفت میں کالج کے لڑکے ان سے بد ظن ہو گئے

وعظ میں فرما دیا کل آپ نے یہ صاف صاف

''پردہ آخر کس سے ہو جب مرد ہی زن ہو گئے''

★

یہ کوئی دن کی بات ہے اے مردِ ہوش مند!

غیرت نہ تجھ میں ہو گی، نہ زن اوٹ چاہے گی

آتا ہے اب وہ دَور کہ اولاد کے عوض

کونسل کی ممبری کے لیے ووٹ چاہے گی

★

تعلیمِ مغربی ہے بہت جرأت آفریں
پہلا سبق ہے، بیٹھ کے کالج میں مار ڈینگ

بُستے ہیں ہند میں جو خریدار ہی فقط
آغا بھی لے کے آتے ہیں اپنے وطن سے ہینگ

میرا یہ حال، بُوٹ کی ٹو چاٹتا ہُوں مَیں
ان کا یہ حکم، دیکھ! مرے فرش پر نہ رینگ

کہنے لگے کہ اونٹ ہے بھدا سا سا جانور
اچھی ہے گائے، رکھتی ہے کیا نوک دار سینگ

★

کچھ غم نہیں جو حضرتِ واعظ ہیں تنگ دست
تہذیبِ نو کے سامنے سر اپنا خم کریں

ردِّ جہاد میں تو بہت کچھ لکھا گیا
تردیدِ حج میں کوئی رسالہ رقم کریں

★

تہذیب کے مریض کو گولی سے فائدہ!
دفعِ مرض کے واسطے بِل پیش کیجیے

تھے وہ بھی دن کہ خدمتِ استاد کے عوض
دل چاہتا تھا ہدیۂ دل پیش کیجیے

بدلا زمانہ ایسا کہ لڑکا پس از سبق
کہتا ہے ماسٹر سے کہ ”بِل پیش کیجیے!“

★

انتہا بھی اس کی ہے؟ آخر خریدیں کب تلک
چھتریاں، رومال، مفلر، پیرہن جاپان سے

اپنی غفلت کی یہی حالت اگر قائم رہی
آئیں گے غسال کابل سے، کفن جاپان سے

★

ہم مشرق کے مسکینوں کا دل مغرب میں جا اٹکا ہے
واں کنٹر سب بلّوری ہیں یاں ایک پرانا مٹکا ہے

اس دَور میں سب مٹ جائیں گے، ہاں! باقی وہ رہ جائے گا
جو قائم اپنی راہ پہ ہے اور پکا اپنی ہٹ کا ہے
اے شیخ و برہمن، سنتے ہو! کیا اہلِ بصیرت کہتے ہیں
گردوں نے کتنی بلندی سے ان قوموں کو دے پٹکا ہے
یا باہم پیار کے جلسے تھے، دستورِ محبّت قائم تھا
یا بحث میں اردو ہندی ہے یا قربانی یا جھٹکا ہے

★

”اصلِ شہود و شاہد و مشہود ایک ہے“
غالبؔ کا قول سچ ہے تو پھر ذکرِ غیر کیا
کیوں اے جنابِ شیخ! سنا آپ نے بھی کچھ
کہتے تھے کعبے والوں سے کل اہلِ دَیر کیا
ہم پوچھتے ہیں مسلمِ عاشق مزاج سے
الفت بتوں سے ہے تو برہمن سے بیر کیا!

★

ہاتھوں سے اپنے دامنِ دنیا نکل گیا
رخصت ہوا دلوں سے خیالِ معاد بھی
قانونِ وقف کے لیے لڑتے تھے شیخ جی
پوچھو تو، وقف کے لیے ہے جائداد بھی!

★

وہ مِس بولی ارادہ خودکشی کا جب کیا مَیں نے
مہذب ہے تو اے عاشق! قدم باہر نہ دھر حد سے
نہ جرأت ہے، نہ خنجر ہے، تو قصدِ خودکشی کیسا
یہ مانا دردِ ناکامی گیا تیرا گزر حد سے
کہا مَیں نے کہ اے جانِ جہاں کچھ نقد دلوا دو
کرائے پر منگا لوں گا کوئی افغان سرحد سے

★

ناداں کتنے اس قدر کہ نہ جانی عرب کی قدر
حاصل ہوا یہی، نہ بچے مار پیٹ سے

مغرب میں ہے جہازِ بیاباں، شتر کا نام
ترکوں نے کام کچھ نہ لیا اس فلیٹ سے

★

ہندوستاں میں جزوِ حکومت ہیں کونسلیں
آغاز ہے ہمارے سیاسی کمال کا
ہم تو فقیر تھے ہی، ہمارا تو کام تھا
سیکھیں سلیقہ اب امرا بھی ''سوال'' کا

★

ممبری امپیریل کونسل کی کچھ مشکل نہیں
ووٹ تو مل جائیں گے، پیسے بھی دلوائیں گے کیا؟
میرزا غالب خدا بخشے، بجا فرما گئے
''ہم نے یہ مانا کہ دلّی میں رہیں، کھائیں گے کیا؟''

★

دلیلِ مہر و وفا اس سے بڑھ کے کیا ہو گی
نہ ہو حضور سے الفت تو یہ ستم نہ سہیں
مُصِر ہے حلقہ، کمیٹی میں کچھ کہیں ہم بھی
مگر رضائے کلکٹر کو بھانپ لیں تو کہیں
سند تو لیجے، لڑکوں کے کام آئے گی
وہ مہربان ہیں اب، پھر رہیں، رہیں نہ رہیں
زمین پر تو نہیں ہندیوں کو جا ملتی
مگر جہاں میں ہیں خالی سمندروں کی تہیں
مثالِ کشتیِ بے حس مطیعِ فرماں ہیں
کہو تو بستہٴ ساحل رہیں، کہو تو بہیں

★

فرما رہے تھے شیخ طریق عمل پہ وعظ
کفار ہند کے ہیں تجارت میں سخت کوش
مشرک ہیں وہ جو رکھتے ہیں مشرک سے لین دین

لیکن ہماری قوم ہے محرومِ عقل و ہوش

ناپاک چیز ہوتی ہے کافر کے ہاتھ کی

سن لے، اگر ہے گوشِ مسلماں کا حق نیوش

اک بادہ کش بھی وعظ کی محفل میں تھا شریک

جس کے لیے نصیحتِ واعظ تھی بار گوش

کہنے لگا ستم ہے کہ ایسے قیود کی

پابند ہو تجارتِ سامانِ خورد و نوش

مَیں نے کہا کہ آپ کو مشکل نہیں کوئی

ہندوستاں میں ہیں کلمہ گو ہے فروش

★

دیکھیے چلتی ہے مشرق کی تجارت کب تک

شیشۂ دیں کے عوض جام و سبُو لیتا ہے

ہے مداوائے جنون نشترِ تعلیمِ جدید

میرا سرجن رگِ ملّت سے لہو لیتا ہے

★

گائے اک روز ہوئی اونٹ سے یوں گرمِ سخن

نہیں اک حال پہ دنیا میں کسی شے کو قرار

مَیں تو بدنام ہوئی توڑ کے رسی اپنی

سنتی ہوں آپ نے بھی توڑ کے رکھ دی ہے مہار

ہند میں آپ تو از روئے سیاست ہیں اہم

ریل چلنے سے مگر دشتِ عرب میں بے کار

کل تلک آپ کو تھا گائے کی محفل سے حذر

تھی لٹکتے ہوئے ہونٹوں پہ صدائے زنہار

آج یہ کیا ہے کہ ہم پر ہے عنایت اتنی

نہ رہا آئنۂ دل میں وہ دیرینہ غبار

جب یہ تقریر سنی اونٹ نے، شرما کے کہا

ہے ترے چاہنے والوں میں ہمارا بھی شمار

رشکِ صد غمزۂ اشترِ ہے تری ایک کلیل

ہم تو ہیں ایسی کلیوں کے پرانے بیمار
ترے ہنگاموں کی تاثیر یہ پھیلی بَن میں
بے زبانوں میں بھی پیدا ہے مذاقِ گفتار
ایک ہی بَن میں ہے مدت سے بسیرا اپنا
گرچہ کچھ پاس نہیں، چارا بھی کھاتے ہیں ادھار
گوسفند و شتر و گاو پلنگ و خرِ لنگ
ایک ہی رنگ میں رنگیں ہوں تو ہے اپنا وقار
باغباں ہو سبق آموز جو یک رنگی کا
ہمزباں ہو کے رہیں کیوں نہ طیورِ گلزار
دے وہی جام ہمیں بھی کہ مناسب ہے یہی
تُو بھی سرشار ہو، تیرے رفقا بھی سرشار
"دلقِ حافظؔ بچہ اَرزد بہ مَیَش رنگیں کن
وانگہش مست و خراب از رہِ بازار بیار"

★

رات مچھر نے کہہ دیا مجھ سے
ماجرا اپنی نا تمامی کا
مجھ کو دیتے ہیں ایک بوند لہو
صلہ شب بھر کی تشنہ کامی کا
اور یہ بسوہ دار، بے زحمت
پی گیا سب لہو اسامی کا

★

یہ آیۂ نو، جیل سے نازل ہوئی مجھ پر
گیتا میں ہے قرآن تو قرآن میں گیتا
کیا خوب ہوئی آشتیِ شیخ و برہمن
اس جنگ میں آخر نہ یہ ہارا نہ وہ جیتا
مندر سے تو بیزار تھا پہلے ہی سے "بدری"
مسجد سے نکلتا نہیں، ضدی ہے "مسیتا"

★

جان جائے ہاتھ سے جائے نہ ست
ہے یہی اک بات ہر مذہب کا تت
چڈّے بٹّے ایک ہی تھیلی کے ہیں
ساہو کاری، بسوہ داری، سلطنت

★

محنت و سرمایہ دنیا میں صف آرا ہو گئے
دیکھے ہوتا ہے کس کس کی تمناؤں کا خون
حکمت و تدبیر سے یہ فتنۂ آشوب خیز
ٹل نہیں سکتا، "وَقَدْ کُنْتُمْ بِہ تَسْتَعْجِلُوْنَ"
"کھل گئے"، یاجوج اور ماجوج کے لشکر تمام
چشمِ مسلم دیکھ لے تفسیرِ حرفِ "ینسلون"

★

شام کی سرحد سے رخصت ہے وہ رندِ لم یزل
رکھ کے مے خانے کے سارے قاعدے بالائے طاق
یہ اگر سچ ہے تو ہے کس درجہ عبرت کا مقام
رنگ اک پل میں بدل جاتا ہے یہ نیلی رواق
حضرتِ کرزن کو اب فکرِ مداوا ہے ضرور
حکم برداری کے معدے میں ہے دردِ لایطاق
وفدِ ہندستاں سے کرتے ہیں سر آغا خاں طلب
کیا یہ چورن ہے پئے ہضم فلسطین و عراق؟

★

تکرار تھی مزارع و مالک میں ایک روز
دونوں یہ کہہ رہے تھے، مرا مال ہے زمیں
کہتا تھا وہ، کرے جو زراعت اسی کا کھیت
کہتا تھا یہ کہ عقل ٹھکانے تری نہیں
پوچھا زمیں سے مَیں نے کہ ہے کس کا مال تو
بولی مجھے تو ہے فقط اس بات کا یقیں

مالک ہے یا مزارعِ شوریدہ حال ہے
جو زیرِ آسماں ہے، وہ دھرتی کا مال ہے

★

اٹھا کر پھینک دو باہر گلی میں
نئی تہذیب کے انڈے ہیں گندے
الیکشن، ممبری، کونسل، صدارت
بنائے خوب آزادی نے پھندے
میاں نجّار بھی چھیلے گئے ساتھ
نہایت تیز ہیں یورپ کے رندے

★

کارخانے کا ہے مالک مردکِ ناکردہ کار
عیش کا پتلا ہے، محنت ہے اسے ناسازگار
حکمِ حق ہے 'لَیۡسَ لِلۡاِنۡسَانِ اِلَّا مَا سَعٰی'
کھائے کیوں مزدور کی محنت کا پھل سرمایہ دار

★

سنا ہے میں نے، کل یہ گفتگو تھی کارخانے میں
پرانے جھونپڑوں میں ہے ٹھکانا دست کاروں کا
مگر سرکار نے کیا خوب کونسل ہال بنوایا
کوئی اس شہر میں تکیہ نہ تھا سرمایہ داروں کا

★

مسجد تو بنا دی شب بھر میں ایماں کی حرارت والوں نے
من اپنا پرانا پاپی ہے، برسوں میں نمازی بن نہ سکا
کیا خوب امیرِ فیصل کو سَنّوسی نے پیغام دیا
تو نام و نسب کا حجازی ہے پر دل کا حجازی بن نہ سکا
تر آنکھیں تو ہو جاتی ہیں، پر کیا لذّت اس رونے میں
جب خونِ جگر کی آمیزش سے اشک پیازی بن نہ سکا
اقبال بڑا اپدیشک ہے من باتوں میں موہ لیتا ہے
گفتار کا یہ غازی تو بنا، کردار کا غازی بن نہ سکا

بالِ جبریل

حصہِ اوّل

★

میری نوائے شوق سے شور حریمِ ذات میں
غلغلہ ہائے الاماں بت کدۂ صفات میں

حُور و فرشتہ ہیں اسیر میرے تخیلات میں
میری نگاہ سے خلل تیری تجلیات میں

گرچہ ہے مری جستجو دَیر و حرم کی نقش بند
میری فغاں سے رست خیز کعبہ و سومنات میں

گاہ مری نگاہ تیز چیر گئی دلِ وجود
گاہ الجھ کے رہ گئی میرے تَوَہّمات میں

تُو نے یہ کیا غضب کیا، مجھ کو بھی فاش کر دیا
مَیں ہی تو اک راز تھا سینۂ کائنات میں!

★

اگر کج رو ہیں انجم، آسماں تیرا ہے یا میرا
مجھے فکرِ جہاں کیوں ہو، جہاں تیرا ہے یا میرا؟

اگر ہنگامہ ہائے شوق سے ہے لامکاں خالی
خطا کس کی ہے یا رب! لامکاں تیرا ہے یا میرا؟

اسے صبحِ ازل انکار کی جرأت ہوئی کیوں کر
مجھے معلوم کیا، وہ راز داں تیرا ہے یا میرا؟

محمدﷺ بھی ترا، جبریل بھی، قرآن بھی تیرا
مگر یہ حرفِ شیریں ترجماں تیرا ہے یا میرا؟

اسی کوکب کی تابانی سے ہے تیرا جہاں روشن
زوالِ آدمِ خاکی زیاں تیرا ہے یا میرا؟

★

گیسوئے تاب دار کو اور بھی تاب دار کر
ہوش و خرد شکار کر، قلب و نظر شکار کر

عشق بھی ہو حجاب میں، حسن بھی ہو حجاب میں
یا تو خود آشکار ہو یا مجھے آشکار کر

تُو ہے محیطِ بے کراں، مَیں ہُوں ذرا سی آب جو
یا مجھے ہمکنار کر یا مجھے بے کنار کر

مَیں ہُوں صدف تو تیرے ہاتھ میرے گہر کی آبرو
مَیں ہُوں خزف تو تُو مجھے گوہرِ شاہوار کر

نغمۂ نو بہار اگر میرے نصیب میں نہ ہو
اس دمِ نیم سوز کو طائرکِ بہار کر

باغِ بہشت سے مجھے حکم سفر دیا تھا کیوں
کارِ جہاں دراز ہے، اب مرا انتظار کر

روزِ حساب جب مرا پیش ہو دفترِ عمل
آپ بھی شرمسار ہو، مجھ کو بھی شرمسار کر

★

اثر کرے نہ کرے، سن تو لے مری فریاد
نہیں ہے داد کا طالب یہ بندۂ آزاد

یہ مُشتِ خاک، یہ صرصر، یہ وسعتِ افلاک
کرم ہے یا کہ ستم تیری لذّتِ ایجاد!

ٹھہر سکا نہ ہوائے چمن میں خیمۂ گل
یہی ہے فصلِ بہاری، یہی ہے بادِ مراد؟

قصور وار، غریب الدیار ہُوں لیکن
ترا خرابہ فرشتے نہ کر سکے آباد

مری جفا طلَبی کو دعائیں دیتا ہے
وہ دشتِ سادہ، وہ تیرا جہانِ بے بنیاد

خطر پسند طبیعت کو ساز گار نہیں
وہ گلستاں کہ جہاں گھات میں نہ ہو صیّاد

مقامِ شوق ترے قدسیوں کے بس کا نہیں
اُنھی کا کام ہے یہ جن کے حوصلے ہیں زیاد

قطعہ

کیا عشق ایک زندگیِ مستعار کا
کیا عشق پائدار سے ناپائدار کا

وہ عشق جس کی شمع بجھا دے اجل کی پھونک
اس میں مزا نہیں تپش و انتظار کا

میری بساط کیا ہے، تب و تابِ یک نفس
شعلے سے بے محل ہے الجھنا شرار کا

کر پہلے مجھ کو زندگیِ جاوداں عطا
پھر ذوق و شوق دیکھ دلِ بے قرار کا

کانٹا وہ دے کہ جس کی کھٹک لازوال ہو
یا رب، وہ درد جس کی کسک لازوال ہو!

★

پریشاں ہو کے میری خاک آخر دل نہ بن جائے
جو مشکل اب ہے یا رب پھر وہی مشکل نہ بن جائے

نہ کر دیں مجھ کو مجبورِ نوا فردوس میں حوریں
مرا سوزِ دروں پھر گرمیِ محفل نہ بن جائے

کبھی چھوڑی ہوئی منزل بھی یاد آتی ہے راہی کو
کھٹک سی ہے، جو سینے میں، غمِ منزل نہ بن جائے

بنایا عشق نے دریائے ناپیدا کراں مجھ کو
یہ میری خود نگہداری مرا ساحل نہ بن جائے

کہیں اس عالمِ بے رنگ و بو میں بھی طلب میری
وہی افسانۂ دنبالۂ محمل نہ بن جائے

عروجِ آدمِ خاکی سے انجم سہمے جاتے ہیں
کہ یہ ٹوٹا ہوا تارا مہِ کامل نہ بن جائے

★

دگرگوں ہے جہاں، تاروں کی گردش تیز ہے ساقی
دلِ ہر ذرّہ میں غوغائے رستا خیز ہے ساقی

متاعِ دین و دانش لٹ گئی اللہ والوں کی
یہ کس کافر ادا کا غمزۂ خوں ریز ہے ساقی

وہی دیرینہ بیماری، وہی نا محکمی دل کی
علاج اس کا وہی آبِ نشاط انگیز ہے ساقی

حرم کے دل میں سوزِ آرزو پیدا نہیں ہوتا
کہ پیدائی تری اب تک حجاب آمیز ہے ساقی

نہ اُٹھا پھر کوئی رومی عجم کے لالہ زاروں سے
وہی آب و گلِ ایراں، وہی تبریز ہے ساقی

فقیر راہ کو بخشے گئے اَسرارِ سلطانی
بہا میری نوا کی دولتِ پرویز ہے ساقی

نہیں ہے نا امید اقبال اپنی کشتِ ویراں سے
ذرا نم ہو تو یہ مٹی بہت زرخیز ہے ساقی

★

لا پھر اک بار وہی بادہ و جام اے ساقی
ہاتھ آ جائے مجھے میرا مقام اے ساقی!

تین سو سال سے ہیں ہند کے مے خانے بند
اب مناسب ہے ترا فیض ہو عام اے ساقی

مری مینائے غزل میں تھی ذرا سی باقی
شیخ کہتا ہے کہ ہے یہ بھی حرام اے ساقی

شیر مردوں سے ہوا بیشۂ تحقیق تہی
رہ گئے صوفی و مُلّا کے غلام اے ساقی

عشق کی تیغِ جگردار اڑا لی کس نے
علم کے ہاتھ میں خالی ہے نیام اے ساقی

سینہ روشن ہو تو ہے سوزِ سخن عینِ حیات
ہو نہ روشن، تو سخن مرگِ دوام اے ساقی

تُو مری رات کو مہتاب سے محروم نہ رکھ
ترے پیمانے میں ہے ماہِ تمام اے ساقی!

★

مٹا دیا مرے ساقی نے عالمِ من و تُو
پلا کے مجھ کو مئے "لَا اِلٰہَ اِلّا ھُو"

نہ مے،نہ شعر، نہ ساقی، نہ شورِ چنگ و رباب
سکوتِ کوہ و لبِ جوئے و لالۂ خود رو!

گدائے مے کدہ کی شانِ بے نیازی دیکھ
پہنچ کے چشمۂ حیواں پہ توڑتا ہے سبُو!

مرا سبوچہ غنیمت ہے اس زمانے میں
کہ خانقاہ میں خالی ہیں صوفیوں کے کدو

مَیں نو نیاز ہُوں، مجھ سے حجاب ہی اولیٰ
کہ دل سے بڑھ کے ہے میری نگاہ بے قابو

اگرچہ بحر کی موجوں میں ہے مقام اس کا
صفائے پاکی طینت سے ہے گہر کا وضو

جمیل تر ہیں گل و لالہ فیض سے اس کے
نگاہِ شاعرِ رنگیں نوا میں ہے جادو

★

متاعِ بے بہا ہے درد و سوزِ آرزو مندی
مقامِ بندگی دے کر نہ لوں شانِ خداوندی

ترے آزاد بندوں کی نہ یہ دنیا، نہ وہ دنیا
یہاں مرنے کی پابندی، وہاں جینے کی پابندی

حجاب اکسیر ہے آوارۂ کوئے محبّت کو
میری آتش کو بھڑکاتی ہے تیری دیر پیوندی

گزر اوقات کر لیتا ہے یہ کوہ و بیاباں میں
کہ شاہیں کے لیے ذلت ہے کارِ آشیاں بندی

یہ فیضانِ نظر تھا یا کہ مکتب کی کرامت تھی
سکھائے کس نے اسماعیلؑ کو آدابِ فرزندی

زیارت گاہِ اہلِ عزم و ہمّت ہے لحد میری
کہ خاکِ راہ کو مَیں نے بتایا رازِ الوندی

مری مشّاطگی کی کیا ضرورت حسنِ معنی کو
کہ فطرت خود بخود کرتی ہے لالے کی حنا بندی

★

تجھے یاد کیا نہیں ہے مرے دل کا وہ زمانہ
وہ ادب گہِ محبّت، وہ نگہ کا تازیانہ

یہ بتانِ عصرِ حاضر کہ بنے ہیں مدرسے میں
نہ ادائے کافرانہ، نہ تراشِ آزرانہ

نہیں اس کھلی فضا میں کوئی گوشہ فراغت
یہ جہاں عجب جہاں ہے، نہ قفس نہ آشیانہ

رگِ تاک منتظر ہے تری بارشِ کرم کی
کہ عجم کے مے کدوں میں نہ رہی مئے مغانہ

مرے ہم صفیر اسے بھی اثرِ بہار سمجھے
انہیں کیا خبر کہ کیا ہے یہ نوائے عاشقانہ

مرے خاک و خوں سے تُو نے یہ جہاں کیا ہے پیدا
صلۂ شہید کیا ہے، تب و تابِ جاودانہ

تری بندہ پروری سے مرے دن گزر رہے ہیں
نہ گلہ ہے دوستوں کا، نہ شکایتِ زمانہ

★

ضمیرِ لالہ مئے لعل سے ہوا لبریز
اشارہ پاتے ہی صوفی نے توڑ دی پرہیز

بچھائی ہے جو کہیں عشق نے بساط اپنی
کیا ہے اس نے فقیروں کو وارثِ پرویز

پرانے ہیں یہ ستارے، فلک بھی فرسودہ
جہاں وہ چاہیے مجھ کو کہ ہو ابھی نوخیز

کسے خبر ہے کہ ہنگامۂ نشور ہے کیا
تری نگاہ کی گردش ہے میری رستاخیز

نہ چھین لذّتِ آہِ سحر گہی مجھ سے
نہ کر نگہ سے تغافل کو التفات آمیز

دلِ غمیں کے موافق نہیں ہے موسمِ گل
صدائے مرغِ چمن ہے بہت نشاط انگیز

حدیثِ بے خبراں ہے، تو با زمانہ بساز
زمانہ با تو نسازد، تو با زمانہ ستیز

★

وہی میری کم نصیبی، وہی تیری بے نیازی
میرے کام کچھ نہ آیا یہ کمالِ نَے نوازی

مَیں کہاں ہُوں تُو کہاں ہے، یہ مکاں کہ لامکاں ہے؟
یہ جہاں مرا جہاں ہے کہ تری کرشمہ سازی

اسی کشمکش میں گزریں مری زندگی کی راتیں
کبھی سوزو سازِ رومیؔ، کبھی پیچ و تابِ رازیؔ

وہ فریب خوردہ شاہیں کہ پلا ہو کرگسوں میں
اسے کیا خبر کہ کیا ہے رہ و رسمِ شاہبازی

نہ زباں کوئی غزل کی، نہ زباں سے باخبر میں
کوئی دلکشا صدا ہو، عجمی ہو یا کہ تازی

نہیں فقر و سلطنت میں کوئی امتیاز ایسا
یہ سپہ کی تیغ بازی، وہ نگہ کی تیغ بازی

کوئی کارواں سے ٹوٹا، کوئی بدگماں حرم سے
کہ امیر کارواں میں نہیں خوئے دل نوازی

★

اپنی جولاں گاہ زیرِ آسماں سمجھا تھا مَیں
آب و گل کے کھیل کو اپنا جہاں سمجھا تھا مَیں

بے حجابی سے تری ٹوٹا نگاہوں کا طلسم
اک ردائے نیلگوں کو آسماں سمجھا تھا مَیں

کارواں تھک کر فضا کے پیچ و خم میں رہ گیا
مہر و ماہ و مشتری کو ہم عناں سمجھا تھا مَیں

عشق کی اک جست نے طے کر دیا قصّہ تمام
اس زمین و آسماں کو بے کراں سمجھا تھا مَیں

کہہ گئیں رازِ محبّت پردہ داری ہائے شوق
تھی فغاں وہ بھی جسے ضبطِ فغاں سمجھا تھا مَیں

تھی کسی درماندہ رہرو کی صدائے درد ناک
جس کو آوازِ رحیلِ کارواں سمجھا تھا مَیں

★

اک دانشِ نورانی، اک دانشِ برہانی
ہے دانشِ برہانی، حیرت کی فراوانی

اس پیکرِ خاکی میں اک شے ہے، سو وہ تیری
میرے لیے مشکل ہے اس شے کی نگہبانی

اب کیا جو فغاں میری پہنچی ہے ستاروں تک
تُو نے ہی سکھائی تھی مجھ کو یہ غزل خوانی

ہو نقش اگر باطل، تکرار سے کیا حاصل
کیا تجھ کو خوش آتی ہے آدم کی یہ ارزانی؟

مجھ کو تو سِکھا دی ہے افرنگ نے زندیقی
اس دَور کے مُلّا ہیں کیوں ننگِ مسلمانی!

تقدیر شکن قوت باقی ہے ابھی اس میں
ناداں جسے کہتے ہیں تقدیر کا زندانی

تیرے بھی صنم خانے، میرے بھی صنم خانے
دونوں کے صنم خاکی، دونوں کے صنم فانی

★

یا رب! یہ جہانِ گذراں خوب ہے لیکن
کیوں خوار ہیں مردانِ صفا کیش و ہنرمند

گو اس کی خدائی میں مہاجن کا بھی ہے ہاتھ
دنیا تو سمجھتی ہے فرنگی کو خداوند

تُو برگِ گیا ہے نہ وہی اہلِ خرد را
او کشتِ گل و لالہ بہ بخشد بہ خرے چند

حاضر ہیں کلیسا میں کباب و مئے گلگوں
مسجد میں دھرا کیا ہے بجز موعظہ و پند

احکام ترے حق ہیں مگر اپنے مفسّر
تاویل سے قرآں کو بنا سکتے ہیں پاژند

فردوس جو تیرا ہے، کسی نے نہیں دیکھا
افرنگ کا ہر قریہ ہے فردوس کی مانند

مدت سے ہے آوارۂ افلاک مرا فکر
کر دے اسے اب چاند کی غاروں میں نظر بند

فطرت نے مجھے بخشے ہیں جوہر ملکوتی
خاکی ہُوں مگر خاک سے رکھتا نہیں پیوند

درویش خدا مست نہ شرقی ہے نہ غربی
گھر میرا نہ دلّی، نہ صفاہاں، نہ سمرقند

کہتا ہُوں وہی بات سمجھتا ہُوں جسے حق
نے ابلہَ مسجد ہُوں، نہ تہذیب کا فرزند

اپنے بھی خفا مجھ سے ہیں، بیگانے بھی ناخوش
مَیں زہرِ ہلاہل کو کبھی کہہ نہ سکا قند

مشکل ہے کہ اک بندہَ حق بین و حق اندیش
خاشاک کے تودے کو کہے کوہِ دماوند

ہُوں آتشِ نمرود کے شعلوں میں بھی خاموش
مَیں بندہَ مومن ہُوں، نہیں دانہ اسپند

پر سوز و نظرباز و نکوبین و کم آزار
آزاد و گرفتار و تہی کیسہ و خُورسند

ہر حال میں میرا دلِ بے قید ہے خُرّم
کیا چھینے گا غنچے سے کوئی ذوقِ شکر خند!

چپ رہ نہ سکا حضرتِ یزداں میں بھی اقبال
کرتا کوئی اس بندہَ گستاخ کا منہ بند!

حصہ دوم

...١...

"ما از پی سنا یی و عطار آمدیم"

سما سکتا نہیں پہنائے فطرت میں مرا سودا

غلط تھا اے جنوں شاید ترا اندازۂ صحرا

خودی سے اس طلسمِ رنگ و بو کو توڑ سکتے ہیں

یہی توحید تھی جس کو نہ تُو سمجھا نہ مَیں سمجھا

نگہ پیدا کر اے غافل، تجلّی عینِ فطرت ہے

کہ اپنی موج سے بیگانہ رہ سکتا نہیں دریا

رقابت عِلم و عرفاں میں غلط بینی ہے منبر کی

کہ وہ حلّاج کی سُولی کو سمجھا ہے رقیب اپنا

خدا کے پاک بندوں کو حکومت میں، غلامی میں

زِرہ کوئی اگر محفوظ رکھتی ہے تو استغنا!

نہ کر تقلید اے جبریل میرے جذب و مستی کی

تن آساں عرشیوں کو ذِکر و تسبیح و طواف اولیٰ!

———

بہت دیکھے ہیں مَیں نے مشرق و مغرب کے مے خانے

یہاں ساقی نہیں پیدا، وہاں بے ذوق ہے صہبا

نہ ایراں میں رہے باقی، نہ توراں میں رہے باقی

وہ بندے فقُر تھا جن کا ہلاکِ قیصر و کسریٰ

یہی شیخِ حرم ہے جو چرا کر نیچ کھاتا ہے

گلیم بوذرؓ و دلقِ اویسؓ و چادرِ زہراؓ

حضورِ حق میں اسرائیلؑ نے میری شکایت کی

یہ بندہ وقت سے پہلے قیامَت کر نہ دے برپا

ندا آئی کہ آشوبِ قیامَت سے یہ کیا کم ہے

"گرفتہ چینیاں احرام و مکی خفتہ در بطحا!"

لبالب شیشۂ تہذیبِ حاضر ہے مَے "لا" سے
مگر ساقی کے ہاتھوں میں نہیں پیمانۂ "الّا"

دبا رکھا ہے اس کو زخمہ ور کی تیز دستی نے
بہت نیچے سُروں میں ہے ابھی یورپ کا واویلا

اسی دریا سے اُٹھتی ہے وہ موجِ تند جولاں بھی
نہنگوں کے نشیمن جس سے ہوتے ہیں تہ و بالا

———

غلامی کیا ہے؟ ذوقِ حسن و زیبائی سے محرومی
جسے زیبا کہیں آزاد بندے، ہے وہی زیبا

بھروسا کر نہیں سکتے غلاموں کی بصیرت پر
کہ دنیا میں فقط مردانِ حُر کی آنکھ ہے بینا

وہی ہے صاحبِ امروز جس نے اپنی ہمّت سے
زمانے کے سمندر سے نکالا گوہرِ فردا

فرنگی شیشہ گر کے فن سے پتھر ہو گئے پانی
مری اکسیر نے شیشے کو بخشی سختیِ خارا

رہے ہیں، اور ہیں فرعون میری گھات میں اب تک
مگر کیا غم کہ میری آستیں میں ہے یدِ بیضا

وہ چنگاری خس و خاشاک سے کس طرح دب جائے
جسے حق نے کیا ہو نیستاں کے واسطے پیدا

محبّت خویشتن بینی، محبّت خویشتن داری
محبّت آستانِ قیصر و کسرٰی سے بے پروا

عجب کیا گرمہ و پرویں مرے نخچیر ہو جائیں
"کہ بر فتراکِ صاحب دولتے بستم سرِ خود را"

وہ دانائے سُبل، ختم الرّسل، مولائے کل جس نے
غبارِ راہ کو بخشا فروغِ وادیِ سینا

نگاہِ عشق و مستی میں وہی اوّل، وہی آخر
وہی قرآں، وہی فرقاں، وہی یٰسیں، وہی طٰہٰ

سنائی کے ادب سے مَیں نے غوّاصی نہ کی ورنہ
ابھی اس بحر میں باقی ہیں لاکھوں لولوئے لالا

...۲...

یہ کون غزل خواں ہے پرسوز و نشاطِ انگیز
اندیشۂ دانا کو کرتا ہے جنوں آمیز

گو فقر بھی رکھتا ہے اندازِ ملوکانہ
نا پختہ ہے پرویزی بے سلطنتِ پرویز

اب حجرۂ صوفی میں وہ فقر نہیں باقی
خونِ دلِ شیراں ہو جس فقر کی دستاویز

اے حلقۂ درویشاں! وہ مردِ خدا کیسا
ہو جس کے گریباں میں ہنگامۂ رستا خیز

جو ذِکر کی گرمی سے شعلے کی طرح روشن
جو فکر کی سرعت میں بجلی سے زیادہ تیز!

کرتی ہے ملوکیت آثارِ جنوں پیدا
اللہ کے نشتر ہیں تیمور ہو یا چنگیز

یوں دادِ سخن مجھ کو دیتے ہیں عراق و پارس
یہ کافرِ ہندی ہے بے تیغ و سناں خوں ریز

...۳...

وہ حرفِ راز کہ مجھ کو سِکھا گیا ہے جنوں
خدا مجھے نفَسِ جبرئیل دے تو کہوں

ستارہ کیا مری تقدیر کی خبر دے گا
وہ خود فراخیِ افلاک میں ہے خوار و زبوں

حیات کیا ہے، خیال و نظر کی مجذوبی
خودی کی موت ہے اندیشہ ہائے گونا گوں

عجب مزا ہے، مجھے لذّتِ خودی دے کر
وہ چاہتے ہیں کہ مَیں اپنے آپ میں نہ رہوں

ضمیرِ پاک و نگاہِ بلند و مستیِ شوق
نہ مال و دولتِ قاروں، نہ فکرِ افلاطوں

سبق ملا ہے یہ معراجِ مصطفیٰؐ سے مجھے
کہ عالمِ بشریّت کی زد میں ہے گردُوں
یہ کائنات ابھی ناتمام ہے شاید
کہ آ رہی ہے دما دم صدائے "کُنْ فَیَکُوْں"
علاج آتشِ رومیؒ کے سوز میں ہے ترا
تری خرد پہ ہے غالب فرنگیوں کا فسوں
اسی کے فیض سے میری نگاہ ہے روشن
اسی کے فیض سے میرے سبُو میں ہے جیحوں

...۴...

عالمِ آب و خاک و باد! ہیں ترے عیاں ہے تُو کہ میں
وہ جو نظر سے ہے نہاں، اس کا جہاں ہے تُو کہ میں
وہ شبِ درد و سوز و غم، کہتے ہیں زندگی جسے
اس کی سحر ہے تُو کہ میں، اس کی اذاں ہے تُو کہ میں
کس کی نمود کے لیے شام و سحر ہیں گرم سیر
شانۂ روزگار پر بارِ گراں ہے تُو کہ میں
تُو کفِ خاک و بے بصر، میں کفِ خاک و خود نگر
کشتِ وجود کے لیے آبِ رواں ہے تُو کہ میں

...۵...

(لندن میں لکھے گئے)

تُو ابھی رہ گزر میں ہے، قیدِ مقام سے گزر
مصر و حجاز سے گزر، پارس و شام سے گزر
جس کا عمل ہے بے غرض، اس کی جزا کچھ اور ہے
حُور و خیام سے گزر، بادہ و جام سے گزر
گرچہ ہے دلکشا بہت حسنِ فرنگ کی بہار
طائرکِ بلند بال، دانہ و دام سے گزر
کوہ شگاف تیری ضرب، تجھ سے ہے کشادِ شرق و غرب
تیغِ ہلال کی طرح عیشِ نیام سے گزر

تیرا امام بے حضور، تیری نماز بے سرور
ایسی نماز سے گزر، ایسے امام سے گزر!

...۶...

امینِ راز ہے مردانِ حُر کی درویشی
کہ جبرئیل سے ہے اس کو نسبتِ خویشی
کسے خبر کہ سفینے ڈبو چکی کتنے
فقیہ و صوفی و شاعر کی نا خوش اندیشی
نگاہِ گرم کہ شیروں کے جس سے ہوش اڑ جائیں
نہ آہِ سرد کہ ہے گوسفندی و میشی
طبیبِ عشق نے دیکھا مجھے تو فرمایا
ترا مرض ہے فقط آرزو کی بے نیشی
وہ شے کچھ اور ہے کہتے ہیں جانِ پاک جسے
یہ رنگ و نم، یہ لہو، آب و ناں کی ہے بیشی

...۷...

پھر چراغِ لالہ سے روشن ہوئے کوہ و دمن
مجھ کو پھر نغموں پہ اکسانے لگا مرغِ چمن
پھول ہیں صحرا میں یا پریاں قطار اندر قطار
اودے اودے، نیلے نیلے، پیلے پیلے پیرہن
برگِ گُل پر رکھ گئی شبنم کا موتی بادِ صبح
اور چمکاتی ہے اس موتی کو سورج کی کرن
حسنِ بے پروا کو اپنی بے نقابی کے لیے
ہوں اگر شہروں سے بن پیارے تو شہر اچھے کہ بن
اپنے من میں ڈوب کر پا جا سراغِ زندگی
تُو اگر میرا نہیں بنتا نہ بن، اپنا تو بن
من کی دنیا! من کی دنیا سوز و مستی، جذب و شوق
تن کی دنیا! تن کی دنیا سود و سودا، مکر و فن
من کی دولت ہاتھ آتی ہے تو پھر جاتی نہیں
تن کی دولت چھاؤں ہے، آتا ہے دھن جاتا ہے دھن

من کی دنیا میں نہ پایا مَیں نے افرنگی کا راج
من کی دنیا میں نہ دیکھے مَیں نے شیخ و برہمن
پانی پانی کر گئی مجھ کو قلندر کی یہ بات
تُو جھکا جب غیر کے آگے، نہ من تیرا نہ تن

...۸...

(کابل میں لکھے گئے)

مسلماں کے لہو میں ہے سلیقہ دل نوازی کا
مروّتِ حسنِ عالم گیر ہے مردانِ غازی کا
شکایت ہے مجھے یا رب! خداوندانِ مکتب سے
سبق شاہیں بچوں کو دے رہے ہیں خاکبازی کا
بہت مدت کے نخچیروں کا اندازِ نگہ بدلا
کہ مَیں نے فاش کر ڈالا طریقہ شاہبازی کا
قلندر جز دو حرفِ ''لَا اِلـہ'' کچھ بھی نہیں رکھتا
فقیہِ شہر قاروں ہے لغت ہائے حجازی کا
حدیثِ بادہ و مینا و جام آتی نہیں مجھ کو
نہ کر خارا شگافوں سے تقاضا شیشہ سازی کا
کہاں سے تُو نے اے اقبال سیکھی ہے یہ درویشی
کہ چرچا پادشاہوں میں ہے تیری بے نیازی کا

...۹...

عشق سے پیدا نوائے زندگی میں زِیر و بم
عشق سے مٹی کی تصویروں میں سوزِ دم بہ دم
آدمی کے ریشے ریشے میں سما جاتا ہے عشق
شاخِ گل میں جس طرح بادِ سحر گاہی کا نم
اپنے رازق کو نہ پہچانے تو محتاجِ ملوک
اور پہچانے تو ہیں تیرے گدا دارا و جم
دل کی آزادی شہنشاہی، شکم سامانِ موت
فیصلہ تیرا ترے ہاتھوں میں ہے، دل یا شکم؟

اے مسلماں! اپنے دل سے پوچھ، مُلّا سے نہ پوچھ
ہو گیا اللہ کے بندوں سے کیوں خالی حرم

...۱۰...

دل سوز سے خالی ہے، نگہ پاک نہیں ہے
پھر اس میں عجب کیا کہ تُو بے باک نہیں ہے
ہے ذوقِ تجلّی بھی اسی خاک میں پنہاں
غافل! تُو نرا صاحبِ ادراک نہیں ہے
وہ آنکھ کہ ہے سرمۂ افرنگ سے روشن
پرکار و سخن ساز ہے، نم ناک نہیں ہے
کیا صوفی و مُلّا کو خبر میرے جنوں کی
ان کا سرِ دامن بھی ابھی چاک نہیں ہے
کب تک رہے محکومیِ انجم میں مری خاک
یا مَیں نہیں، یا گردشِ افلاک نہیں ہے
بجلی ہُوں، نظر کوہ و بیاباں پہ ہے میری
میرے لیے شایاں خس و خاشاک نہیں ہے
عالم ہے فقط مومنِ جاں باز کی میراث
مومن نہیں جو صاحبِ لولاک نہیں ہے!

...۱۱...

ہزار خوف ہو لیکن زباں ہو دل کی رفیق
یہی رہا ہے ازل سے قلندروں کا طریق
ہجوم کیوں ہے زیادہ شراب خانے میں
فقط یہ بات کہ پیرِ مغاں ہے مردِ خلیق
علاجِ ضعفِ یقیں ان سے ہو نہیں سکتا
غریب اگرچہ ہیں رازی کے پوچھے ہائے دقیق
مریدِ سادہ تو رو رو کے ہو گیا تائب
خدا کرے کہ ملے شیخ کو بھی یہ توفیق
اسی طلسمِ کہن میں اسیر ہے آدم
بغل میں اس کی ہیں اب تک بتانِ عہدِ عتیق

مرے لیے تو ہے اقرار بالّساں بھی بہت
ہزار شکر کہ مُلّا ہیں صاحبِ تصدیق
اگر ہو عشق تو ہے کفر بھی مسلمانی
نہ ہو تو مردِ مسلماں بھی کافر و زندیق

...١٢...

پوچھ اس سے کہ مقبول ہے فطرت کی گواہی
تُو صاحبِ منزل ہے کہ بھٹکا ہوا راہی
کافر ہے مسلماں تو نہ شاہی نہ فقیری
مومن ہے تو کرتا ہے فقیری میں بھی شاہی
کافر ہے تو شمشیر پہ کرتا ہے بھروسا
مومن ہے تو بے تیغ بھی لڑتا ہے سپاہی
کافر ہے تو ہے تابعِ تقدیر مسلماں
مومن ہے تو وہ آپ ہے تقدیرِ الٰہی
میَں نے تو کیا پردۂ اَسرار کو بھی چاک
دیرینہ ہے تیرا مرضِ کورِ نگاہی

...١٣...

(قرطبہ میں لکھے گئے)

یہ حوریانِ فرنگی، دل و نظر کا حجاب
بہشتِ مغربیاں، جلوہ ہائے پا بہ رکاب
دل و نظر کا سفینہ سنبھال کر لے جا
مہ و ستارہ ہیں بحرِ وجود میں گرداب
جہانِ صوت و صدا میں سما نہیں سکتی
لطیفۂ ازلی ہے فغانِ چنگ و رباب
سِکھا دیئے ہیں اسے شیوہ ہائے خانقہی
فقیہِ شہر کو صوفی نے کر دیا ہے خراب
وہ سجدہ، روحِ زمیں جس سے کانپ جاتی تھی
اسی کو آج ترستے ہیں منبر و محراب

سنی نہ مِصر و فلسطیں میں وہ اذاں مَیں نے
دیا تھا جس نے پہاڑوں کو رعشۂ سیماب
ہوائے قرطبہ! شاید یہ ہے اثر تیرا
مری نوا میں ہے سوز و سرورِ عہدِ شباب

...۱۴...

دلِ بیدار فاروقی، دلِ بیدار کرّاری
مسِ آدم کے حق میں کیمیا ہے دل کی بیداری
دلِ بیدار پیدا کر کہ دل خوابیدہ ہے جب تک
نہ تیری ضرب ہے کاری، نہ میری ضرب ہے کاری
مشامِ تیز سے ملتا ہے صحرا میں نشاں اس کا
ظنّ و تخمیں سے ہاتھ آتا نہیں آہوئے تاتاری
اس اندیشے سے ضبطِ آہ میں کرتا رہوں کب تک
کہ مغ زادے نہ لے جائیں تری قسمت کی چنگاری
خداوندا یہ تیرے سادہ دل بندے کدھر جائیں
کہ درویشی بھی عیاری ہے، سلطانی بھی عیاری
مجھے تہذیبِ حاضر نے عطا کی ہے وہ آزادی
کہ ظاہر میں تو آزادی ہے، باطن میں گرفتاری
تو اے مولائے یثرب! آپ میری چارہ سازی کر
مری دانش ہے افرنگی، مرا ایماں ہے اُنّاری

...۱۵...

خودی کی شوخی و تندی میں کبر و ناز نہیں
جو ناز ہو بھی تو بے لذّتِ نیاز نہیں
نگاہِ عشق دلِ زندہ کی تلاش میں ہے
شکارِ مردہ سزاوارِ شاہباز نہیں
مری نوا میں نہیں ہے ادائے محبوبی
کہ بانگِ صورِ سرافیل، دل نواز نہیں
سوالِ مے نہ کروں ساقی فرنگ سے مَیں
کہ یہ طریقۂ رندانِ پاک باز نہیں

ہوئی نہ عام جہاں میں کبھی حکومتِ عشق

سبب یہ ہے کہ محبّت زمانہ ساز نہیں

اک اضطرابِ مسلسل، غیاب ہو کہ حضور

مَیں خود کہوں تو مری داستاں دراز نہیں

اگر ہو ذوق تو خلوت میں پڑھ زبورِ عجم

فغانِ نیم شبی بے نوائے راز نہیں

...۱۶...

میرِ سپاہ ناسزا، لشکریاں شکستہ صف

آہ! وہ تیرِ نیم کش جس کا نہ ہو کوئی ہدف

تیرے محیط میں کہیں گوہرِ زندگی نہیں

ڈھونڈ چکا مَیں موج موج، دیکھ چکا صدف صدف

عشقِ بتاں سے ہاتھ اٹھا، اپنی خودی میں ڈوب جا

نقش و نگارِ دَیر میں خونِ جگر نہ کر تلف

کھول کے کیا بیاں کروں سرِّ مقامِ مرگ و عشق

عشق ہے مرگِ با شرف، مرگ، حیاتِ بے شرف

صحبتِ پیرِ روم سے مجھ پہ ہوا یہ راز فاش

لاکھ حکیم سر بجیب، ایک کلیم سر بکف

مثلِ کلیم ہو اگر معرکہ آزما کوئی

اب بھی درختِ طور سے آتی ہے بانگ ''لَا تَخَفْ''

خیرہ نہ کر سکا مجھے جلوۂ دانشِ فرنگ

سرمہ ہے میری آنکھ کا خاکِ مدینہ و نجف

...۱۷...

(یورپ میں لکھے گئے)

زمستانی ہَوا میں گرچہ تھی شمشیر کی تیزی

نہ چھُوٹے مجھ سے لندن میں بھی آدابِ سحر خیزی

کہیں سرمایۂ محفل تھی میری گرم گفتاری

کہیں سب کو پریشاں کر گئی میری کم آمیزی

زمامِ کار اگر مزدور کے ہاتھوں میں ہو پھر کیا!
طریقِ کوہکن میں بھی وہی حیلے ہیں پرویزی

جلالِ پادشاہی ہو کہ جمہوری تماشا ہو
جدا ہو دیں سیاست سے تو رہ جاتی ہے چنگیزی

سوادِ رومۃ الکبرٰی میں دِلّی یاد آتی ہے
وہی عبرت، وہی عظمت، وہی شانِ دل آویزی

...۱۸...

یہ دیرِ کہن کیا ہے، انبارِ خس و خاشاک
مشکل ہے گزر اس میں بے نالۂ آتش ناک

نخچیرِ محبّت کا قصّہ نہیں طولانی
لطفِ خلشِ پیکاں، آسودگیِ فتراک

کھویا گیا جو مطلب ہفتاد و دو ملّت میں
سمجھے گا نہ تُو جب تک بے رنگ نہ ہو ادراک

اک شرعِ مسلمانی، اک جذبِ مسلمانی
ہے جذبِ مسلمانی سِرِّ فلک الافلاک

اے رہروِ فرزانہ، بے جذبِ مسلمانی
نے راہِ عمل پیدا نے شاخِ یقیں نم ناک

رمزیں ہیں محبّت کی گستاخی و بے باکی
ہر شوق نہیں گستاخ، ہر جذب نہیں بے باک

فارغ تو نہ بیٹھے گا محشر میں جنوں میرا
یا اپنا گریباں چاک یا دامنِ یزداں چاک!

...۱۹...

کمالِ ترک نہیں آب و گل سے مہجوری
کمالِ ترک ہے تسخیرِ خاکی و نوری

مَیں ایسے فقر سے اے اہلِ حلقہ باز آیا
تمھارا فقر ہے بے دولتی و رنجوری

نہ فقر کے لیے موزوں، نہ سلطنت کے لیے
وہ قوم جس نے گنوایا متاعِ تیموری

سنے نہ ساقیِ مہ وش تو اور بھی اچھا
عیارِ گرمیِ صحبت ہے حرفِ معذوری
حکیم و عارف و صوفی، تمام مستِ ظہور
کسے خبر کہ تجلّی ہے عینِ مستوری
وہ ملتفت ہوں تو کنجِ قفس بھی آزادی
نہ ہوں تو صحنِ چمن بھی مقامِ مجبوری
برا نہ مان، ذرا آزما کے دیکھ اسے
فرنگ دل کی خرابی، خرد کی معموری

....۲۰....

عقل گو آستاں سے دُور نہیں
اس کی تقدیر میں حضور نہیں
دلِ بینا بھی کر خدا سے طلب
آنکھ کا نور دل کا نور نہیں
علِم میں بھی سرور ہے لیکن
یہ وہ جنّت ہے جس میں حُور نہیں
کیا غضب ہے کہ اس زمانے میں
ایک بھی صاحبِ سرور نہیں
اک جنوں ہے کہ با شعُور بھی ہے
اک جنوں ہے کہ با شعُور نہیں
ناصبوری ہے زندگی دل کی
آہ وہ دل کہ ناصبور نہیں
بے حضوری ہے تیری موت کا راز
زندہ ہو تُو تو بے حضور نہیں
ہر گہر نے صدف کو توڑ دیا
تُو ہی آمادۂ ظہور نہیں
اَرِنی مَیں بھی کہہ رہا ہُوں مگر
یہ حدیثِ کلیم و طُور نہیں

…۲۱…

خودی وہ بحر ہے جس کا کوئی کنارہ نہیں

تُو آبجو اسے سمجھا اگر تو چارہ نہیں

طلسم گنبدِ گردُوں کو توڑ سکتے ہیں

زُجاج کی یہ عمارت ہے، سنگِ خارہ نہیں

خودی میں ڈوبتے ہیں پھر ابھر بھی آتے ہیں

مگر یہ حوصلۂ مردِ ہیچ کارہ نہیں

ترے مقام کو انجم شناس کیا جانے

کہ خاکِ زندہ ہے تو، تابعِ ستارہ نہیں

یہیں بہشت بھی ہے، حُور و جبریئل بھی ہے

تری نگہ میں ابھی شوخیِ نظارہ نہیں

مرے جنوں نے زمانے کو خوب پہچانا

وہ پیرہن مجھے بخشا کہ پارہ پارہ نہیں

غضب ہے، عینِ کرم میں بخیل ہے فطرت

کہ لعلِ ناب میں آتش تو ہے، شرارہ نہیں

…۲۲…

یہ پیام دے گئی ہے مجھے بادِ صبح گاہی

کہ خودی کے عارفوں کا ہے مقام پادشاہی

تری زندگی اسی سے، تری آبرو اسی سے

جو رہی خودی تو شاہی، نہ رہی تو روسیاہی

نہ دیا نشانِ منزل مجھے اے حکیم تُو نے

مجھے کیا گلہ ہو تجھ سے، تُو نہ رہ نشیں نہ راہی

مرے حلقۂ سخن میں ابھی زیرِ تربیت ہیں

وہ گدا کہ جانتے ہیں رہ و رسم کجکلاہی

یہ معاملے ہیں نازک، جو تری رضا ہو، تُو کر

کہ مجھے تو خوش نہ آیا یہ طریقِ خانقاہی

تُو ہُما کا ہے شکاری، ابھی ابتدا ہے تیری

نہیں مصلحت سے خالی یہ جہانِ مرغ و ماہی

تُو عرب ہو یا عجم ہو، ترا ''لَا اِلٰـہَ اِلّا''

لُغتِ غریب، جب تک ترا دل نہ دے گواہی!

...۲۳...

تری نگاہ فرومایہ، ہاتھ ہے کوتاہ

ترا گنہ کہ نخیلِ بلند کا ہے گناہ

گلا تو گھونٹ دیا اہلِ مدرسہ نے ترا

کہاں سے آئے صدا ''لَا اِلٰـہَ اِلّا اللّٰہ''

خودی میں گم ہے خدائی، تلاش کر غافل!

یہی ہے تیرے لیے اب صلاحِ کار کی راہ

حدیثِ دل کسی درویشِ بے گلیم سے پوچھ

خدا کرے تجھے تیرے مقام سے آگاہ

برہنہ سر ہے تو عزمِ بلند پیدا کر

یہاں فقط سرِ شاہیں کے واسطے ہے کلاہ

نہ ہے ستارے کی گردش، نہ بازیِ افلاک

خودی کی موت ہے تیرا زوالِ نعمت و جاہ

اٹھا مَیں مدرسہ و خانقاہ سے غم ناک

نہ زندگی، نہ محبّت، نہ معرفت، نہ نگاہ!

...۲۴...

خرد کے پاس خبر کے سوا کچھ اور نہیں

ترا علاج نظر کے سوا کچھ اور نہیں

ہر اک مقام سے آگے مقام ہے تیرا

حیات ذوقِ سفر کے سوا کچھ اور نہیں

گراں بہا ہے تو حفظِ خودی سے ہے ورنہ

گہر میں آبِ گہر کے سوا کچھ اور نہیں

رگوں میں گردشِ خوں ہے اگر تو کیا حاصل

حیات سوزِ جگر کے سوا کچھ اور نہیں

عروسِ لالہ! مناسب نہیں ہے مجھ سے حجاب

کہ مَیں نسیمِ سحر کے سوا کچھ اور نہیں

جسے کساد سمجھتے ہیں تاجرانِ فرنگ
وہ شے متاعِ ہنر کے سوا کچھ اور نہیں
بڑا کریم ہے اقبالِ بے نوا لیکن
عطائے شعلہ شرر کے سوا کچھ اور نہیں

…۲۵…

نگاہِ فقر میں شانِ سکندری کیا ہے
خراج کی جو گدا ہو، وہ قیصری کیا ہے!
بتوں سے تجھ کو امیدیں، خدا سے نومیدی
مجھے بتا تو سہی اور کافری کیا ہے!
فلک نے ان کو عطا کی ہے خواجگی کہ جنہیں
خبر نہیں روشِ بندہ پروری کیا ہے
فقط نگاہ سے ہوتا ہے فیصلہ دل کا
نہ ہو نگاہ میں شوخی تو دلبری کیا ہے
اسی خطا سے عتابِ ملوک ہے مجھ پر
کہ جانتا ہُوں مآلِ سکندری کیا ہے
کسے نہیں ہے تمنائے سرورری، لیکن
خودی کی موت ہو جس میں وہ سرورری کیا ہے!
خوش آ گئی ہے جہاں کو قلندری میری
وگرنہ شعر مرا کیا ہے، شاعری کیا ہے!

…۲۶…

نہ تُو زمیں کے لیے ہے نہ آسماں کے لیے
جہاں ہے تیرے لیے، تُو نہیں جہاں کے لیے
یہ عقل و دل ہیں شرر شعلۂ محبّت کے
وہ خار و خس کے لیے ہے، یہ نیستاں کے لیے
مقامِ پرورشِ آہ و نالہ ہے یہ چمن
نہ سیرِ گل کے لیے ہے نہ آشیاں کے لیے
رہے گا راوی و نیل و فرات میں کب تک
ترا سفینہ کہ ہے بحرِ بے کراں کے لیے!

نشانِ راہ دکھاتے تھے جو ستاروں کو
ترس گئے ہیں کسی مردِ راہ داں کے لیے
نگہ بلند، سخن دل نواز، جاں پرسوز
یہی ہے رختِ سفر میرِ کارواں کے لیے
ذرا سی بات تھی، اندیشۂ عجم نے اسے
بڑھا دیا ہے فقط زیبِ داستاں کے لیے
مرے گلو میں ہے اک نغمہ جبریئل آشوب
سنبھال کر جسے رکھا ہے لامکاں کے لیے

...۲۷...

تُو اے اسیرِ مکاں! لامکاں سے دُور نہیں
وہ جلوہ گاہ ترے خاک داں سے دُور نہیں
وہ مرغزار کہ بیمِ خزاں نہیں جس میں
غمیں نہ ہو کہ ترے آشیاں سے دُور نہیں
یہ ہے خلاصۂ علمِ قلندری کہ حیات
خدنگِ جستہ ہے لیکن کماں سے دُور نہیں
فضا تری مہ و پرویں سے ہے ذرا آگے
قدم اٹھا، یہ مقام آسماں سے دُور نہیں
کہے نہ راہنما سے کہ چھوڑ دے مجھ کو
یہ بات راہروِ نکتہ داں سے دُور نہیں

...۲۸...

(یورپ میں لکھے گئے)

خرد نے مجھ کو عطا کی نظر حکیمانہ
سکھائی عشق نے مجھ کو حدیثِ رندانہ
نہ بادہ ہے، نہ صراحی، نہ دورِ پیمانہ
فقط نگاہ سے رنگیں ہے بزمِ جانانہ
مری نوائے پریشاں کو شاعری نہ سمجھ
کہ مَیں ہُوں محرمِ رازِ درونِ مے خانہ

کلی کو دیکھ کہ ہے تشنۂ نسیمِ سحر
اسی میں ہے مرے دل کا تمام افسانہ

کوئی بتائے مجھے یہ غیاب ہے کہ حضور
سب آشنا ہیں یہاں، ایک مَیں ہوں بیگانہ

فرنگ میں کوئی دن اور بھی ٹھہر جاؤں
مرے جنوں کو سنبھالے اگر یہ ویرانہ

مقامِ عقل سے آساں گزر گیا اقبال
مقامِ شوق میں کھویا گیا وہ فرزانہ

...۲۹...

افلاک سے آتا ہے نالوں کا جواب آخر
کرتے ہیں خطاب آخر، اٹھتے ہیں حجاب آخر

احوالِ محبّت میں کچھ فرق نہیں ایسا
سوز و تب و تاب اوّل، سوز و تب و تاب آخر

مَیں تجھ کو بتاتا ہوں، تقدیرِ اُمم کیا ہے
شمشیر و سناں اوّل، طاؤس و رباب آخر

ے خانۂ یورپ کے دستور نرالے ہیں
لاتے ہیں سرور اوّل، دیتے ہیں شراب آخر

کیا دبدبۂ نادر، کیا شوکتِ تیموری
ہو جاتے ہیں سب دفتر غرقِ مئے ناب آخر

خلوت کی گھڑی گزری، جلوت کی گھڑی آئی
چھٹنے کو ہے بجلی سے آغوشِ سحاب آخر

تھا ضبط بہت مشکل اس سیلِ معانی کا
کہہ ڈالے قلندر نے اَسرارِ کتاب آخر

...۳۰...

ہر شے مسافر، ہر چیز راہی
کیا چاند تارے، کیا مرغ و ماہی

تُو مردِ میداں، تُو میرِ لشکر
نوری حضوری تیرے سپاہی

کچھ قدر اپنی تُو نے نہ جانی
یہ بے سوادی، یہ کم نگاہی!
دنیائے دُوں کی کب تک غلامی
یا راہبی کر یا پادشاہی
پیرِ حرم کو دیکھا ہے مَیں نے
کردار بے سوز، گفتار واہی

…۳۱…

ہر چیز ہے محوِ خود نمائی
ہر ذرّہ شہیدِ کبریائی
بے ذوقِ نمود زندگی، موت
تعمیرِ خودی میں ہے خدائی
رائی زورِ خودی سے پربت
پربت ضعفِ خودی سے رائی
تارے آوارہ و کم آمیز
تقدیر وجود ہے جدائی
یہ پچھلے پہر کا زرد رُو چاند
بے راز و نیازِ آشنائی
تیری قندیل ہے ترا دل
تُو آپ ہے اپنی روشنائی
اک تُو ہے کہ حق ہے اس جہاں میں
باقی ہے نمودِ سیمیائی
ہیں عقدہ کشا یہ خارِ صحرا
کم کر گلۂ برہنہ پائی

…۳۲…

اعجاز ہے کسی کا یا گردشِ زمانہ!
ٹوٹا ہے ایشیا میں سحرِ فرنگیانہ
تعمیرِ آشیاں سے مَیں نے یہ راز پایا
اہلِ نوا کے حق میں بجلی ہے آشیانہ

یہ بندگی خدائی، وہ بندگی گدائی
یا بندۂ خدا بن یا بندۂ زمانہ!
غافل نہ ہو خودی سے، کر اپنی پاسبانی
شاید کسی حرم کا تُو بھی ہے آستانہ
اے لَا اِلٰہ کے وارث! باقی نہیں ہے تجھ میں
گفتارِ دلبرانہ، کردارِ قاہرانہ
تیری نگاہ سے دل سینوں میں کانپتے تھے
کھویا گیا ہے تیرا جذبِ قلندرانہ
رازِ حرم سے شاید اقبال باخبر ہے
ہیں اس کی گفتگو کے انداز محرمانہ

...۳۳...

خرد مندوں سے کیا پوچھوں کہ میری ابتدا کیا ہے
کہ مَیں اس فکر میں رہتا ہُوں، میری انتہا کیا ہے
خودی کو کر بلند اتنا کہ ہر تقدیر سے پہلے
خدا بندے سے خود پوچھے، بتا تیری رضا کیا ہے
مقامِ گفتگو کیا ہے اگر مَیں کیمیا گر ہُوں
یہی سوزِ نفَس ہے، اور میری کیمیا کیا ہے!
نظر آئیں مجھے تقدیر کی گہرائیاں اس میں
نہ پوچھ اے ہم نشیں مجھ سے وہ چشم سرمہ سا کیا ہے
اگر ہوتا وہ مجذوبِ فرنگی[2] اس زمانے میں
تو اقبال اس کو سمجھاتا مقامِ کبریا کیا ہے
نوائے صبح گاہی نے جگر خوں کر دیا میرا
خدایا جس خطا کی یہ سزا ہے، وہ خطا کیا ہے!

...۳۴...

جب عشق سکھاتا ہے آدابِ خود آگاہی
کھُلتے ہیں غلاموں پر اَسرارِ شہنشاہی

---

2   جرمنی کا مشہور مجذوب فلسفی نٹشہ جو اپنے قلبی واردات کا صحیح اندازہ نہ کر
سکا اور اس لیے اس کے فلسفیانہ افکار نے اسے غلط راستے پر ڈال دیا

عطّار ہو، رومی ہو، رازی ہو، غزالی ہو
کچھ ہاتھ نہیں آتا ہے آہِ سحر گاہی

نومید نہ ہو ان سے اے رہبرِ فرزانہ!
کم کوش تو ہیں لیکن بے ذوق نہیں راہی

اے طائرِ لاہوتی! اُس رزق سے موت اچھی
جس رزق سے آتی ہو پرواز میں کوتاہی

دارا و سکندر سے وہ مردِ فقیر اولیٰ
ہو جس کی فقیری میں بوئے اسدُ اللّٰہی

آئینِ جوانمرداں، حق گوئی و بے باکی
اللّٰہ کے شیروں کو آتی نہیں روباہی

...۳۵...

مجھے آہ و فغانِ نیم شب کا پھر پیام آیا
تھم اے رہرو کہ شاید پھر کوئی مشکل مقام آیا

ذرا تقدیر کی گہرائیوں میں ڈوب جا تُو بھی
کہ اس جنگاہ سے میں بن کے تیغِ بے نیام آیا

یہ مصرع لکھ دیا کس شوخ نے محرابِ مسجد پر
یہ ناداں گر گئے سجدوں میں جب وقتِ قیام آیا

چل، اے میری غریبی کا تماشا دیکھنے والے
وہ محفل اٹھ گئی جس دم، تو مجھ تک دَورِ جام آیا

دیا اقبال نے ہندی مسلمانوں کو سوز اپنا
یہ اک مردِ تن آساں تھا، تن آسانوں کے کام آیا

اسی اقبال کی مَیں جستجو کرتا رہا برسوں
بڑی مدت کے بعد آخر وہ شاہیں زیرِ دام آیا

...۳۶...

نہ ہو طغیانِ مشتاقی تو مَیں رہتا نہیں باقی
کہ میری زندگی کیا ہے، یہی طغیانِ مشتاقی

مجھے فطرت نوا پر لب بہ لب مجبور کرتی ہے
ابھی محفل میں ہے شاید کوئی درد آشنا باقی

266

وہ آتش آج بھی تیرا نشیمن پھونک سکتی ہے
طلب صادق نہ ہو تیری تو پھر کیا شکوۂ ساقی!
نہ کر افرنگ کا اندازہ اس کی تابناکی سے
کہ بجلی کے چراغوں سے ہے اس جوہر کی برّاقی
دلوں میں ولولے آفاق گیری کے نہیں اُٹھتے
نگاہوں میں اگر پیدا نہ ہو اندازِ آفاقی
خزاں میں بھی کب آ سکتا تھا مَیں صیّاد کی زد میں
مری غمّاز تھی شاخِ نشیمن کی کم اَوراقی
الٹ جائیں گی تدبیریں، بدل جائیں گی تقدیریں
حقیقت ہے، نہیں میرے تخیل کی یہ خلاقی

...۳۷...

فطرت کو خرد کے روبرو کر
تسخیرِ مقامِ رنگ و بو کر
تُو اپنی خودی کو کھو چکا ہے
کھوئی ہوئی شے کی جستجو کر
تاروں کی فضا ہے بیکرانہ
تُو بھی یہ مقام آرزو کر
عریاں ہیں ترے چمن کی حوریں
چاکِ گل و لالہ کو رفو کر
بے ذوق نہیں اگرچہ فطرت
جو اس سے نہ ہو سکا، وہ تُو کر!

...۳۸...

یہ پیرانِ کلیسا و حرم، اے وائے مجبوری!
صلہ ان کی کد و کاوش کا ہے سینوں کی بے نوری
یقیں پیدا کر اے ناداں! یقیں سے ہاتھ آتی ہے
وہ درویشی، کہ جس کے سامنے جھکتی ہے فغفوری
کبھی حیرت، کبھی مستی، کبھی آہِ سحرگاہی
بدلتا ہے ہزاروں رنگ میرا دردِ مجبوری

حدِ ادراک سے باہر ہیں باتیں عشق و مستی کی

سمجھ میں اس قدر آیا کہ دل کی موت ہے، دُوری

وہ اپنے حسن کی مستی سے ہیں مجبور پیدائی

مری آنکھوں کی بینائی میں ہیں اسبابِ مستوری

کوئی تقدیر کی منطق سمجھ سکتا نہیں ورنہ

نہ تھے ترکانِ عثمانی سے کم ترکانِ تیموری

فقیرانِ حرم کے ہاتھ اقبالؔ آ گیا کیونکر

میسر میر و سلطاں کو نہیں شاہینِ کافوری

....۳۹....

تازہ پھر دانشِ حاضر نے کیا سحرِ قدیم

گزر اس عہد میں ممکن نہیں بے چوبِ کلیم

عقل عیّار ہے، سو بھیس بنا لیتی ہے

عشق بے چارہ نہ مُلّا ہے نہ زاہد نہ حکیم!

عیشِ منزل ہے غریبانِ محبّت پہ حرام

سب مسافر ہیں، بظاہر نظر آتے ہیں مقیم

ہے گراں سیرِ غم راحلہ و زاد سے تُو

کوہ و دریا سے گزر سکتے ہیں مانندِ نسیم

مردِ درویش کا سرمایہ ہے آزادی و مرگ

ہے کسی اور کی خاطر یہ نصابِ زر و سیم

....۴۰....

ستاروں سے آگے جہاں اور بھی ہیں

ابھی عشق کے امتحاں اور بھی ہیں

تہی زندگی سے نہیں یہ فضائیں

یہاں سینکڑوں کارواں اور بھی ہیں

قناعت نہ کر عالمِ رنگ و بو پر

چمن اور بھی آشیاں اور بھی ہیں

اگر کھو گیا اک نشیمن تو کیا غم

مقاماتِ آہ و فغاں اور بھی ہیں

تُو شاہیں ہے پرواز ہے کام تیرا
ترے سامنے آسماں اور بھی ہیں

اسی روز و شب میں الجھ کر نہ رہ جا
کہ تیرے زمان و مکاں اور بھی ہیں

گئے دن کہ تنہا تھا مَیں انجمن میں
یہاں اب مرے رازداں اور بھی ہیں

...۴۱...

(فرانس میں لکھے گئے)

ڈھونڈ رہا ہے فرنگ عیشِ جہاں کا دوام
وائے تمنائے خام، وائے تمنائے خام!

پیرِ حرم نے کہا سن کے مری رویداد
پختہ ہے تیری فغاں، اب نہ اسے دل میں تھام

تھا اَرِنی گو کلیم، مَیں اَرِنی گو نہیں
اس کو تقاضا روا، مجھ پہ تقاضا حرام

گرچہ ہے افشائے راز، اہلِ نظر کی فغاں
ہو نہیں سکتا کبھی شیوۂ رندانہ عام

حلقۂ صوفی میں ذِکر، بے نم و بے سوز و ساز
مَیں بھی رہا تشنہ کام، تُو بھی رہا تشنہ کام

عشق تری انتہا، عشق مری انتہا
تُو بھی ابھی ناتمام، مَیں بھی ابھی ناتمام

آہ کہ کھویا گیا تجھ سے فقیری کا راز
ورنہ ہے مالِ فقیر، سلطنتِ روم و شام

...۴۲...

خودی ہو علم سے محکم تو غیرتِ جبریل
اگر ہو عشق سے محکم تو صورِ اسرافیلؔ

عذابِ دانشِ حاضر سے باخبر ہُوں مَیں
کہ مَیں اس آگ میں ڈالا گیا ہُوں مثلِ خلیل

فریب خوردۂ منزل ہے کارواں ورنہ
زیادہ راحتِ منزل سے ہے نشاطِ رحیل
نظر نہیں تو مرے حلقۂ سخن میں نہ بیٹھ
کہ نکتہ ہائے خودی ہیں مثالِ تیغِ اصیل
مجھے وہ درسِ فرنگ آج یاد آتے ہیں
کہاں حضور کی لذّت، کہاں حجابِ دلیل!
اندھیری شب ہے، جدا اپنے قافلے سے ہے تُو
ترے لیے ہے مرا شعلۂ نوا، قندیل
غریب و سادہ و رنگیں ہے داستانِ حرم
نہایت اس کی حُسینؓ، ابتدا ہے اسماعیلؑ

…۴۳…

مکتبوں میں کہیں رعنائیِ افکار بھی ہے؟
خانقاہوں میں کہیں لذّتِ اَسرار بھی ہے؟
منزلِ راہرواں دُور بھی، دشوار بھی ہے
کوئی اس قافلے میں قافلہ سالار بھی ہے؟
بڑھ کے خیبر سے ہے یہ معرکۂ دین و وطن
اس زمانے میں کوئی حیدرِ کرّار بھی ہے؟
علم کی حد سے پرے، بندۂ مومن کے لیے
لذّتِ شوق بھی ہے، نعمتِ دیدار بھی ہے
پیرِ مے خانہ یہ کہتا ہے کہ ایوانِ فرنگ
سست بنیاد بھی ہے، آئنہ دیوار بھی ہے!

…۴۴…

حادثہ وہ جو ابھی پردۂ افلاک میں ہے
عکس اس کا مرے آئینۂ ادراک میں ہے
نہ ستارے میں ہے، نے گردشِ افلاک میں ہے
تیری تقدیر مرے نالۂ بے باک میں ہے
یا مری آہ میں کوئی شررِ زندہ نہیں
یا ذرا نم ابھی تیرے خس و خاشاک میں ہے

کیا عجب میری نوا ہائے سحر گاہی سے
زندہ ہو جائے وہ آتش کہ تری خاک میں ہے

توڑ ڈالے گی یہی خاک طلسمِ شب و روز
گرچہ الجھی ہوئی تقدیر کے پیچاک میں ہے

...۴۵...

رہا نہ حلقۂ صوفی میں سوزِ مشتاقی
فسانہ ہائے کرامات رہ گئے باقی

خراب کوشکِ سلطان و خانقاہِ فقیر
فغاں کہ تخت و مصلیٰ کمالِ زرّاقی

کرے گی داورِ محشر کو شرمسار اک روز
کتابِ صوفی و مُلّا کی سادہ اَوراقی

نہ چینی و عربی وہ، نہ رومی و شامی
سما سکا نہ دو عالم میں مردِ آفاقی

مئے شبانہ کی مستی تو ہو چکی، لیکن
کھٹک رہا ہے دلوں میں کرشمۂ ساقی

چمن میں تلخ نوائی مری گوارا کر
کہ زہر بھی کبھی کرتا ہے کارِ تریاقی

عزیز تر ہے متاعِ امیر و سلطاں سے
وہ شعر جس میں ہو بجلی کا سوز و برّاقی

...۴۶...

ہوا نہ زور سے اس کے کوئی گریباں چاک
اگرچہ مغربیوں کا جنوں بھی تھا چالاک

مئے یقیں سے ضمیرِ حیات ہے پرسوز
نصیبِ مدرسہ یا رب یہ آبِ آتش ناک

عروجِ آدمِ خاکی کے منتظر ہیں تمام
یہ کہکشاں، یہ ستارے، یہ نیلگوں افلاک

یہی زمانۂ حاضر کی کائنات ہے کیا
دماغ روشن و دل تیرہ و نگہ بے باک

تُو بے بصر ہو تو یہ مانعِ نگاہ بھی ہے
وگرنہ آگ ہے مومن، جہاں خس و خاشاک

زمانہ عقل کو سمجھا ہوا ہے مشعلِ راہ
کسے خبر کہ جنوں بھی ہے صاحبِ ادراک

جہاں تمام ہے میراث مردِ مومن کی
مرے کلام پہ حجّت ہے نکتۂ لولاک

...۴۷...

یوں ہاتھ نہیں آتا وہ گوہرِ یک دانہ
یک رنگی و آزادی اے ہمتِ مردانہ!

یا سنجر و طغرل کا آئینِ جہاں گیری
یا مردِ قلندر کے اندازِ ملوکانہ!

یا حیرتِ فارابی یا تاب و تبِ رومی
یا فکرِ حکیمانہ یا جذبِ کلیمانہ!

یا عقل کی روباہی یا عشقِ یدِ اللّٰہی
یا حیلۂ افرنگی یا حملۂ ترکانہ!

یا شرعِ مسلمانی یا دَیر کی دربانی
یا نعرۂ مستانہ، کعبہ ہو کہ بت خانہ!

میری میں فقیری میں، شاہی میں غلامی میں
کچھ کام نہیں بنتا بے جرأتِ رندانہ

...۴۸...

نہ تخت و تاج میں، نے لشکر و سپاہ میں ہے
جو بات مردِ قلندر کی بارگاہ میں ہے

صنم کدہ ہے جہاں اور مردِ حق ہے خلیلؑ
یہ نکتہ وہ ہے کہ پوشیدہ ''لَا اِلـٰہ'' میں ہے

وہی جہاں ہے ترا جس کو تُو کرے پیدا
یہ سنگ و خشت نہیں، جو تری نگاہ میں ہے

مہ و ستارہ سے آگے مقام ہے جس کا
وہ مُشتِ خاک ابھی آوارگانِ راہ میں ہے

خبر ملی ہے خدایانِ بحر و بر سے مجھے

فرنگ رہ گزرِ سیلِ بے پناہ میں ہے

تلاش اس کی فضاؤں میں کر نصیب اپنا

جہانِ تازہ مری آہِ صبح گاہ میں ہے

مرے کدو کو غنیمت سمجھ کہ بادۂ ناب

نہ مدرسے میں ہے باقی نہ خانقاہ میں ہے

...۴۹...

فطرت نے نہ بخشا مجھے اندیشۂ چالاک

رکھتی ہے مگر طاقتِ پرواز مری خاک

وہ خاک کہ ہے جس کا جنوں صیقلِ ادراک

وہ خاک کہ جبریل کی ہے جس سے قبا چاک

وہ خاک کہ پروائے نشیمن نہیں رکھتی

چنتی نہیں پہنائے چمن سے خس و خاشاک

اس خاک کو اللہ نے بخشے ہیں وہ آنسو

کرتی ہے چمک جن کی ستاروں کو عرق ناک

...۵۰...

کریں گے اہلِ نظر تازہ بستیاں آباد

مری نگاہ نہیں سوئے کوفہ و بغداد

یہ مدرسہ، یہ جواں، یہ سرور و رعنائی

اِنھیں کے دم سے ہے میخانۂ فرنگ آباد

نہ فلسفی سے، نہ مُلّا سے ہے غرض مجھ کو

یہ دل کی موت، وہ اندیشۂ نظر کا فساد

فقیہِ شہر کی تحقیر! کیا مجال مری

مگر یہ بات کہ مَیں ڈھونڈتا ہُوں دل کی کشاد

خرید سکتے ہیں دنیا میں عشرتِ پرویز

خدا کی دین ہے سرمایۂ غمِ فرہاد

کیے ہیں فاش رموزِ قلندری مَیں نے

کہ فکرِ مدرسہ و خانقاہ ہو آزاد

رَشی کے فاقوں سے ٹوٹا نہ برہمن کا طلسم

عصا نہ ہو تو کلیمی ہے کارِ بے بنیاد

...۵۱...

کی حق سے فرشتوں نے اقبال کی غمّازی

گستاخ ہے، کرتا ہے فطرت کی حنا بندی

خاکی ہے مگر اس کے انداز ہیں افلاکی

رومی ہے نہ شامی ہے، کاشی نہ سمرقندی

سکھلائی فرشتوں کو آدم کی تڑپ اس نے

آدم کو سکھاتا ہے آدابِ خداوندی!

...۵۲...

نَے مہرہ باقی نَے مہرہ بازی

جیتا ہے رومیؔ ہارا ہے رازیؔ

روشن ہے جامِ جمشید اب تک

شاہی نہیں ہے بے شیشہ بازی

دل ہے مسلماں میرا نہ تیرا

تُو بھی نمازی مَیں بھی نمازی

مَیں جانتا ہُوں انجام اس کا

جس معرکے میں مُلّا ہوں غازی

ترکی بھی شیریں تازی بھی شیریں

حرفِ محبّت ترکی نہ تازی

آذر کا پیشہ خارا تراشی

کارِ خلیلاں خارا گدازی

تُو زندگی ہے پایندگی ہے

باقی ہے جو کچھ سب خاک بازی

...۵۳...

گرمِ فغاں ہے جرس، اٹھ کہ گیا قافلہ

وائے وہ رہرو کہ ہے منتظرِ راحلہ!

تیری طبیعت ہے اور، تیرا زمانہ ہے اور
تیرے موافق نہیں خانقہی سلسلہ
دل ہو غلامِ خرد یا کہ امامِ خرد
سالکِ رَہ، ہوشیار! سخت ہے یہ مرحلہ
اس کی خودی ہے ابھی شام و سحر میں اسیر
گردشِ دوراں کا ہے جس کی زباں پر گلہ
تیرے نفَس سے ہوئی آتش گل تیز تر
مرغِ چمن! ہے یہی تیری نوا کا صلہ

...۵۴...

مری نوا سے ہوئے زندہ عارف و عامی
دیا ہے میَں نے انہیں ذوقِ آتش آشامی
حرم کے پاس کوئی اعجمی ہے زمزمہ سنج
کہ تار تار ہوئے جامہ ہائے احرامی
حقیقتِ ابدی ہے مقامِ شبیری
بدلتے رہتے ہیں اندازِ کوفی و شامی
مجھے یہ ڈر ہے مُقامِر ہیں پخنہ کار بہت
نہ رنگ لائے کہیں تیرے ہاتھ کی خامی
عجب نہیں کہ مسلماں کو پھر عطا کر دیں
شکوہِ سنجر و فقرِ جنید و بسطامی
قبائے علمِ و ہنر لطفِ خاص ہے، ورنہ
تری نگاہ میں تھی میری نا خوش اندامی!

...۵۵...

ہر اک مقام سے آگے گزر گیا مہِ نو
کمال کس کو میسر ہُوا ہے بے تگ و دو
نفَس کے زور سے وہ غنچہ وا ہوا بھی تو کیا
جسے نصیب نہیں آفتاب کا پرتَو
نگاہ پاک ہے تیری تو پاک ہے دل بھی
کہ دل کو حق نے کیا ہے نگاہ کا پیَرو

پنپ سکا نہ خیاباں میں لالۂ دل سوز
کہ ساز گار نہیں یہ جہانِ گندم و جَو

رہے نہ ایبک و غوری کے معرکے باقی
ہمیشہ تازہ و شیریں ہے نغمۂ خسرو

...۵۶...

کھو نہ جا اس سحر و شام میں اے صاحبِ ہوش!
اک جہاں اور بھی ہے جس میں نہ فردا ہے نہ دوش

کس کو معلوم ہے ہنگامۂ فردا کا مقام
مسجد و مکتب و مے خانہ ہیں مدت سے خموش

میَں نے پایا ہے اسے اشکِ سحر گاہی میں
جس درِ ناب سے خالی ہے صدف کی آغوش

نئی تہذیب تکلف کے سوا کچھ بھی نہیں
چہرہ روشن ہو تو کیا حاجتِ گلگونہ فروش!

صاحبِ ساز کو لازم ہے کہ غافل نہ رہے
گاہے گاہے غلط آہنگ بھی ہوتا ہے سروش

...۵۷...

تھا جہاں مدرسۂ شیری و شہنشاہی
آج ان خانقہوں میں ہے فقط روباہی

نظر آئی نہ مجھے قافلہ سالاروں میں
وہ شبانی کہ ہے تمہیدِ کلیم اللّٰہی

لذّتِ نغمہ کہاں مرغِ خوش الحاں کے لیے
آہ، اس باغ میں کرتا ہے نفَس کوتاہی

ایک سرمستی و حیرت ہے سراپا تاریک
ایک سرمستی و حیرت ہے تمام آگاہی

صفتِ برق چمکتا ہے مرا فکرِ بلند
کہ بھٹکتے نہ پھریں ظلمتِ شب میں راہی

276

…۵۸…

ہے یاد مجھے نکتۂ سلمانِ[3] خوش آہنگ

دنیا نہیں مردانِ جفاکش کے لیے تنگ

چیتے کا جگر چاہیے، شاہیں کا تجسس

جی سکتے ہیں بے روشنی دانش و فرہنگ

کر بلبل و طاؤس کی تقلید سے توبہ

بلبل فقط آواز ہے، طاؤس فقط رنگ!

…۵۹…

فقر کے ہیں معجزات تاج و سریر و سپاہ

فقر ہے میروں کا میر، فقر ہے شاہوں کا شاہ

علم کا مقصود ہے پاکیِ عقل و خرد

فقر کا مقصود ہے عِفّتِ قلب و نگاہ

علم فقیہ و حکیم، فقر مسیح و کلیم

علم ہے جویائے راہ، فقر ہے دانائے راہ

فقر مقامِ نظر، علم مقامِ خبر

فقر میں مستیِ ثواب، علم میں مستیِ گناہ

علم کا ”موجود“ اور، فقر کا ”موجود“ اور

”اَشْہَدُ اَنْ لَّا اِلٰـہ، اَشْہَدُ اَنْ لَّا اِلٰـہ“

چڑھتی ہے جب فقر کی سان پہ تیغِ خودی

ایک سپاہی کی ضرب کرتی ہے کارِ سپاہ

دل اگر اس خاک میں زندہ و بیدار ہو

تیری نگہ توڑ دے آئنۂ مہر و ماہ

…۶۰…

کمال جوشِ جنوں میں رہا مَیں گرمِ طواف

خدا کا شکر، سلامت رہا حرم کا غلاف

یہ اتفاق مبارک ہو مومنوں کے لیے

کہ یک زباں ہیں فقیہانِ شہر میرے خلاف
تڑپ رہا ہے فلاطوں میانِ غیب و حضور
ازل سے اہلِ خرد کا مقام ہے اعراف
ترے ضمیر پہ جب تک نہ ہو نزولِ کتاب
گرہ کشا ہے نہ رازیؔ نہ صاحبِ کشّاف
سرور و سوز میں ناپائدار ہے، ورنہ
مئے فرنگ کا یہ جرعہ بھی نہیں ناصاف

...٦١...

شعور و ہوش و خرد کا معاملہ ہے عجیب
مقامِ شوق میں ہیں سب دل و نظر کے رقیب
مَیں جانتا ہُوں جماعت کا حشر کیا ہو گا
مسائلِ نظری میں الجھ گیا ہے خطیب
اگرچہ میرے نشیمن کا کر رہا ہے طواف
مری نوا میں نہیں طائرِ چمن کا نصیب
سنا ہے مَیں نے سخن رس ہے ترکِ عثمانی
سنائے کون اسے اقبالؔ کا یہ شعرِ غریب
سمجھ رہے ہیں وہ یورپ کو ہم جوار اپنا
ستارے جن کے نشیمن سے ہیں زیادہ قریب!

قطعہ

اندازِ بیاں گرچہ بہت شوخ نہیں ہے
شاید کہ اتر جائے ترے دل میں مری بات
یا وسعتِ افلاک میں تکبیرِ مسلسل
یا خاک کے آغوش میں تسبیح و مناجات
وہ مذہبِ مردانِ خود آگاہ و خدا مست
یہ مذہبِ مُلّا و جمادات و نباتات

رباعیات

...۱...

رہ و رسمِ حرم نا محرمانہ

کلیسا کی ادا سوداگرانہ

تبرک ہے مرا پیراہنِ چاک

نہیں اہلِ جنوں کا یہ زمانہ

...۲...

ظلامِ بحر میں کھو کر سنبھل جا

تڑپ جا، پیچ کھا کھا کر بدل جا

نہیں ساحل تری قسمت میں اے موج

ابھر کر جس طرف چاہے نکل جا!

...۳...

مکانی ہُوں کہ آزادِ مکاں ہُوں

جہاں بیں ہُوں کہ خود سارا جہاں ہُوں

وہ اپنی لامکانی میں رہیں مست

مجھے اتنا بتا دیں میں کہاں ہُوں!

...۴...

خودی کی خلوتوں میں گم رہا مَیں

خدا کے سامنے گویا نہ تھا مَیں

نہ دیکھا آنکھ اٹھا کر جلوۂ دوست

قیامت میں تماشا بن گیا مَیں!

...۵...

پریشاں کاروبارِ آشنائی

پریشاں تر مری رنگیں نوائی!

کبھی مَیں ڈھونڈتا ہُوں لذّتِ وصل

خوش آتا ہے کبھی سوزِ جدائی!

...۶...

یقیں، مثلِ خلیلؑ آتش نشینی

یقیں، اللّٰہ مستی، خود گزینی

سن، اے تہذیبِ حاضر کے گرفتار

غلامی سے بتر ہے بے یقینی

...۷...

عرب کے سوز میں سازِ عجم ہے

حرم کا راز توحیدِ اُمم ہے

تہی وحدت سے ہے اندیشۂ غرب

کہ تہذیبِ فرنگی بے حرم ہے

...۸...

کوئی دیکھے تو میری نے نوازی

نفَس ہندی، مقامِ نغمہ تازی

نگہ آلودۂ اندازِ افرنگ

طبیعت غزنوی، قسمت ایازی!

...۹...

ہر اک ذرّہ میں ہے شاید مکیں دل

اسی جلوت میں ہے خلوت نشیں دل

اسیرِ دوش و فردا ہے وَلیکن

غلامِ گردشِ دوراں نہیں دل

...۱۰...

ترا اندیشہ افلاکی نہیں ہے

تری پرواز لولاکی نہیں ہے

یہ مانا اصل شاہینی ہے تیری

تری آنکھوں میں بے باکی نہیں ہے

...۱۱...

نہ مومن ہے نہ مومن کی امیری

رہا صوفی، گئی روشن ضمیری
خدا سے پھر وہی قلب و نظر مانگ
نہیں ممکن امیری بے فقیری

...۱۲...

خودی کی جلوتوں میں مصطفائی
خودی کی خلوتوں میں کبریائی
زمین و آسمان و کرسی و عرش
خودی کی زد میں ہے ساری خدائی!

...۱۳...

نگہ الجھی ہوئی ہے رنگ و بُو میں
خرد کھوئی گئی ہے چار سُو میں
نہ چھوڑ اے دل فغانِ صبح گاہی
اماں شاید ملے، اللّٰہ ھُو میں!

...۱۴...

جمالِ عشق و مستی نَے نوازی
جلالِ عشق و مستی بے نیازی
کمالِ عشق و مستی ظرفِ حیدرؓ
زوالِ عشق و مستی حرفِ رازیؔ

...۱۵...

وہ میرا رونقِ محفل کہاں ہے
مری بجلی، مرا حاصل کہاں ہے
مقام اس کا ہے دل کی خلوتوں میں
خدا جانے مقامِ دل کہاں ہے!

...۱۶...

سوارِ ناقہ و محمل نہیں مَیں
نشانِ جادہ ہُوں، منزل نہیں مَیں
مری تقدیر ہے خاشاک سوزی

فقط بجلی ہوں مَیں، حاصل نہیں مَیں

...۱۷...

ترے سینے میں دم ہے، دل نہیں ہے
ترا دم گرمیِ محفل نہیں ہے
گزر جا عقل سے آگے کہ یہ نور
چراغِ راہ ہے، منزل نہیں ہے

...۱۸...

ترا جوہر ہے نوری، پاک ہے تُو
فروغِ دیدۂ افلاک ہے تُو
ترے صیدِ زبوں افرشتہ و حُور
کہ شاہینِ شہِ لولاک ہے تُو!

...۱۹...

محبّت کا جنوں باقی نہیں ہے
مسلمانوں میں خوں باقی نہیں ہے
صفیں کج، دل پریشاں، سجدہ بے ذوق
کہ جذبِ اندروں باقی نہیں ہے

...۲۰...

خودی کے زور سے دنیا پہ چھا جا
مقامِ رنگ و بو کا راز پا جا
برنگِ بحر، ساحل آشنا رہ
کفِ ساحل سے دامن کھینچتا جا

...۲۱...

چمن میں رختِ گل شبنم سے تر ہے
سمن ہے، سبزہ ہے، بادِ سحر ہے
مگر ہنگامہ ہو سکتا نہیں گرم
یہاں کا لالہ بے سوزِ جگر ہے

...۲۲...

خرد سے راہرو روشن بصر ہے
خرد کیا ہے، چراغِ رہ گزر ہے
دَرُونِ خانہ ہنگامے ہیں کیا کیا
چراغِ رہ گزر کو کیا خبر ہے!

...۲۳...

جوانوں کو مری آہِ سحر دے
پھر ان شاہیں بچوں کو بال و پر دے
خدایا! آرزو میری یہی ہے
مرا نورِ بصیرت عام کر دے

...۲۴...

تری دنیا جہانِ مرغ و ماہی
مری دنیا فغانِ صبح گاہی
تری دنیا میں مَیں محکوم و مجبور
مری دنیا میں تیری پادشاہی!

...۲۵...

کرم تیرا کہ بے جوہر نہیں مَیں
غلامِ طغرل و سنجر نہیں مَیں
جہاں بینی مری فطرت ہے لیکن
کسی جمشید کا ساغر نہیں مَیں

...۲۶...

وہی اصلِ مکان و لامکاں ہے
مکاں کیا شے ہے، اندازِ بیاں ہے
خضر کیونکر بتائے، کیا بتائے
اگر ماہی کہے دریا کہاں ہے

...۲۷...

کبھی آوارہ و بے خانماں عشق

کبھی شاہِ شہاں نوشیرواں عشق
کبھی میداں میں آتا ہے زِرہ پوش
کبھی عریاں و بے تیغ و سناں عشق!

...۲۸...

کبھی تنہائیِ کوہ و دمن عشق
کبھی سوز و سرور و انجمن عشق
کبھی سرمایۂ محراب و منبر
کبھی مولا علیؑ، خیبر شکن عشق!

...۲۹...

عطا اسلاف کا جذبِ دروں کر
شریکِ زمرۂ ''لَا یَحْزَنُوْں'' کر
خرد کی گتھیاں سلجھا چکا مَیں
مرے مولا مجھے صاحب جنوں کر!

...۳۰...

یہ نکتہ مَیں نے سیکھا بوالحسن سے
کہ جاں مرتی نہیں مرگِ بدن سے
چمک سورج میں کیا باقی رہے گی
اگر بیزار ہو اپنی کرن سے!

...۳۱...

خرد واقف نہیں ہے نیک و بد سے
بڑھی جاتی ہے ظالم اپنی حد سے
خدا جانے مجھے کیا ہو گیا ہے
خرد بیزار دل سے، دل خرد سے!

...۳۲...

خدائی اہتمام خشک و تر ہے
خداوندا! خدائی دردِ سر ہے
ولیکن بندگی، اَسْتَغْفِرُ اللّٰہ!

یہ دردِ سر نہیں، دردِ جگر ہے

...۳۳...

یہی آدم ہے سلطاں بحر و بر کا
کہوں کیا ماجرا اس بے بصر کا
نہ خود بیں، نَے خدا بیں نَے جہاں بیں
یہی شہکار ہے تیرے ہنر کا؟

...۳۴...

دمِ عارف نسیمِ صبح دم ہے
اسی سے ریشۂ معنی میں نم ہے
اگر کوئی شعیب آئے میسر
شبانی سے کلیمی دو قدم ہے

...۳۵...

رگوں میں وہ لہو باقی نہیں ہے
وہ دل، وہ آرزو باقی نہیں ہے
نماز و روزہ و قربانی و حج
یہ سب باقی ہیں، تُو باقی نہیں ہے

...۳۶...

کھُلے جاتے ہیں اَسرارِ نہانی
گیا دورِ حدیثِ لن ترانی
ہوئی جس کی خودی پہلے نمودار
وہی مہدی، وہی آخر زمانی!

...۳۷...

زمانے کی یہ گردش جاودانہ
حقیقت ایک تُو، باقی فسانہ
کسی نے دوش دیکھا ہے نہ فردا
فقط امروز ہے تیرا زمانہ

...۳۸...

حکیمی، نامسلمانی خودی کی

کلیمی، رمزِ پنہانی خودی کی

تجھے گر فقر و شاہی کا بتا دوں

غریبی میں نگہبانی خودی کی!

...۳۹...

ترا تن روح سے نا آشنا ہے

عجب کیا! آہ تیری نارسا ہے

تنِ بے روح سے بیزار ہے حق

خدائے زندہ، زندوں کا خدا ہے

قطعہ

اقبال نے کل اہلِ خیاباں کو سنایا

یہ شعرِ نشاط آور و پر سوز و طرب ناک

مَیں صورتِ گل دستِ صبا کا نہیں محتاج

کرتا ہے مرا جوشِ جنوں میری قبا چاک

منظومات

دعا

ہے یہی میری نماز، ہے یہی میرا وضو
میری نواؤں میں ہے میرے جگر کا لہو

صحبتِ اہلِ صفا، نور و حضور و سرور
سرخوش و پُر سوز ہے لالہ لبِ آبجو

راہِ محبّت میں ہے کون کسی کا رفیق
ساتھ مرے رہ گئی ایک مری آرزو

میرا نشیمن نہیں درگہِ میر و وزیر
میرا نشیمن بھی تُو، شاخِ نشیمن بھی تُو

تجھ سے گریباں مرا مطلعِ صبح نشور
تجھ سے مرے سینے میں آتش "اللّٰہ ھُو"

تجھ سے مری زندگی سوز و تب و درد و داغ
تُو ہی مری آرزو، تُو ہی مری جستجو

پاس اگر تُو نہیں، شہر ہے ویراں تمام
تُو ہے تو آباد ہیں اجڑے ہوئے کاخ و کو

پھر وہ شرابِ کہن مجھ کو عطا کر کہ مَیں
ڈھونڈ رہا ہُوں اسے توڑ کے جام و سبُو

چشمِ کرم ساقیا! دیر سے ہیں منتظر
جلوَتیوں کے سبُو، خلوتیوں کے کدو

تیری خدائی سے ہے میرے جنوں کو گلہ
اپنے لیے لامکاں، میرے لیے چار سُو!
فلسفہ و شعر کی اور حقیقت ہے کیا
حرفِ تمنّا، جسے کہہ نہ سکیں رو برو

مسجدِ قرطبہ

(ہسپانیہ کی سرزمین، بالخصوص قرطبہ میں لکھی گئی)

سلسلۂ روز و شب، نقش گرِ حادثات
سلسلۂ روز و شب، اصلِ حیات و ممات
سلسلۂ روز و شب، تارِ حریرِ دو رنگ
جس سے بناتی ہے ذات اپنی قبائے صفات
سلسلۂ روز و شب، سازِ ازل کی فغاں
جس سے دکھاتی ہے ذات زیر و بمِ ممکنات
تجھ کو پرکھتا ہے یہ، مجھ کو پرکھتا ہے یہ
سلسلۂ روز و شب، صیرفیِ کائنات
تُو ہو اگر کم عیار، میَں ہوں اگر کم عیار
موت ہے تیری برات، موت ہے میری برات
تیرے شب و روز کی اور حقیقت ہے کیا
ایک زمانے کی رَو جس میں نہ دن ہے نہ رات
آنی و فانی تمام معجزہ ہائے ہنر
کارِ جہاں بے ثبات، کارِ جہاں بے ثبات!
اوّل و آخر فنا، باطن و ظاہر فنا
نقشِ کہن ہو کہ نو، منزلِ آخر فنا
ہے مگر اس نقش میں رنگِ ثباتِ دوام
جس کو کیا ہو کسی مردِ خدا نے تمام
مردِ خدا کا عمل عشق سے صاحب فروغ
عشق ہے اصلِ حیات، موت ہے اس پر حرام

تند و سبک سیر ہے گرچہ زمانے کی رو

عشق خود اک سیل ہے، سیل کو لیتا ہے تھام

عشق کی تقویم میں عصرِ رواں کے سوا

اور زمانے بھی ہیں جن کا نہیں کوئی نام

عشق دمِ جبرئیل، عشق دلِ مصطفیٰؐ

عشق خدا کا رسول، عشق خدا کا کلام

عشق کی مستی سے ہے پیکرِ گل تابناک

عشق ہے صہبائے خام، عشق ہے کاس الکرام

عشق فقیہہِ حرم، عشق امیرِ جنود

عشق ہے ابن السبیل، اس کے ہزاروں مقام

عشق کے مضراب سے نغمۂ تارِ حیات

عشق سے نورِ حیات، عشق سے نارِ حیات

اے حرمِ قرطبہ! عشق سے تیرا وجود

عشق سراپا دوام، جس میں نہیں رفت و بُود

رنگ ہو یا خشت و سنگ، چنگ ہو یا حرف و صوت

معجزۂ فن کی ہے خونِ جگر سے نمود

قطرۂ خونِ جگر، سِل کو بناتا ہے دل

خونِ جگر سے صدا سوز و سرور و سرود

تیری فضا دل فروز، میری نوا سینہ سوز

تجھ سے دلوں کا حضور، مجھ سے دلوں کی کشُود

عرشِ معلّیٰ سے کم سینۂ آدم نہیں

گرچہ کفِ خاک کی حد ہے سپہرِ کبود

پیکرِ نوری کو ہے سجدہ میسر تو کیا

اس کو میسر نہیں سوز و گدازِ سجود

کافر ہندی ہوں میَں، دیکھ مرا ذوق و شوق

دل میں صلوٰۃ و درود، لب پہ صلوٰۃ و درود

شوق مری لَے میں ہے، شوق مری نَے میں ہے

نغمۂ "اللّٰہ ھُو" میرے رگ و پَے میں ہے

تیرا جلال و جمال، مردِ خُدا کی دلیل
وہ بھی جلیل و جمیل، تُو بھی جلیل و جمیل

تیری بنا پائیدار، تیرے ستوں بے شمار
شام کے صحرا میں ہو جیسے ہجومِ نخیل

تیرے در و بام پر وادیِ ایمن کا نور
تیرا منارِ بلند جلوہ گہِ جبریئیل

مٹ نہیں سکتا کبھی مردِ مسلماں کہ ہے
اس کی اذانوں سے فاش سرِّ کلیم و خلیل

اس کی زمیں بے حدود، اس کا افق بے ثغور
اس کے سمندر کی موج، دجلہ و دنیوب و نیل

اس کے زمانے عجیب، اس کے فسانے غریب
عہدِ کہن کو دیا اس نے پیامِ رحیل

ساقیِ اربابِ ذوق، فارسِ میدانِ شوق
بادہ ہے اس کا رحیق، تیغ ہے اس کی اصیل

مردِ سپاہی ہے وہ اس کی زِرہ ”لَا اِلٰہ“
سایۂ شمشیر میں اس کی پنہ ”لَا اِلٰہ“

تجھ سے ہوا آشکار بندۂ مومن کا راز
اس کے دنوں کی تپش، اس کی شبوں کا گداز

اس کا مقامِ بلند، اس کا خیالِ عظیم
اس کا سرور اس کا شوق، اس کا نیاز اس کا ناز

ہاتھ ہے اللہ کا بندۂ مومن کا ہاتھ
غالب و کار آفریں، کار کشا، کارساز

خاکی و نوری نہاد، بندۂ مولا صفات
ہر دو جہاں سے غنی اس کا دلِ بے نیاز

اس کی امیدیں قلیل، اس کے مقاصد جلیل
اس کی ادا دل فریب، اس کی نگہ دل نواز

نرم دمِ گفتگو، گرم دمِ جستجو
رزم ہو یا بزم ہو، پاک دل و پاک باز

نقطۂ پرکارِ حق، مردِ خدا کا یقیں

اور یہ عالم تمام وہم و طلسم و مجاز

عقل کی منزل ہے وہ، عشق کا حاصل ہے وہ

حلقۂ آفاق میں گرمیِ محفل ہے وہ

کعبۂ اربابِ فن! سطوتِ دیں میں

تجھ سے حرم مرتبت اندلسیوں کی زمیں

ہے تہ گردوں اگر حسن میں تیری نظیر

قلبِ مسلماں میں ہے، اور نہیں ہے کہیں

آہ وہ مردانِ حق! وہ عربی شہسوار

حاملِ ”خلقِ عظیم“، صاحبِ صدق و یقیں

جن کی حکومت سے ہے فاش یہ رمزِ غریب

سلطنتِ اہلِ دل فقر ہے، شاہی نہیں

جن کی نگاہوں نے کی تربیتِ شرق و غرب

ظلمتِ یورپ میں تھی جن کی خرد راہ بیں

جن کے لہو کے طفیل آج بھی ہیں اندلسی

خوش دل و گرم اختلاط، سادہ و روشن جبیں

آج بھی اس دیس میں عام ہے چشمِ غزال

اور نگاہوں کے تیر آج بھی ہیں دل نشیں

بوئے یمن آج بھی اس کی ہواؤں میں ہے

رنگِ حجاز آج بھی اس کی نواؤں میں ہے

دیدۂ انجم میں ہے تیری زمیں، آسماں

آہ کہ صدیوں سے ہے تیری فضا بے اذاں

کون سی وادی میں ہے، کون سی منزل میں ہے

عشقِ بلا خیز کا قافلۂ سخت جاں!

دیکھ چکا المنیٰ، شورشِ اصلاحِ دیں

جس نے نہ چھوڑے کہیں نقشِ کہن کے نشاں

حرفِ غلط بن گئی عصمتِ پیرِ کنشت

اور ہوئی فکر کی کشتیِ نازک رواں

چشمِ فرانسیس بھی دیکھ چکی انقلاب

جس سے دگرگوں ہوا مغربیوں کا جہاں

ملّتِ رومی نژاد کہنہ پرستی سے پیر

لذّتِ تجدید سے وہ بھی ہوئی پھر جواں

روحِ مسلماں میں ہے آج وہی اضطراب

رازِ خدائی ہے یہ، کہہ نہیں سکتی زباں

دیکھیے اس بحر کی تہ سے اچھلتا ہے کیا

گنبدِ نیلوفری رنگ بدلتا ہے کیا!

وادیِ کہسار میں غرقِ شفق ہے سحاب

لعلِ بدخشاں کے ڈھیر چھوڑ گیا آفتاب

سادہ و پرسوز ہے دخترِ دہقاں کا گیت

کشتیِ دل کے لیے سیل ہے عہدِ شباب

آبِ روانِ کبیر![4] تیرے کنارے کوئی

دیکھ رہا ہے کسی اور زمانے کا خواب

عالمِ نو ہے ابھی پردۂ تقدیر میں

میری نگاہوں میں ہے اس کی سحر بے حجاب

پردہ اٹھا دوں اگر چہرۂ افکار سے

لا نہ سکے گا فرنگ میری نواؤں کی تاب

جس میں نہ ہو انقلاب، موت ہے وہ زندگی

روحِ اُمم کی حیات کشمکشِ انقلاب

صورتِ شمشیر ہے دستِ قضا میں وہ قوم

کرتی ہے جو ہر زماں اپنے عمل کا حساب

نقش ہیں سب ناتمام خونِ جگر کے بغیر

نغمہ ہے سودائے خام خونِ جگر کے بغیر

---

4   وادا لکبیر، قرطبہ کا مشہور دریا جس کے قریب ہی مسجد قرطبہ واقع ہے

قید خانے میں معتمد کی فریاد

(معتمدؔ اشبیلیہ کا بادشاہ اور عرَبی شاعر تھا۔ ہسپانیہ کے ایک حکمران نے اس کو
شکست دے کر قید میں ڈال دیا تھا۔ معتمد کی نظمیں انگریزی میں ترجمہ ہو کر
''وزڈم آف دی ایسٹ سیریز'' میں شائع ہو چکی ہیں)

اک فغانِ بے شرر سینے میں باقی رہ گئی

سوز بھی رخصت ہوا، جاتی رہی تاثیر بھی

مردِ حُر زنداں میں ہے بے نیزہ و شمشیر آج

مَیں پشیماں ہُوں، پشیماں ہے مری تدبیر بھی

خود بخود زنجیر کی جانب کھنچا جاتا ہے دل

تھی اسی فولاد سے شاید مری شمشیر بھی

جو مری تیغِ دو دم تھی، اب مری زنجیر ہے

شوخ و بے پروا ہے کتنا خالقِ تقدیر بھی!

عبدالرحمن اوّل کا بویا ہوا کھجور کا پہلا درخت

سرزمینِ اندلس میں

یہ اشعار جو عبد الرحمن اوّل کی تصنیف سے ہیں، ''تاریخ المقری'' میں درج ہیں
مندرجہ ذیل اردو نظم ان کا آزاد ترجمہ ہے، درخت مذکور مدینۃ الزہرا میں بویا گیا تھا

میری آنکھوں کا نور ہے تُو

میرے دل کا سرور ہے تُو

اپنی وادی سے دُور ہوں مَیں

میرے لیے نخلِ طُور ہے تُو

مغرب کی ہَوا نے تجھ کو پالا

صحرائے عرب کی حُور ہے تُو

پردیس میں ناصبور ہوں مَیں

پردیس میں ناصبور ہے تُو

غربت کی ہَوا میں بار وَر ہو

ساقی تیرا نم سحر ہو

عالم کا عجیب ہے نظارہ
دامانِ نگہ ہے پارہ پارہ
ہمّت کو شناوری مبارک!
پیدا نہیں بحر کا کنارہ
ہے سوزِ دروں سے زندگانی
اٹھتا نہیں خاک سے شرارہ
صبح غربت میں اور چمکا
ٹوٹا ہوا شام کا ستارہ
مومن کے جہاں کی حد نہیں ہے
مومن کا مقام ہر کہیں ہے

ہسپانیہ

(ہسپانیہ کی سرزمین میں لکھے گئے ۔ واپس آتے ہوئے)

ہسپانیہ تو خونِ مسلماں کا امیں ہے
مانندِ حرم پاک ہے تو میری نظر میں
پوشیدہ تری خاک میں سجدوں کے نشاں ہیں
خاموش اذانیں ہیں تری بادِ سحر میں
روشن تھیں ستاروں کی طرح ان کی سنانیں
خیمے تھے کبھی جن کے ترے کوہ و کمر میں
پھر تیرے حسینوں کو ضرورت ہے حنا کی؟
باقی ہے ابھی رنگ مرے خونِ جگر میں!
کیونکر خس و خاشاک سے دب جائے مسلماں
مانا، وہ تب و تاب نہیں اس کے شرر میں
غرناطہ بھی دیکھا مری آنکھوں نے ولیکن
تسکینِ مسافر نہ سفر میں نہ حضر میں
دیکھا بھی دکھایا بھی، سنایا بھی سنا بھی
ہے دل کی تسلّی نہ نظر میں، نہ خبر میں!

طارق کی دعا

(اندلس کے میدانِ جنگ میں)

یہ غازی، یہ تیرے پُر اَسرار بندے

جنھیں تُو نے بخشا ہے ذوقِ خدائی

دو نیم ان کی ٹھوکر سے صحرا و دریا

سمٹ کر پہاڑ ان کی ہیبت سے رائی

دو عالم سے کرتی ہے بیگانہ دل کو

عجب چیز ہے لذّتِ آشنائی

شہادت ہے مطلوب و مقصودِ مومن

نہ مالِ غنیمت نہ کشور کشائی

خیاباں میں ہے منتظر لالہ کب سے

قبا چاہیے اس کو خونِ عرب سے

کیا تُو نے صحرا نشینوں کو یکتا

خبر میں، نظر میں، اذانِ سحر میں

طلب جس کی صدیوں سے تھی زندگی کو

وہ سوز اس نے پایا اُنھی کے جگر میں

کشادِ درِ دل سمجھتے ہیں اس کو

ہلاکت نہیں موت ان کی نظر میں

دلِ مردِ مومن میں پھر زندہ کر دے

وہ بجلی کہ تھی نعرۂ ''لَا تَـذَرْ'' میں

عزائم کو سینوں میں بیدار کر دے

نگاہِ مسلماں کو تلوار کر دے

لینن

(خدا کے حضور میں)

اے انفس و آفاق میں پیدا ترے آیات

حق یہ ہے کہ ہے زندہ و پائندہ تری ذات
میں کیسے سمجھتا کہ تُو ہے یا کہ نہیں ہے
ہر دم متغیر تھے خرد کے نظریّات
محرم نہیں فطرت کے سرودِ ازلی سے
بینائے کواکب ہو کہ دانائے نباتات
آج آنکھ نے دیکھا تو وہ عالم ہوا ثابت
میں جس کو سمجھتا تھا کلیسا کے خرافات
ہم بندۂ شب و روز میں جکڑے ہوئے بندے
تُو خالقِ اعصار و نگارندۂ آنات!
اک بات اگر مجھ کو اجازت ہو تو پوچھوں
حل کر نہ سکے جس کو حکیموں کے مقالات
جب تک میں جیا خیمۂ افلاک کے نیچے
کانٹے کی طرح دل میں کھٹکتی رہی یہ بات
گفتار کے اسلوب پہ قابو نہیں رہتا
جب روح کے اندر متلاطم ہوں خیالات
وہ کون سا آدم ہے کہ تُو جس کا ہے معبود
وہ آدمِ خاکی کہ جو ہے زیرِ سماوات؟
مشرق کے خداوند سفیدانِ فرنگی
مغرب کے خداوند درخشندۂ فلزات
یورپ میں بہت روشنی علم و ہنر ہے
حق یہ ہے کہ بے چشمۂ حیواں ہے یہ ظلمات
رعنائیِ تعمیر میں، رونق میں، صفا میں
گرجوں سے کہیں بڑھ کے ہیں بنکوں کی عمارات
ظاہر میں تجارت ہے، حقیقت میں جوا ہے
سود ایک کا لاکھوں کے لیے مرگِ مفاجات
یہ علم، یہ حکمت، یہ تدبّر، یہ حکومت
پیتے ہیں لہو، دیتے ہیں تعلیم مساوات
بے کاری و عریانی و مے خواری و افلاس

کیا کم ہیں فرنگی مدنیّت کے فتوحات
وہ قوم کہ فیضانِ سماوی سے ہو محروم
حد اس کے کمالات کی ہے برق و بخارات
ہے دل کے لیے موت مشینوں کی حکومت
احساسِ مروّت کو کچل دیتے ہیں آلات
آثار تو کچھ کچھ نظر آتے ہیں کہ آخر
تدبیر کو تقدیر کے شاطر نے کیا مات
ے خانے کی بنیاد میں آیا ہے تزلزل
بیٹھے ہیں اسی فکر میں پیرانِ خرابات
چہروں پہ جو سرخی نظر آتی ہے سرِ شام
یا غازہ ہے یا ساغر و مینا کی کرامات
تُو قادر و عادل ہے مگر تیرے جہاں میں
ہیں تلخ بہت بندۂ مزدور کے اوقات!
کب ڈوبے گا سرمایہ پرستی کا سفینہ؟
دنیا ہے تری منتظرِ روزِ مکافات

فرشتوں کا گیت

عقل ہے بے زمام ابھی، عشق ہے بے مقام ابھی
نقش گرِ ازل! ترا نقش ہے نا تمام ابھی
خَلقِ خُدا کی گھات میں رند و فقیہ و میر و پیر
تیرے جہاں میں ہے وہی گردشِ صبح و شام ابھی
تیرے امیر مال مست، تیرے فقیر حال مست
بندہ ہے کوچہ گرد ابھی، خواجہ بلند بام ابھی
دانش و دین و علم و فن بندگیِ ہوس تمام
عشقِ گرہ کشائے کا فیض نہیں ہے عام ابھی
جوہرِ زندگی ہے عشق، جوہرِ عشق ہے خودی
آہ کہ ہے یہ تیغ تیز پردگیِ نیام ابھی!

فرمانِ خدا

(فرشتوں سے)

اٹھو! مری دنیا کے غریبوں کو جگا دو
کاخِ امرا کے در و دیوار ہلا دو

گرماؤ غلاموں کا لہو سوزِ یقیں سے
کنجشکِ فرومایہ کو شاہیں سے لڑا دو

سلطانیِ جمہور کا آتا ہے زمانہ
جو نقشِ کہن تم کو نظر آئے، مٹا دو

جس کھیت سے دہقاں کو میسر نہیں روزی
اس کھیت کے ہر خوشۂ گندم کو جلا دو

کیوں خالق و مخلوق میں حائل رہیں پردے
پیرانِ کلیسا کو کلیسا سے اٹھا دو

"حق را بسجودے، صنماں را بطوافے"
بہتر ہے چراغِ حرم و دَیر بجھا دو

مَیں ناخوش و بیزار ہُوں مرمر کی سلوں سے
میرے لیے مٹی کا حرم اور بنا دو

تہذیبِ نوی کار گہِ شیشہ گراں ہے
آدابِ جنوں شاعرِ مشرق کو سِکھا دو

ذوق و شوق

(ان میں سے اکثر اشعار فلسطین میں لکھے گئے)

دریغ آمدم زاں ہمہ بوستاں
تہی دست رفتن سوئے دوستاں

قلب و نظر کی زندگی دشت میں صبح کا سماں
چشمۂ آفتاب سے نور کی ندّیاں رواں

حسنِ ازل کی ہے نمود، چاک ہے پردۂ وجود

دل کے لیے ہزار سود ایک نگاہ کا زیاں
سرخ و کبود بدلیاں چھوڑ گیا سحابِ شب
کوہِ اضم کو دے گیا رنگ برنگ طیلساں
گرد سے پاک ہے ہَوا، برگِ نخیل دھل گئے
ریگِ نواحِ کاظمہ نرم ہے مثلِ پرنیاں
آگ بجھی ہوئی اِدھر، ٹوٹی ہوئی طناب اُدھر
کیا خبر اس مقام سے گزرے ہیں کتنے کارواں
آئی صدائے جبریل، تیرا مقام ہے یہی
اہلِ فراق کے لیے عیشِ دوام ہے یہی

کس سے کہوں کہ زہر ہے میرے لیے مئے حیات
کہنہ ہے بزمِ کائنات، تازہ ہیں میرے واردات
کیا نہیں اور غزنوی کارگہِ حیات میں
بیٹھے ہیں کب سے منتظر اہلِ حرم کے سومنات
ذکرِ عرب کے سوز میں، فکرِ عجم کے ساز میں
نے عربی مشاہدات، نے عجمی تخیلات
قافلۂ حجاز میں ایک حُسینؓ بھی نہیں
گرچہ ہے تاب دار ابھی گیسوئے دجلہ و فرات
عقل و دل و نگاہ کا مرشدِ اوّلیں ہے عشق
عشق نہ ہو تو شرع و دیں بت کدۂ تصورات
صدقِ خلیلؑ بھی ہے عشق، صبرِ حُسینؓ بھی ہے عشق
معرکۂ وجود میں بدر و حنین بھی ہے عشق

آئے کائنات کا معنی دیریاب تُو
نکلے تری تلاش میں قافلہ ہائے رنگ و بو
جلوتیانِ مدرسہ کور نگاہ و مردہ ذوق
خلوتیانِ مے کدہ کم طلب و تہی کدو
مَیں کہ مری غزل میں ہے آتشِ رفتہ کا سراغ
میری تمام سرگزشت کھوئے ہووَں کی جستجو

بادِ صبا کی موج سے نشو و نمائے خار و خس
میرے نفَس کی موج سے نشو و نمائے آرزو

خونِ دل و جگر سے ہے میری نوا کی پرورش
ہے رگِ ساز میں رواں صاحبِ ساز کا لہو

فرصتِ کشمکش مدہ ایں دلِ بے قرار را
یک دو شکن زیادہ کن گیسوئے تابدار را

لوح بھی تُو، قلم بھی تُو، تیرا وجود الکتاب
گنبدِ آبگینہ رنگ تیرے محیط میں حباب

عالمِ آب و خاک میں تیرے ظہور سے فروغ
ذرّۂ ریگ کو دیا تُو نے طلوعِ آفتاب

شوکتِ سنجر و سلیم، تیرے جلال کی نمود
فقرِ جنید و با یزید تیرا جمال بے نقاب

شوق ترا اگر نہ ہو میری نماز کا امام
میرا قیام بھی حجاب، میرا سجود بھی حجاب

تیری نگاہِ ناز سے دونوں مراد پا گئے
عقل، غیاب و جستجو، عشق، حضور و اضطراب

تیرہ و تار ہے جہاں گردشِ آفتاب سے
طبعِ زمانہ تازہ کر جلوۂ بے حجاب سے

تیری نظر میں ہیں تمام میرے گذشتہ روز و شب
مجھ کو خبر نہ تھی کہ ہے علمِ نخیل بے رطب

تازہ مرے ضمیر میں معرکہ کہن ہوا
عشق تمام مصطفیٰ، عقل تمام بولہب

گاہ بحیلہ می برد، گاہ بزور می کشد
عشق کی ابتدا عجب، عشق کی انتہا عجب

عالم سوز و ساز میں وصل سے بڑھ کے ہے فراق
وصل میں مرگِ آرزو، ہجر میں لذّتِ طلب

عین وِصال میں مجھے حوصلۂ نظر نہ تھا

گرچہ بہانہ جُو رہی میری نگاہِ بے ادب
گرمیِ آرزو فراق! شورش ہائے و ہو فراق
موج کی جستجو فراق، قطرے کی آبرو فراق!

پروانہ اور جگنو

پروانہ

پروانے کی منزل سے بہت دُور ہے جگنو
کیوں آتشِ بے سوز پہ مغرور ہے جگنو

جگنو

اللّٰہ کا سو شکر کہ پروانہ نہیں مَیں
دریوزہ گرِ آتش بیگانہ نہیں مَیں

جاوید کے نام

خودی کے ساز میں ہے عمرِ جاوداں کا سراغ
خودی کے سوز سے روشن ہیں امّتوں کے چراغ!
یہ ایک بات کہ آدم ہے صاحبِ مقصود
ہزار گونہ فروغ و ہزار گونہ فراغ!
ہوئی نہ زاغ میں پیدا بلند پروازی
خراب کر گئی شاہیں بچے کو صحبتِ زاغ
حیا نہیں ہے زمانے کی آنکھ میں باقی
خدا کرے کہ جوانی تری رہے بے داغ
ٹھہر سکا نہ کسی خانقاہ میں اقبال
کہ ہے ظریف و خوش اندیشہ و شگفتہ دماغ

گدائی

(ماخوذ از انوری)

مے کدے میں ایک دن اک رندِ زیرک نے کہا
ہے ہمارے شہر کا والی گدائے بے حیا
تاج پہنایا ہے کس کی بے کلاہی نے اسے
کس کی عریانی نے بخشی ہے اسے زرّیں قبا
اس کے آبِ لالہ گوں کی خونِ دہقاں سے کشید
تیرے میرے کھیت کی مٹی ہے اس کی کیمیا
اس کے نعمت خانے کی ہر چیز ہے مانگی ہوئی
دینے والا کون ہے، مردِ غریب و بے نوا
مانگنے والا گدا ہے، صدقہ مانگے یا خراج
کوئی مانے یا نہ مانے، میرو سلطاں سب گدا!

مُلّا اور بہشت

مَیں بھی حاضر تھا وہاں، ضبطِ سخن کر نہ سکا
حق سے جب حضرتِ مُلّا کو ملا حکم بہشت
عرض کی مَیں نے، الٰہی! مری تقصیر معاف
خوش نہ آئیں گے اسے حُور و شراب و لبِ کشت
نہیں فردوس مقامِ جدل و قال و اقول
بحث و تکرار اس اللہ کے بندے کی سرشت
ہے بد آموزیِ اقوام و مِلل کام اِس کا
اور جنّت میں نہ مسجد، نہ کلیسا، نہ کُنِشت!

دین و سیاست

کلیسا کی بنیاد رہبانیت تھی
سماتی کہاں اس فقیری میں میری

خصومت تھی سلطانی و راہبی میں

کہ وہ سربلندی ہے یہ سربزیری

سیاست نے لاتے مذہب جسے پیچھا چھڑایا

چلی کچھ نہ پیرِ کلیسا کی پیری

ہوئی دین و دولت میں جس دم جدائی

ہوس کی امیری، ہوس کی وزیری

دوئی ملک و دیں کے لیے نامرادی

دوئی چشمِ تہذیب کی نابصیری

یہ اعجاز ہے ایک صحرا نشیں کا

بشیری ہے آئینہ دارِ نذیری!

اسی میں حفاظت ہے انسانیت کی

کہ ہوں ایک جنیّدی و اردشیری

الارض للّٰہ

پالتا ہے بیج کو مٹی کو تاریکی میں کون

کون دریاؤں کی موجوں سے اٹھاتا ہے سحاب؟

کون لایا کھینچ کر پچھّم سے بادِ سازگار

خاک یہ کس کی ہے، کس کا ہے یہ نورِ آفتاب؟

کس نے بھر دی موتیوں سے خوشۂ گندم کی جیب

موسموں کو کس نے سکھلائی ہے خوئے انقلاب؟

دہ خدایا! یہ زمیں تیری نہیں، تیری نہیں

تیرے آبا کی نہیں، تیری نہیں، میری نہیں

ایک نوجوان کے نام

ترے صوفے ہیں افرنگی، ترے قالیں ہیں ایرانی

لہو مجھ کو رلاتی ہے جوانوں کی تن آسانی

امارت کیا، شکوہِ خسروی بھی ہو تو کیا حاصل

نہ زورِ حیدری تجھ میں، نہ استغنائے سلمانی
نہ ڈھونڈ اس چیز کو تہذیبِ حاضر کی تجلی میں
کہ پایا مَیں نے استغنا میں معراجِ مسلمانی
عقابی روح جب بیدار ہوتی ہے جوانوں میں
نظر آتی ہے اس کو اپنی منزل آسمانوں میں
نہ ہو نومید، نومیدی زوالِ علم و عرفاں ہے
امیدِ مردِ مومن ہے خدا کے راز دانوں میں
نہیں تیرا نشیمن قصرِ سلطانی کے گنبد پر
تُو شاہیں ہے، بسیرا کر پہاڑوں کی چٹانوں میں

نصیحت

بچۂ شاہیں سے کہتا تھا عقابِ سال خورد
اے ترے شہپر پہ آساں رفعتِ چرخِ بریں
ہے شباب اپنے لہو کی آگ میں جلنے کا نام
سخت کوشی سے ہے تلخ زندگانی انگبیں
جو کبوتر پر جھپٹنے میں مزا ہے اے پسر!
وہ مزا شاید کبوتر کے لہو میں بھی نہیں

لالۂ صحرا

یہ گنبدِ مینائی، یہ عالمِ تنہائی
مجھ کو تو ڈراتی ہے اس دشت کی پہنائی
بھٹکا ہوا راہی میں، بھٹکا ہوا راہی تُو
منزل ہے کہاں تیری اے لالۂ صحرائی!
خالی ہے کلیموں سے یہ کوہ و کمر ورنہ
تُو شعلۂ سینائی، میں شعلۂ سینائی!
تُو شاخ سے کیوں پھوٹا، میں شاخ سے کیوں ٹوٹا
اک جذبۂ پیدائی، اک لذّتِ یکتائی!

غوّاصِ محبّت کا اللہ نگہباں ہو
ہر قطرۂ دریا میں دریا کی ہے گہرائی
اس موج کے ماتم میں روتی ہے بھنور کی آنکھ
دریا سے اٹھی لیکن ساحل سے نہ ٹکرائی
ہے گرمیِ آدم سے ہنگامۂ عالم گرم
سورج بھی تماشائی، تارے بھی تماشائی
اے بادِ بیابانی! مجھ کو بھی عنایت ہو
خاموشی و دل سوزی، سرمستی و رعنائی!

ساقی نامہ

ہَوا خیمہ زن کاروانِ بہار
ارم بن گیا دامنِ کوہسار
گل و نرگس و سوسن و نسترن
شہیدِ ازل لالہ خونیں کفن
جہاں چھپ گیا پردۂ رنگ میں
لہو کی ہے گردش رگِ سنگ میں
فضا نیلی نیلی، ہَوا میں سرور
ٹھہرتے نہیں آشیاں میں طیور
وہ جوئے کہستاں اچکتی ہوئی
اٹکتی، لچکتی، سرکتی ہوئی
اچھلتی، پھسلتی، سنبھلتی ہوئی
بڑے پیچ کھا کر نکلتی ہوئی
رکے جب تو سِل چیر دیتی ہے یہ
پہاڑوں کے دل چیر دیتی ہے یہ
ذرا دیکھ اے ساقیِ لالہ فام!
سناتی ہے یہ زندگی کا پیام
پلا دے مجھے وہ مئے پردہ سوز
کہ آتی نہیں فصلِ گل روز روز

وہ مے جس سے روشن ضمیرِ حیات
وہ مے جس سے ہے مستیِ کائنات
وہ مے جس میں ہے سوز و سازِ ازل
وہ مے جس سے کھلتا ہے رازِ ازل
اُٹھا ساقیا پردہ اس راز سے
لڑا دے ممولے کو شہباز سے

زمانے کے انداز بدلے گئے
نیا راگ ہے، ساز بدلے گئے
ہُوا اس طرح فاش رازِ فرنگ
کہ حیرت میں ہے شیشہ بازِ فرنگ
پرانی سیاست گری خوار ہے
زمیں میر و سلطاں سے بیزار ہے
گیا دورِ سرمایہ داری گیا
تماشا دکھا کر مداری گیا
گراں خواب چینی سنبھلنے لگے
ہمالہ کے چشمے ابلنے لگے
دلِ طورِ سینا و فاراں دو نیم
تجلّی کا پھر منتظر ہے کلیمؑ
مسلماں ہے توحید میں گرم جوش
مگر دل ابھی تک ہے زنّار پوش
تمدّن، تصوف، شریعت، کلام
بتانِ عجم کے پجاری تمام!
حقیقت خرافات میں کھو گئی
یہ اُمّت روایات میں کھو گئی
لبھاتا ہے دل کو کلامِ خطیب
مگر لذّتِ شوق سے بے نصیب!
بیاں اس کا منطق سے سلجھا ہوا
لغت کے بکھیڑوں میں الجھا ہوا

وہ صوفی کہ تھا خدمتِ حق میں مرد
محبّت میں یکتا، حمیّت میں فرد
عجم کے خیالات میں کھو گیا
یہ سالک مقامات میں کھو گیا
بجھی عشق کی آگ، اندھیر ہے
مسلماں نہیں، راکھ کا ڈھیر ہے

شراب کہن پھر پلا ساقیا
وہی جام گردش میں لا ساقیا!
مجھے عشق کے پر لگا کر اڑا
مری خاک جگنو بنا کر اڑا
خرد کو غلامی سے آزاد کر
جوانوں کو پیروں کا استاد کر
ہری شاخِ ملّت ترے نم سے ہے
نفَس اس بدن میں ترے دم سے ہے
تڑپنے پھڑکنے کی توفیق دے
دلِ مرتضیٰؓ، سوزِ صدیقؓ دے
جگر سے وہی تیر پھر پار کر
تمنّا کو سینوں میں بیدار کر
ترے آسمانوں کے تاروں کی خیر
زمینوں کے شب زندہ داروں کی خیر
جوانوں کو سوزِ جگر بخش دے
مرا عشق، میری نظر بخش دے
مری ناؤ گِرداب سے پار کر
یہ ثابت ہے تو اس کو سیّار کر
بتا مجھ کو اَسرارِ مرگ و حیات
کہ تیری نگاہوں میں ہے کائنات
مرے دیدۂ تَر کی بے خوابیاں
مرے دل کی پوشیدہ بے تابیاں

مرے نالۂ نیم شب کا نیاز
مری خلوت و انجمن کا گداز

امنگیں مری، آرزوئیں مری
امیدیں مری، جستجوئیں مری

مری فطرت آئینۂ روزگار
غزالانِ افکار کا مرغزار

مرا دل، مری رزم گاہِ حیات
گمانوں کے لشکر، یقیں کا ثبات

یہی کچھ ہے ساقی متاعِ فقیر
اسی سے فقیری میں ہُوں مَیں امیر

مرے قافلے میں لٹا دے اسے
لٹا دے، ٹھکانے لگا دے اسے!

دما دم رواں ہے یم زندگی
ہر اک شے سے پیدا رمِ زندگی

اسی سے ہوئی ہے بدن کی نمود
کہ شعلے میں پوشیدہ ہے موجِ دُود

گراں گرچہ ہے صحبتِ آب و گِل
خوش آئی اسے محنتِ آب و گِل

یہ ثابت بھی ہے اور سیّار بھی
عناصر کے پھندوں سے بیزار بھی

یہ وحدت ہے کثرت میں ہر دم اسیر
مگر ہر کہیں بے چگوں، بے نظیر

یہ عالم، یہ بت خانۂ شش جہات
اسی نے تراشا ہے یہ سومنات

پسند اس کو تکرار کی خو نہیں
کہ تُو مَیں نہیں، اور مَیں تُو نہیں

من و تُو سے ہے انجمن آفریں
مگر عین محفل میں خلوت نشیں

چمک اس کی بجلی میں تارے میں ہے
یہ چاندی میں، سونے میں، پارے میں ہے
اسی کے بیاباں، اسی کے ببول
اسی کے ہیں کانٹے، اسی کے ہیں پھول
کہیں اس کی طاقت سے کہسار چُور
کہیں اس کے پھندے میں جبریل و حُور
کہیں جرّہ شاہین سیماب رنگ
لہو سے چکوروں کے آلودہ چنگ
کبوتر کہیں آشیانے سے دُور
پھڑکتا ہوا جال میں ناصبور

فریبِ نظر ہے سکون و ثبات
تڑپتا ہے ہر ذرّۂ کائنات
ٹھہرتا نہیں کاروانِ وجود
کہ ہر لحظہ ہے تازہ شانِ وجود
سمجھتا ہے تُو راز ہے زندگی
فقط ذوقِ پرواز ہے زندگی
بہت اس نے دیکھے ہیں پست و بلند
سفر اس کو منزل سے بڑھ کر پسند
سفر زندگی کے لیے برگ و ساز
سفر ہے حقیقت، حضر ہے مجاز
الجھ کر سلجھنے میں لذّت اسے
تڑپنے پھڑکنے میں راحت اسے
ہوا جب اسے سامنا موت کا
کٹھن تھا بڑا تھامنا موت کا
اتر کر جہانِ مکافات میں
رہی زندگی موت کی گھات میں
مذاقِ دوئی سے بنی زَوج زَوج
اٹھی دشت و کہسار سے فوج فوج

گل اس شاخ سے ٹوٹتے بھی رہے
اسی شاخ سے پھوٹتے بھی رہے

سمجھتے ہیں ناداں اسے بے ثبات
ابھرتا ہے مٹ مٹ کے نقشِ حیات

بڑی تیز جولاں، بڑی زُود رس
ازل سے ابد تک رمِ یک نفَس

زمانہ کہ زنجیرِ ایّام ہے
دموں کے الٹ پھیر کا نام ہے

یہ موجِ نفَس کیا ہے تلوار ہے
خودی کیا ہے، تلوار کی دھار ہے

خودی کیا ہے، رازِ درونِ حیات
خودی کیا ہے، بیداریِ کائنات

خودی جلوہ بدمست و خلوت پسند
سمندر ہے اک بوند پانی میں بند

اندھیرے اُجالے میں ہے تابناک
من و تُو میں پیدا، من و تُو سے پاک

ازل اس کے پیچھے، ابد سامنے
نہ حد اس کے پیچھے، نہ حد سامنے

زمانے کے دریا میں بہتی ہوئی
ستم اس کی موجوں کے سہتی ہوئی

تجسّس کی راہیں بدلتی ہوئی
دما دم نگاہیں بدلتی ہوئی

سبک اس کے ہاتھوں میں سنگِ گراں
پہاڑ اس کی ضربوں سے ریگِ رواں

سفر اس کا انجام و آغاز ہے
یہی اس کی تقویم کا راز ہے

کرن چاند میں ہے، شرر سنگ میں
یہ بے رنگ ہے، ڈوب کر رنگ میں

اسے واسطہ کیا کم و بیش سے
نشیب و فراز و پس و پیش سے
ازل سے ہے یہ کشمکش میں اسیر
ہوئی خاکِ آدم میں صورت پذیر
خودی کا نشیمن ترے دل میں ہے
فلک جس طرح آنکھ کے تل میں ہے

خودی کے نگہباں کو ہے زہر ناب
وہ ناں جس سے جاتی رہے اس کی آب
وہی ناں ہے اس کے لیے ارجمند
رہے جس سے دنیا میں گردن بلند
فروفالِ محمود سے درگزر
خودی کو نگہ رکھ، ایازی نہ کر
وہی سجدہ ہے لائقِ اہتمام
کہ ہو جس سے ہر سجدہ تجھ پر حرام
یہ عالم، یہ ہنگامۂ رنگ و صوت
یہ عالم کہ ہے زیرِ فرمانِ موت
یہ عالم، یہ بت خانۂ چشم و گوش
جہاں زندگی ہے فقط خورد و نوش
خودی کی یہ ہے منزلِ اوّلیں
مسافر! یہ تیرا نشیمن نہیں
تری آگ اس خاک داں سے نہیں
جہاں تجھ سے ہے، تو جہاں سے نہیں
بڑھے جا یہ کوہِ گراں توڑ کر
طلسم زمان و مکاں توڑ کر
خودی شیرِ مولا، جہاں اس کا صید
زمیں اس گی صید، آسماں اس کا صید
جہاں اور بھی ہیں ابھی بے نمود
کہ خالی نہیں ہے ضمیرِ وجود

ہر اک منتظر تیری یلغار کا

تری شوخیِ فکر و کردار کا

یہ ہے مقصدِ گردشِ روزگار

کہ تیری خودی تجھ پہ ہو آشکار

تُو ہے فاتحِ عالم خوب و زشت

تجھے کیا بتاؤں تری سرنوشت

حقیقت پہ ہے جامۂ حرفِ تنگ

حقیقت ہے آئینہ، گفتار زنگ

فروزاں ہے سینے میں شمعِ نفس

مگر تابِ گفتار کہتی ہے، بس!

اگر یک سرِ موئے برتر پرم

فروغِ تجلّی بسوزد پرم

زمانہ

جو تھا نہیں ہے، جو ہے نہ ہو گا، یہی ہے اک حرف محرمانہ

قریب تر ہے نمود جس کی، اسی کا مشتاق ہے زمانہ

مری صراحی سے قطرہ قطرہ نئے حوادث ٹپک رہے ہیں

مَیں اپنی تسبیح روز و شب کا شمار کرتا ہُوں دانہ دانہ

ہر ایک سے آشنا ہوں، لیکن جدا جدا رسم و راہ میری

کسی کا راکب، کسی کا مَرکب، کسی کو عبرت کا تازیانہ

نہ تھا اگر تُو شریکِ محفل، قصور میرا ہے یا کہ تیرا

مرا طریقہ نہیں کہ رکھ لوں کسی کی خاطر مئے شبانہ

مرے خم و پیچ کو نجومی کی آنکھ پہچانتی نہیں ہے

ہدف سے بیگانہ تیر اس کا، نظر نہیں جس کی عارفانہ

شفق نہیں مغربی افق پر یہ جوئے خوں ہے، یہ جوئے خوں ہے!

طلوعِ فردا کا منتظر رہ کہ دوش و امروز ہے فسانہ

وہ فکرِ گستاخ جس نے عریاں کیا ہے فطرت کی طاقتوں کو

اُسی کی بے تابِ بجلیوں سے خطر میں ہے اس کا آشیانہ

ہوائیں ان کی، فضائیں ان کی، سمندر ان کے، جہاز ان کے

گرہ بھنور کی کھُلے تو کیونکر، بھنور ہے تقدیر کا بہانہ

جہانِ نو ہو رہا ہے پیدا، وہ عالمِ پیر مر رہا ہے

جسے فرنگی مُقامروں نے بنا دیا ہے قمار خانہ

ہَوا ہے گو تند و تیز لیکن چراغ اپنا جلا رہا ہے

وہ مردِ درویش جس کو حق نے دیئے ہیں اندازِ خسروانہ

فرشتے آدم کو جنّت سے رخصت کرتے ہیں

عطا ہوئی ہے تجھے روز و شب کی بے تابی

خبر نہیں کہ تُو خاکی ہے یا کہ سیمابی

سنا ہے، خاک سے تیری نمود ہے، لیکن

تری سرشت میں ہے کوکبی و مہ تابی

جمال اپنا اگر خواب میں بھی تُو دیکھے

ہزار ہوش سے خوش تر تری شکر خوابی

گراں بہا ہے ترا گریۂ سحر گاہی

اسی سے ہے ترے نخلِ کہن کی شادابی

تری نوا سے ہے بے پردہ زندگی کا ضمیر

کہ تیرے ساز کی فطرت نے کی ہے مضرابی

روحِ ارضی آدم کا استقبال کرتی ہے

کھول آنکھ، زمیں دیکھ، فلک دیکھ، فضا دیکھ

مشرق سے ابھرتے ہوئے سورج کو ذرا دیکھ

اس جلوۂ بے پردہ کو پردوں میں چھپا دیکھ

ایّامِ جدائی کے ستم دیکھ، جفا دیکھ

بے تاب نہ ہو معرکۂ بیم و رجا دیکھ!

ہیں تیرے تصرف میں یہ بادل، یہ گھٹائیں

یہ گنبدِ افلاک، یہ خاموش فضائیں

یہ کوہ یہ صحرا، یہ سمندر یہ ہوائیں
تجھ سے پیشِ نظر کل تو فرشتوں کی ادائیں
آئینۂ ایّام میں آج اپنی ادا دیکھ!

سمجھے گا زمانہ تری آنکھوں کے اشارے
دیکھیں گے تجھے دُور سے گردُوں کے ستارے
ناپید ترے بحرِ تخیل کے کنارے
پہنچیں گے فلک تک تری آہوں کے شرارے
تعمیرِ خودی کر، اثرِ آہ رسا دیکھ!

خورشیدِ جہاں تاب کی ضو تیرے شرر میں
آباد ہے اک تازہ جہاں تیرے ہنر میں
جچتے نہیں بخشے ہوئے فردوس نظر میں
جنّت تری پنہاں ہے ترے خونِ جگر میں
اے پیکرِ گِل کوششِ پیہم کی جزا دیکھ!

نالندہ ترے عود کا ہر تار ازل سے
تُو جنسِ محبّت کا خریدار ازل سے
تُو پیرِ صنم خانۂ اسرار ازل سے
محنت کش و خوں ریز و کم آزار ازل سے
ہے راکبِ تقدیر جہاں تیری رضا، دیکھ!

پیر و مرید

مریدِ ہندی

چشمِ بینا سے ہے جاری جوئے خوں
علمِ حاضر سے ہے دیں زار و زبوں!

پیرِ رومی

عِلم را بر تن زنی مارے بُود
عِلم را بر دل زنی یارے بُود

مریدِ ہندی

اے امامِ عاشقانِ درد مند!
یاد ہے مجھ کو ترا حرفِ بلند
خشک مغز و خشک تار و خشک پوست
از کجا می آید ایں آوازِ دوست،
دَورِ حاضر مستِ چنگ و بے سرور
بے ثبات و بے یقین و بے حضور
کیا خبر اس کو کہ ہے یہ راز کیا
دوست کیا ہے، دوست کی آواز کیا
آہ، یورپ با فروغ و تاب ناک
نغمہ اس کو کھینچتا ہے سوئے خاک

پیرِ رومی

بر سماعِ راست ہر کس چیر نیست
طعمۂ ہر مرغکے انجیر نیست

مریدِ ہندی

پڑھ لیے میَں نے علومِ شرق و غرب
روح میں باقی ہے اب تک دردو کرب

پیرِ رومی

دستِ ہر نا اہل بیمارت کند
سوئے مادر آکہ تیمارت کند

مریدِ ہندی

اے نگہ تیری مرے دل کی کشاد
کھول مجھ پر نکتۂ حکمِ جہاد

پیرِ رومی

نقشِ حق را ہم بہ امرِ حق شکن
بر زُجاجِ دوست سنگِ دوست زن

مریدِ ہندی

ہے نگاہِ خاوراں مسحورِ غرب
حُورِ جنّت سے ہے خوشتر حُورِ غرب

پیرِ رومی

ظاہر نقرہ گر اسپید است و نو
دست و جامہ ہم سیہ گردو ازو!

مریدِ ہندی

آہ مکتب کا جوانِ گرم خوں!
ساحرِ افرنگ کا صیدِ زبوں!

پیرِ رومی

مرغِ پر نارستہ چوں پرّاں شَود
طعمۂ ہر گربۂ دراں شَود

مریدِ ہندی

تا کجا آویزشِ دین و وطن
جوہرِ جاں پر مقدم ہے بدن!

پیرِ رومی

قلب پہلو می زند با زر بشب

انتظارِ روز می دارد ذہب

مریدِ ہندی

سرِّ آدم سے مجھے آگاہ کر

خاک کے ذرّے کو مہر و ماہ کر!

پیرِ رومی

ظاہرش را پشّۂ آرد بچرخ

باطنش آمد محیطِ ہفت چرخ

مریدِ ہندی

خاک تیرے نور سے روشن بصر

غایتِ آدم خبر ہے یا نظر؟

پیرِ رومی

آدمی دید است، باقی پوست است

دید آں باشد کہ دیدِ دوست است

مریدِ ہندی

زندہ ہے مشرق تری گفتار سے

امتیں مرتی ہیں کس آزار سے؟

پیرِ رومی

ہر ہلاکِ اُمّتِ پیشیں کہ بُود

زانکہ بر جندل گماں بردند عود

مریدِ ہندی

اب مسلماں میں نہیں وہ رنگ و بو

مرد کیونکر ہو گیا اس کا لہو؟

پیرِ رومی

تا دلِ صاحب دلے نامد بہ درد

ہیچ قومے را خدا رسوا نہ کرد

مریدِ ہندی

گرچہ بے رونق ہے بازارِ وجود

کون سے سودے میں ہے مردوں کا سود؟

پیرِ رومی

زیرکی بفروش و حیرانی بخر

زیرکی ظن است و حیرانی نظر

مریدِ ہندی

ہم نفَس میرے سلاطیں کے ندیم

مَیں فقیر بے کلاہ و بے گلیم!

پیرِ رومی

بندۂ یک مردِ روشن دل شوی

بہ کہ بر فرقِ سرِ شاہاں روی

مریدِ ہندی

اے شریکِ مستیِ خاصانِ بدر

مَیں نہیں سمجھا حدیثِ جبر و قدر!

پیرِ رومی

بال بازاں را سوئے سلطاں برد

بال زاغاں را بگورستاں برد

مریدِ ہندی

کاروبارِ خسروی یا راہبی

کیا ہے آخر غایتِ دینِ نبی؟

پیرِ رومی

مصلحت در دینِ ما جنگ و شکوہ

مصلحت در دینِ عیسیٰؑ غار و کوہ

مریدِ ہندی

کس طرح قابو میں آئے آب و گِل

کس طرح بیدار ہو سینے میں دل؟

پیرِ رومی

بندہ باش و بر زمیں رو چوں سمند

چوں جنازہ نے کہ بر گردن برند

مریدِ ہندی

سِرِّ دیں ادراک میں آتا نہیں

کس طرح آئے قیامت کا یقیں؟

پیرِ رومی

پس قیامت شو قیامت را بہ بیں

دیدنِ ہر چیز را شرط است ایں

مریدِ ہندی

آسماں میں راہ کرتی ہے خودی
صیدِ مہر و ماہ کرتی ہے خودی
بے حضور و با فروغ و بے فراغ
اپنے نخچیروں کے ہاتھوں داغ داغ!

پیرِ رومی

آں کہ ارزد صید را عشق است و بس
لیکن او کے گنجد اندر دامِ کس!

مریدِ ہندی

تجھ پہ روشن ہے ضمیرِ کائنات
کس طرح محکم ہو ملّت کی حیات؟

پیرِ رومی

دانہ باشی مرغکانت برچنند
غنچہ باشی کود کانت برکنند
دانہ پنہاں کن سراپا دام شو
غنچہ پنہاں کن گیاہِ بام شو

مریدِ ہندی

تُو یہ کہتا ہے کہ دل کی کر تلاش
طالبِ دل باش و در پیکار باش
جو مرا دل ہے، مرے سینے میں ہے
میرا جوہر میرے آئینے میں ہے

پیرِ رومی

تو ہمی گوئی مرا دل نیز ہست

دل فرازِ عرش باشد نے بہ پست

تو دلِ خود را دلے پنداشتی

جستجوئے اہلِ دل بگذاشتی

مریدِ ہندی

آسمانوں پر مرا فکرِ بلند

مَیں زمیں پرخوار و زار و درد مند

کارِ دنیا میں رہا جاتا ہُوں مَیں

ٹھوکریں اس راہ میں کھاتا ہُوں مَیں

کیوں مرے بس کا نہیں کارِ زمیں

ابلہِ دنیا ہے کیوں دانائے دیں؟

پیرِ رومی

آں کہ بر افلاک رفتارش بُود

بر زمیں رفتن چہ دشوارش بُود

مریدِ ہندی

علم و حکمت کا ملے کیونکر سراغ

کس طرح ہاتھ آئے سوز و درد و داغ

پیرِ رومی

عِلم و حکمت زاید از نانِ حلال

عشق و رقت آید از نانِ حلال

مریدِ ہندی

ہے زمانے کا تقاضا انجمن

اور بے خلوت نہیں سوزِ سخن!

پیرِ رومی

خلوت از اغیار باید، نے زیار

پوستیں بہرِ دَے آمد، نے بہار

مریدِ ہندی

ہند میں اب نور ہے باقی نہ سوز

اہلِ دل اس دیس میں ہیں تیرہ روز!

پیرِ رومی

کارِ مرداں روشنی و گرمی است

کارِ دوناں حیلہ و بے شرمی است

جبریل و ابلیس

جبریل

ہمدمِ دیرینہ! کیسا ہے جہانِ رنگ و بو؟

ابلیس

سوز و ساز و درد و داغ و جستجو و آرزو

جبریل

ہر گھڑی افلاک پر رہتی ہے تیری گفتگو

کیا نہیں ممکن کہ تیرا چاکِ دامن ہو رفو؟

ابلیس

آہ اے جبریل! تُو واقف نہیں اس راز سے

کر گیا سرمست مجھ کو ٹوٹ کر میرا سبُو

اب یہاں میری گزر ممکن نہیں، ممکن نہیں

کس قدر خاموش ہے یہ عالمِ بے کاخ و کو!
جس کی نومیدی سے ہو سوزِ درونِ کائنات
اس کے حق میں ”تَقْنَطُوْا“ اچھا ہے یا ”لَاتَقْنَطُوْا“؟

جبریل

کھو دیئے انکار سے تُو نے مقاماتِ بلند
چشمِ یزداں میں فرشتوں کی رہی کیا آبرو!

ابلیس

ہے مری جرأت سے مُشتِ خاک میں ذوقِ نمو
میرے فتنے جامۂ عقل و خرد کا تار و پو
دیکھتا ہے تُو فقط ساحل سے رزمِ خیر و شر
کون طوفاں کے طمانچے کھا رہا ہے، مَیں کہ تُو؟
خضر بھی بے دست و پا، الیاس بھی بے دست و پا
میرے طوفاں یم بہ یم، دریا بہ دریا، جُو بہ جُو
گر کبھی خلوت میسر ہو تو پوچھ اللہ سے
قصۂ آدم کو رنگیں کر گیا کس کا لہو!
مَیں کھٹکتا ہُوں دلِ یزداں میں کانٹے کی طرح
تُو فقط اَللّٰه هُوْ، اَللّٰه هُوْ، اَللّٰه هُوْ

اذان

اک رات ستاروں سے کہا نجمِ سحر نے
آدم کو بھی دیکھا ہے کسی نے کبھی بیدار؟
کہنے لگا مرّیخ، ادا فہم ہے تقدیر
ہے نیند ہی اس چھوٹے سے فتنے کو سزاوار
زُہرہ نے کہا، اور کوئی بات نہیں کیا؟
اس کرمکِ شب کور سے کیا ہم کو سروکار!
بولا مہِ کامل کہ وہ کوکب ہے زمینی

تم شب کو نمودار ہو، وہ دن کو نمودار

واقف ہو اگر لذّتِ بیداریِ شب سے

اونچی ہے ثریّا سے بھی یہ خاکِ پُر اسرار

آغوش میں اس کی وہ تجلّی ہے کہ جس میں

کھو جائیں گے افلاک کے سب ثابت و سیّار

ناگاہ فضا بانگِ اذاں سے ہوئی لبریز

وہ نعرہ کہ ہِل جاتا ہے جس سے دلِ کہسار!

محبّت

شہیدِ محبّت نہ کافر نہ غازی

محبّت کی رسمیں نہ ترکی نہ تازی

وہ کچھ اور شے ہے، محبّت نہیں ہے

سکھاتی ہے جو غزنوی کو ایازی

یہ جوہر اگر کار فرما نہیں ہے

تو ہیں علم و حکمت فقط شیشہ بازی

نہ محتاجِ سلطاں، نہ مرعوبِ سلطاں

محبّت ہے آزادی و بے نیازی

مرا فقر بہتر ہے اسکندری سے

یہ آدم گری ہے، وہ آئینہ سازی

ستارے کا پیغام

مجھے ڈرا نہیں سکتی فضا کی تاریکی

مری سرشت میں ہے پاکی و درخشانی

تو اے مسافرِ شب! خود چراغ بن اپنا

کر اپنی رات کو داغِ جگر سے نورانی

فلسفہ و مذہب

یہ آفتاب کیا، یہ سپہرِ بریں ہے کیا!

سمجھا نہیں تسلسلِ شام و سحر کو مَیں

اپنے وطن میں ہُوں کہ غریب الدیار ہُوں

ڈرتا ہُوں دیکھ دیکھ کے اس دشت و در کو مَیں

کھُلتا نہیں مرے سفرِ زندگی کا راز

لاؤں کہاں سے بندۂ صاحب نظر کو مَیں

حیراں ہے بُو علی کہ مَیں آیا کہاں سے ہُوں

رومی یہ سوچتا ہے کہ جاؤں کدھر کو مَیں

"جاتا ہُوں تھوڑی دُور ہر اک راہرو کے ساتھ

پہچانتا نہیں ہُوں ابھی راہبر کو مَیں"

یورپ سے ایک خط

ہم خوگرِ محسوس ہیں ساحل کے خریدار

اک بحرِ پُر آشوب و پُر اَسرار ہے رومیؔ

تُو بھی ہے اسی قافلۂ شوق میں اقبالؔ

جس قافلۂ شوق کا سالار ہے رومیؔ

اس عصر کو بھی اس نے دیا ہے کوئی پیغام؟

کہتے ہیں چراغِ رہِ احرار ہے رومیؔ

جواب

کہ نباید خورد و جَو، ہمچوں خراں

آہوانہ در خَتن چر ارغواں

ہر کہ کاہ و جَو خورد قرباں شوَد

ہر کہ نورِ حق خورد قرآں شوَد

نپولین کے مزار پر

راز ہے، راز ہے تقدیرِ جہانِ تگ و تاز

جوشِ کردار سے کھل جاتے ہیں تقدیر کے راز

جوشِ کردار سے شمشیرِ سکندر کا طلوع

کوہِ الوند ہوا جس کی حرارت سے گداز

جوشِ کردار سے تیمور کا سیلِ ہمہ گیر

سیل کے سامنے کیا شے ہے نشیب اور فراز

صفِ جنگاہ میں مردانِ خدا کی تکبیر

جوشِ کردار سے بنتی ہے خدا کی آواز

ہے مگر فرصتِ کردار نفَس یا دو نفَس

عوضِ یک دو نفَس قبر کی شب ہائے دراز!

"عاقبت، منزلِ ما وادیِ خاموشان است

حالیا غلغلہ در گنبدِ افلاک انداز"!

مسولینی

نُدرتِ فکر و عمل کیا شے ہے، ذوقِ انقلاب

نُدرتِ فکر و عمل کیا شے ہے، ملّت کا شباب

نُدرتِ فکر و عمل سے معجزاتِ زندگی

نُدرتِ فکر و عمل سے سنگِ خارا لعلِ ناب

رومۃ الکبریٰ! دگرگوں ہو گیا تیرا ضمیر

"اینکہ می بینم بہ بیداری ست یا رب یا بہ خواب"!

چشمِ پیرانِ کہن میں زندگانی کا فروغ

نوجواں تیرے ہیں سوزِ آرزو سے سینہ تاب

یہ محبّت کی حرارت، یہ تمنّا، یہ نمود

فصلِ گل میں پھول رہ سکتے نہیں زیرِ حجاب

نغمہ ہائے شوق سے تیری فضا معمور ہے

زخمہ ور کا منتظر تھا تیری فطرت کا رباب

فیض یہ کس کی نظر کا ہے، کرامت کس کی ہے؟
وہ کہ ہے جس کی نگہ مثلِ شعاعِ آفتاب!

سوال

اک مفلس خوددار یہ کہتا تھا خدا سے
مَیں کر نہیں سکتا گلہٗ دردِ فقیری
لیکن یہ بتا، تیری اجازت سے فرشتے
کرتے ہیں عطا مردِ فرومایہ کو میری؟

پنجاب کے دہقان سے

بتا کیا تری زندگی کا ہے راز
ہزاروں برس سے ہے تُو خاک باز
اسی خاک میں دب گئی تیری آگ
سحر کی اذاں ہو گئی، اب تو جاگ!
زمیں میں ہے گو خاکیوں کی برات
نہیں اس اندھیرے میں آبِ حیات
زمانے میں جھوٹا ہے اس کا نگیں
جو اپنی خودی کو پرکھتا نہیں
بتانِ شعوب و قبائل کو توڑ
رسومِ کہن کے سلاسل کو توڑ
یہی دینِ محکم، یہی فتح باب
کہ دنیا میں توحید ہو بے حجاب
"بخاکِ بدن دانہٗ دل فشاں
کہ ایں دانہ دارد ز حاصل نشاں"

نادر شاہ افغان

حضورِ حق سے چلا لے کے لولوئے لالا

وہ اَبر جس سے رگِ گُل ہے مثلِ تارِ نفَس

بہشت راہ میں دیکھا تو ہو گیا بے تاب

عجب مقام ہے، جی چاہتا ہے جاؤں برس

صدا بہشت سے آئی کہ منتظر ہے ترا

ہرات و کابل و غزنی کا سبزۂ نورس

"سرشکِ دیدۂ نادؔر بہ داغِ لالہ فشاں

چناں کہ آتشِ اُورا دگر فرونہ نشاں!"

خوشحال[5] خاں کی وصیّت

قبائل ہوں ملّت کی وحدت میں گم

کہ ہو نام افغانیوں کا بلند

محبّت مجھے ان جوانوں سے ہے

ستاروں پہ جو ڈالتے ہیں کمند

مغل سے کسی طرح کمتر نہیں

قہستاں کا یہ بچّہ اَرجمند

کہوں تجھ سے اے ہم نشیں دل کی بات

وہ مدفن ہے خوشحال خاں کو پسند

اڑا کر نہ لائے جہاں باد کوہ

مغل شہسواروں کی گردِ سمند!

تاتاری کا خواب

کہیں سجادہ و عمّامہ رہزن

کہیں ترسا بچوں کی چشم بے باک!

ردائے دین و ملّت پارہ پارہ

---

5   خوشحال خاں خٹک پشتوزبان کا مشہور وطن دوست شاعر تھا جس نے افغانستان کو مغلوں سے آزاد کرانے کے لیے سرحد کے افغانی قبائل کی ایک جمعیّت قائم کی۔ قبائل میں صرف آفریدیوں نے آخردم تک اس کا ساتھ دیا۔ اس کی قریباً ایک سو نظموں کا انگریزی ترجمہ 1862ء میں لندن میں شائع ہوا تھا

قبائے مُلک و دولت چاک در چاک!

مرا ایماں تو ہے باقی وَلیکن

نہ کھا جائے کہیں شعلے کو خاشاک!

ہوائے تند کی موجوں میں محصور

سمرقند و بخارا کی کفِ خاک!

"بگردا گردِ خود چندانکہ بینم

بلا انگشتری و من نگینم"[6]

یکایک ہل گئی خاکِ سمرقند

اٹھا تیمور کی تربت سے اک نور

شفق آمیز تھی اس کی سفیدی

صدا آئی کہ "میَں ہُوں روحِ تیمور

اگر محصور ہیں مردانِ تاتار

نہیں اللہ کی تقدیر محصور

تقاضا زندگی کا کیا یہی ہے

کہ تورانی ہو تورانی سے مہجور؟

"خودی را سوز و تابے دیگرے دہ

جہاں را انقلابے دیگرے دہ"

حال و مقام

دل زندہ و بیدار اگر ہو تو بتدریج

بندے کو عطا کرتے ہیں چشم نگراں اور

احوال و مقامات پہ موقوف ہے سب کچھ

ہر لحظہ ہے سالک کا زماں اور مکاں اور

الفاظ و معانی میں تفاوت نہیں لیکن

مُلّا کی اذاں اور مجاہد کی اذاں اور

پرواز ہے دونوں کی اسی ایک فضا میں

---

6   یہ شعر معلوم نہیں کس کا ہے، نصیر الدین طوسی نے غالباً "شرح اشارات" میں اسے نقل کیا ہے

کرگس کا جہاں اور ہے، شاہیں کا جہاں اور

ابوالعلا معرّی

کہتے ہیں کبھی گوشت نہ کھاتا تھا معرّی

پھل پھول پہ کرتا تھا ہمیشہ گزر اوقات

اک دوست نے بھونا ہوا تیتر اُسے بھیجا

شاید کہ وہ شاطر اِسی ترکیب سے ہو مات

یہ خوانِ تر و تازہ معرّی نے جو دیکھا

کہنے لگا وہ صاحبِ غفران[7] و لزومات[8]

اے مرغکِ بیچارہ! ذرا یہ تو بتا تُو

تیرا وہ گنہ کیا تھا یہ ہے جس کی مکافات؟

افسوس، صد افسوس کہ شاہیں نہ بنا تُو

دیکھے نہ تری آنکھ نے فطرت کے اشارات

تقدیر کے قاضی کا یہ فتویٰ ہے ازل سے

ہے جرمِ ضعیفی کی سزا مرگِ مفاجات!

سینیما

وہی بت فروشی، وہی بت گری ہے

سینیما ہے یا صنعتِ آزری ہے

وہ صنعت نہ تھی، شیوۂ کافری تھا

یہ صنعت نہیں، شیوۂ ساحری ہے

وہ مذہب تھا اقوامِ عہدِ کہن کا

یہ تہذیبِ حاضر کی سوداگری ہے

وہ دنیا کی مٹی، یہ دوزخ کی مٹی

وہ بت خانہ خاکی، یہ خاکستری ہے

---

7   عفران- رسالۃ الغفران، معری کی ایک مشہور کتاب کا نام ہے

8   لزومات - اس کے قصائد کا مجموعہ ہے

پنجاب کے پیر زادوں سے

حاضر ہوا مَیں شیخِ مجدّدؒ کی لحد پر

وہ خاک کہ ہے زیرِ فلک مطلعِ انوار

اس خاک کے ذرّوں سے ہیں شرمندہ ستارے

اس خاک میں پوشیدہ ہے وہ صاحبِ اَسرار

گردن نہ جھکی جس کی جہانگیر کے آگے

جس کے نفَسِ گرم سے ہے گرمیِ احرار

وہ ہند میں سرمایۂ ملّت کا نگہباں

اللہ نے بر وقت کیا جس کو خبردار

کی عرض یہ مَیں نے کہ عطا فقر ہو مجھ کو

آنکھیں مری بینا ہیں، وَلیکن نہیں بیدار!

آئی یہ صدا سلسلۂ فقر ہوا بند

ہیں اہلِ نظر کشورِ پنجاب سے بیزار

عارف کا ٹھکانا نہیں وہ خطہ کہ جس میں

پیدا کلہِ فقر سے ہو طرّۂ دستار

باقی کلہِ فقر سے تھا ولولۂ حق

طروں نے چڑھایا نشۂ ”خدمتِ سرکار“!

سیاست

اس کھیل میں تعیینِ مراتب ہے ضروری

شاطر کی عنایت سے تو فرزیں میں پیادہ

بیچارہ پیادہ تو ہے اک مہرۂ ناچیز

فرزیں سے بھی پوشیدہ ہے شاطر کا ارادہ!

فقر

اک فقر سکھاتا ہے صیّاد کو نخچیری

اک فقر سے کھُلتے ہیں اَسرارِ جہاں گیری

اک فقُر سے قوموں میں مسکینی و دلگیری
اک فقُر سے مٹی میں خاصیتِ اکسیری
اک فقُر ہے شبیری، اس فقُر میں ہے میری
میراثِ مسلمانی، سرمایۂ شبیری!

خودی

خودی کو نہ دے سیم و زر کے عوض
نہیں شعلہ دیتے شرر کے عوض
یہ کہتا ہے فردوسیِ دیدہ ور
عجم جس کے سرمے سے روشن بصر
"ز بہرِ درم تند و بدخو مباش
تو باید کہ باشی، درم گو مباش"

جدائی

سورج بُنتا ہے تارِ زر سے
دنیا کے لیے ردائے نوری!
عالم ہے خموش و مست گویا
ہر شے کو نصیب ہے حضوری!
دریا، کہسار، چاند، تارے
کیا جانیں فراق و ناصبوری!
شایاں ہے مجھے غمِ جدائی
یہ خاک ہے محرمِ جدائی

خانقاہ

رمز و ایما اس زمانے کے لیے موزوں نہیں
اور آتا بھی نہیں مجھ کو سخن سازی کا فن
"قُم باِذن اللّٰہ" کہہ سکتے تھے جو، رخصت ہوئے

خانقاہوں میں مجاور رہ گئے یا گورکن!

ابلیس کی عرضداشت

کہتا تھا عزازیل خداوندِ جہاں سے
پرکالۂ آتش ہوئی آدم کی کفِ خاک!

جاں لاغر و تن فربہ و ملبوس بدن زیب
دل نزع کی حالت میں، خرد پختہ و چالاک!

ناپاک جسے کہتی تھی مشرق کی شریعت
مغرب کے فقیہوں کا یہ فتویٰ ہے کہ ہے پاک!

تجھ کو نہیں معلوم کہ حورانِ بہشتی
ویرانیِ جنّت کے تصوّر سے ہیں غم ناک؟

جمہور کے ابلیس ہیں اربابِ سیاست
باقی نہیں اب میری ضرورت تہِ افلاک!

لہو

اگر لہو ہے بدن میں تو خوف ہے نہ ہراس
اگر لہو ہے بدن میں تو دل ہے بے وسواس

جسے ملا یہ متاعِ گراں بہا، اس کو
نہ سیم و زر سے محبّت ہے، نے غمِ افلاس

پرواز

کہا درخت نے اک روز مرغِ صحرا سے
ستم پہ غم کدۂ رنگ و بو کی ہے بنیاد

خدا مجھے بھی اگر بال و پر عطا کرتا
شگفتہ اور بھی ہوتا یہ عالمِ ایجاد

دیا جواب اسے خوب مرغِ صحرا نے
غضب ہے، داد کو سمجھا ہوا ہے تُو بیداد!

جہاں میں لذّتِ پروازِ حق نہیں اس کا
وجود جس کا نہیں جذبِ خاک سے آزاد

شیخ مکتب سے

شیخ مکتب ہے اک عمارت گر
جس کی صنعت ہے روحِ انسانی
نکتۂ دل پذیر تیرے لیے
کہہ گیا ہے حکیم قاآنی

"پیشِ خورشید بر مکش دیوار
خواہی ار صحنِ خانہ نورانی"

فلسفی

بلند بال تھا، لیکن نہ تھا جسور و غیور
حکیم سرِّ محبّت سے بے نصیب رہا
پھرا فضاؤں میں کرگس اگرچہ شاہیں وار
شکارِ زندہ کی لذّت سے بے نصیب رہا

شاہیں

کیا مَیں نے اس خاک داں سے کنارا
جہاں رزق کا نام ہے آب و دانہ
بیاباں کی خلوت خوش آتی ہے مجھ کو
ازل سے ہے فطرت مری راہبانہ
نہ بادِ بہاری، نہ گلچیں، نہ بلبل
نہ بیماری نغمۂ عاشقانہ
خیابانیوں سے ہے پرہیز لازم
ادائیں ہیں ان کی بہت دلبرانہ
ہوائے بیاباں سے ہوتی ہے کاری

جواں مرد کی ضربتِ غازیانہ

حمام و کبوتر کا بھوکا نہیں مَیں

کہ ہے زندگی باز کی زاہدانہ

جھپٹنا، پلٹنا، پلٹ کر جھپٹنا

لہو گرم رکھنے کا ہے اک بہانہ

یہ پورب، یہ پچّھم چکوروں کی دنیا

مرا نیلگوں آسماں بیکرانہ

پرندوں کی دنیا کا درویش ہُوں مَیں

کہ شاہیں بناتا نہیں آشیانہ

باغی مرید

ہم کو تو میسر نہیں مٹی کا دِیا بھی

گھر پیر کا بجلی کے چراغوں سے ہے روشن

شہری ہو، دِہاتی ہو، مسلمان ہے سادہ

مانندِ بتاں پجتے ہیں کعبے کے برہمن

نذرانہ نہیں، سود ہے پیرانِ حرم کا

ہر خرقۂ سالوس کے اندر ہے مہاجن

میراث میں آئی ہے انہیں مسندِ ارشاد

زاغوں کے تصرف میں عقابوں کے نشیمن!

ہارون کی آخری نصیحت

ہاروں نے کہا وقتِ رحیل اپنے پسر سے

جائے گا کبھی تُو بھی اسی راہ گزر سے

پوشیدہ ہے کافر کی نظر سے مَلَک الموت

لیکن نہیں پوشیدہ مسلماں کی نظر سے

ماہرِ نفسیات سے

جرأت ہے تو افکار کی دنیا سے گزر جا

ہیں بحرِ خودی میں ابھی پوشیدہ جزیرے

کھُلتے نہیں اس قلزمِ خاموش کے اَسرار

جب تک تُو اسے ضربِ کلیمی سے نہ چِیرے

یورپ

(ماخوذ از نطشے)

تاک میں بیٹھے ہیں مدت سے یہودی سُود خوار

جن کی روباہی کے آگے ہیچ ہے زورِ پلنگ!

خود بخود گرنے کو ہے پکے ہوئے پھل کی طرح

دیکھیے پڑتا ہے آخر کس کی جھولی میں فرنگ!

آزادیِ افکار

جو دونی فطرت سے نہیں لائقِ پرواز

اس مرغک بیچارہ کا انجام ہے افتاد

ہر سینہ نشیمن نہیں جبریلِ امیں کا

ہر فکر نہیں طائرِ فردوس کا صیّاد

اس قوم میں ہے شوخیِ اندیشہ خطرناک

جس قوم کے افراد ہوں ہر بند سے آزاد

گو فکرِ خدا داد سے روشن ہے زمانہ

آزادیِ افکار ہے ابلیس کی ایجاد

شیر اور خچر

(ماخوذ از جرمن)

شیر

ساکنانِ دشت و صحرا میں ہے تُو سب سے الگ
کون ہیں تیرے اَب و جَد، کس قبیلے سے ہے تُو؟

خچر

میرے ماموں کو نہیں پہچانتے شاید حضور
وہ صبا رفتار، شاہی اصطبل کی آبرو!

چیونٹی اور عقاب

چیونٹی

مَیں پایمال و خوار و پریشان و دردمند
تیرا مقام کیوں ہے ستاروں سے بھی بلند؟

عقاب

تُو رزق اپنا ڈھونڈتی ہے خاکِ راہ میں
مَیں نہ سپہر کو نہیں لاتا نگاہ میں!

قطعات

☆

فطرت مری مانندِ نسیم سحری ہے
رفتار ہے میری کبھی آہستہ، کبھی تیز
پہناتا ہُوں اطلس کی قبا لالہ و گل کو
کرتا ہُوں سرِ خار کو سوزن کی طرح تیز

☆

کل اپنے مریدوں سے کہا پیرِ مغاں نے
قیمت میں یہ مَے ہے درِ نایاب سے دہ چند
زہراب ہے اس قوم کے حق میں مئے افرنگ
جس قوم کے بچّے نہیں خوددار و ہنرمند

☆

ترے شیشے میں مَے باقی نہیں ہے
بتا، کیا تُو مرا ساقی نہیں ہے
سمندر سے ملے پیاسے کو شبنم
بخیلی ہے یہ رزّاقی نہیں ہے

☆

دلوں کو مرکزِ مہر و وفا کر
حریمِ کبریا سے آشنا کر
جسے نانِ جویں بخشی ہے تُو نے
اسے بازوئے حیدرؓ بھی عطا کر

ضربِ کلیم

یعنی

اعلانِ جنگ دورِ حاضر کے خلاف

نہیں مقام کی خوگر طبیعتِ آزاد

ہوائے سیر مثالِ نسیم پیدا کر

ہزار چشمہ ترے سنگِ راہ سے پھوٹے

خودی میں ڈوب کے ضربِ کلیم پیدا کر

اقبال

اعلیٰ حضرت نوّاب سر حمید اللہ خاں، فرمانروائے بھوپال کی خدمت میں

زمانہ با اُمَمِ ایشیا چہ کرد و کند

کسے نہ بُود کہ ایں داستاں فرو خواند

تو صاحبِ نظری آنچہ در ضمیر من است

دلِ تو بیند و اندیشۂ تو می داند

بگیر ایں ہمہ سرمایۂ بہار از من

"کہ گُل بدستِ تو از شاخِ تازہ تر ماند"

ناظرین سے

جب تک نہ زندگی کے حقائق پہ ہو نظر

تیرا زُجاج ہو نہ سکے گا حریفِ سنگ

یہ زورِ دست و ضربتِ کاری کا ہے مقام

میدانِ جنگ میں نہ طلب کر نوائے چنگ

خونِ دل و جگر سے ہے سرمایۂ حیات

فطرت، لہو ترنگ، ہے غافل! نہ جل ترنگ

تمہید

۱

نہ دَیر میں نہ حرم میں خودی کی بیداری
کہ خاوراں میں ہے قوموں کی روح تریاکی

اگر نہ سہل ہوں تجھ پر زمیں کے ہنگامے
بُری ہے مستیِ اندیشہ ہائے افلاکی

تری نجات غمِ مرگ سے نہیں ممکن
کہ تُو خودی کو سمجھتا ہے پیکرِ خاکی

زمانہ اپنے حوادث چھپا نہیں سکتا
ترا حجاب ہے قلب و نظر کی ناپاکی

عطا ہُوا خس و خاشاکِ ایشیا مجھ کو
کہ میرے شعلے میں ہے سرکشی و بے باکی!

۲

ترا گناہ ہے اقبال! مجلس آرائی
اگرچہ تُو ہے مثالِ زمانہ کم پیوند

جو کوکنار کے خوگر تھے، اُن غریبوں کو
تری نوا نے دیا ذوقِ جذبہ ہائے بلند

تڑپ رہے ہیں فضا ہائے نیلگوں کے لیے
وہ پَر شکستہ کہ صحنِ سرا میں تھے خورسند

تری سزا ہے نوائے سحر سے محرومی
مقامِ شوق و سرور و نظر سے محرومی

اسلام اور مسلمان

صبح

یہ سحر جو کبھی فردا ہے کبھی ہے امروز

نہیں معلوم کہ ہوتی ہے کہاں سے پیدا

وہ سحر جس سے لرزتا ہے شبستانِ وجود

ہوتی ہے بندۂ مومن کی اذاں سے پیدا

لَا اِلٰہَ اِلَّا اللّٰہ

خودی کا سرِّ نہاں، لَا اِلٰہَ اِلَّا اللّٰہ

خودی ہے تیغِ فساں لَا اِلٰہَ اِلَّا اللّٰہ

یہ دَور اپنے براہیمؑ کی تلاش میں ہے

صنم کدہ ہے جہاں، لَا اِلٰہَ اِلَّا اللّٰہ

کیا ہے تُو نے متاعِ غرور کا سودا

فریبِ سُود و زیاں، لَا اِلٰہَ اِلَّا اللّٰہ

یہ مال و دولتِ دنیا، یہ رشتہ و پیوند

بتانِ وہم و گماں، لَا اِلٰہَ اِلَّا اللّٰہ

خرد ہوئی ہے زمان و مکاں کی زُنّاری

نہ ہے زماں نہ مکاں، لَا اِلٰہَ اِلَّا اللّٰہ

یہ نغمہ فصلِ گل و لالہ کا نہیں پابند

بہار ہو کہ خزاں، لَا اِلٰہَ اِلَّا اللّٰہ

اگرچہ بت ہیں جماعت کی آستینوں میں

مجھے ہے حکم اذاں، لَا اِلٰہَ اِلَّا اللّٰہ

تن بہ تقدیر

اسی قرآں میں ہے اب ترکِ جہاں کی تعلیم
جس نے مومن کو بنایا مہ و پرویں کا امیر

"تن بہ تقدیر" ہے آج اُن کے عمل کا انداز
تھی نہاں جن کے ارادوں میں خدا کی تقدیر

تھا جو "ناخوب"، بتدریج وہی "خوب" ہُوا
کہ غلامی میں بدل جاتا ہے قوموں کا ضمیر

معراج

دے ولولۂ شوق جسے لذّتِ پرواز
کر سکتا ہے وہ ذرّہ مہ و مہر کو تاراج

مشکل نہیں یارانِ چمن! معرکۂ باز
پُر سوز اگر ہو نفسِ سینۂ درّاج

ناوک ہے مسلماں، ہدف اس کا ہے ثریّا
ہے سِرِّ سرا پردۂ جاں نکتۂ معراج

تُو معنیٔ و النجم، نہ سمجھا تو عجب کیا
ہے تیرا مد و جزُر ابھی چاند کا محتاج

ایک فلسفہ زدہ سیّد زادے کے نام

تُو اپنی خودی اگر نہ کھوتا
زُنّارِي برگساں نہ ہوتا

ہیگل کا صدف گہر سے خالی
ہے اُس کا طلسم سب خیالی

محکم کیسے ہو زندگانی
کس طرح خودی ہو لازمانی!

آدم کو ثبات کی طلب ہے

دستورِ حیات کی طلب ہے
دنیا کی عشا ہو جس سے اِشراق

مومن کی اذاں ندائے آفاق
میَں اصل کا خاص سومناتی

آبا مرے لاتی و مناتی
تُو سیّدِ ہاشمی کی اولاد

میری کفِ خاک برہمن زاد
ہے فلسفہ میرے آب و گِل میں

پوشیدہ ہے ریشہ ہائے دل میں
اقبال اگرچہ بے ہنر ہے

اس کی رگ رگ سے باخبر ہے
شعلہ ہے ترے جنوں کا بے سوز

سن مجھ سے یہ نکتۂ دل افروز
انجامِ خرد ہے بے حضوری

ہے فلسفہ زندگی سے دُوری
افکار کے نغمہ ہائے بے صوت

ہیں ذوقِ عمل کے واسطے موت
دیں مسلکِ زندگی کی تقویم

دیں سِرِّ محمدﷺ و براہیمؑ
دل در سخنِ محمدی بند

اے پورِ علیؓ زبو علیؓ چند!
چوں دیدۂ راہ بیں نداری

قاید قرشیؐ بہ از بخاریؐ

زمین و آسماں

ممکن ہے کہ تُو جس کو سمجھتا ہے بہاراں
اوروں کی نگاہوں میں وہ موسم ہو خزاں کا

ہے سلسلہ احوال کا ہر لحظہ دگرگوں
اے سالکِ رہ! فکر نہ کر سُود و زیاں کا
شاید کہ زمیں ہے یہ کسی اور جہاں کی
تُو جس کو سمجھتا ہے فلک اپنے جہاں کا!

مسلمان کا زوال

اگرچہ زر بھی جہاں میں ہے قاضی الحاجات
جو فقُر سے ہے میسر، توانگری سے نہیں
اگر جواں ہوں مری قوم کے جسور و غیور
قلندری مری کچھ کم سکندری سے نہیں
سبب کچھ اور ہے، تُو جس کو خود سمجھتا ہے
زوال بندۂ مومن کا بے زری سے نہیں!
اگر جہاں میں مرا جوہر آشکار ہُوا
قلندری سے ہُوا ہے، توانگری سے نہیں

علم و عشق

علم نے مجھ سے کہا عشق ہے دیوانہ پن
عشق نے مجھ سے کہا علم ہے تخمین و ظن
بندۂ تخمین و ظن! کرمِ کتابی نہ بن
عشق سراپا حضور، علم سراپا حجاب!

عشق کی گرمی سے ہے معرکۂ کائنات
علم مقامِ صفات، عشق تماشائے ذات
عشق سکونِ و ثبات، عشق حیات و ممات
علم ہے پیدا سوال، عشق ہے پنہاں جواب!

عشق کے ہیں معجزات سلطنت و فقر و دِیں
عشق کے ادنیٰ غلام صاحبِ تاج و نگیں

عشق مکان و مکیں، عشق زمان و زمیں
عشق سراپا یقیں، اور یقیں فتحِ باب!

شرعِ محبّت میں ہے عشرتِ منزل حرام
شورشِ طوفاں حلال، لذّتِ ساحل حرام
عشق پہ بجلی حلال، عشق پہ حاصل حرام
علم ہے ابن الکتاب، عشق ہے اُمّ الکتاب!

اجتہاد

ہند میں حکمتِ دیں کوئی کہاں سے سیکھے
نہ کہیں لذّتِ کردار، نہ افکارِ عمیق
حلقۂ شوق میں وہ جرأتِ اندیشہ کہاں
آہ محکومی و تقلید و زوالِ تحقیق!
خود بدلتے نہیں، قرآں کو بدل دیتے ہیں
ہوئے کس درجہ فقیہانِ حرم بے توفیق!
ان غلاموں کا یہ مسلک ہے کہ ناقص ہے کتاب
کہ سکھاتی نہیں مومن کو غلامی کے طریق!

شکر و شکایت

مَیں بندۂ ناداں ہُوں، مگر شکر ہے تیرا
رکھتا ہُوں نہاں خانۂ لاہُوت سے پیوند
اک ولولۂ تازہ دیا مَیں نے دلوں کو
لاہور سے تا خاکِ بخارا و سمرقند
تاثیر ہے یہ میرے نفَس کی کہ خزاں میں
مُرغانِ سحر خواں مری صحبت میں ہیں خورسند
لیکن مجھے پیدا کیا اُس دیس میں تُو نے
جس دیس کے بندے ہیں غلامی پہ رضا مند!

ذِکر و فکر

یہ ہیں سب ایک ہی سالک کی جستجو کے مقام

وہ جس کی شان میں آیا ہے ”عَلَّم الاسما“

مقامِ ذِکر، کمالاتِ رومؔی و عطارؔ

مقامِ فکر، مقالاتِ بوعلیؔ سینا

مقامِ فکر ہے پیمائشِ زمان و مکاں

مقامِ ذِکر ہے ”سُبحانَ ربی الاعلیٰ“

مُلّائے حرم

عجب نہیں کہ خدا تک تری رسائی ہو

تری نگہ سے ہے پوشیدہ آدمی کا مقام

تری نماز میں باقی جلال ہے، نہ جمال

تری اذاں میں نہیں ہے مری سحر کا پیام

تقدیر

نا اہل کو حاصل ہے کبھی قوّت و جبروت

ہے خوار زمانے میں کبھی جوہرِ ذاتی

شاید کوئی منطق ہو نہاں اس کے عمَل میں

تقدیر نہیں تابعِ منطق نظر آتی

ہاں، ایک حقیقت ہے کہ معلوم ہے سب کو

تاریخِ اُمَم جس کو نہیں ہم سے چھپاتی

”ہر لحظہ ہے قوموں کے عمل پر نظر اس کی

بُرّاں صفتِ تیغِ دو پیکر نظر اس کی“

توحید

زندہ قوّت تھی جہاں میں یہی توحید کبھی
آج کیا ہے، فقط اک مسئلۂ علمِ کلام
روشن اس ضو سے اگر ظلمتِ کردار نہ ہو
خود مسلماں سے ہے پوشیدہ مسلماں کا مقام
مَیں نے اے میرِ سپہ! تیری سپہ دیکھی ہے
"قُلْ هُوَ اللّٰہ" کی شمشیر سے خالی ہیں نیام
آہ! اس راز سے واقف ہے نہ مُلّا، نہ فقیہ
وحدتِ افکار کی بے وحدتِ کردار ہے خام
قوم کیا چیز ہے، قوموں کی امامت کیا ہے
اس کو کیا سمجھیں یہ بیچارے دو رکعت کے امام!

علِم اور دین

وہ علِم اپنے بتوں کا ہے آپ ابراہیم
کیا ہے جس کو خدا نے دل و نظر کا ندیم
زمانہ ایک، حیات ایک، کائنات بھی ایک
دلیلِ کم نظری، قصّۂ جدید و قدیم
چمن میں تربیتِ غنچہ ہو نہیں سکتی
نہیں ہے قطرۂ شبنم اگر شریکِ نسیم
وہ علِم، کم بصری جس میں ہمکنار نہیں
تجلّیاتِ کلیم و مشاہداتِ حکیم!

ہندی مسلمان

غدّارِ وطن اس کو بتاتے ہیں برہمن
انگریز سمجھتا ہے مسلماں کو گداگر!
پنجاب کے اربابِ نبوّت کی شریعت

کہتی ہے کہ یہ مومن پارینہ ہے کافر
آوازۂ حق اٹھتا ہے کب اور کدھر سے
"مسکیں ولکم ماندہ دریں کشمکش اندر"!

آزادیِ شمشیر کے اعلان پر

سوچا بھی ہے اے مردِ مسلماں کبھی تُو نے
کیا چیز ہے فولاد کی شمشیر جگردار
اُس بیت کا یہ مصرعِ اوّل ہے کہ جس میں
پوشیدہ چلے آتے ہیں توحید کے اَسرار
ہے فکر مجھے مصرعِ ثانی کی زیادہ
اللہ کرے تجھ کو عطا فقُر کی تلوار
قبضے میں یہ تلوار بھی آ جائے تو مومن
یا خالدِ جانباز ہے یا حیدرِ کرارؑ

جہاد

فتویٰ ہے شیخ کا یہ زمانہ قلم کا ہے
دنیا میں اب رہی نہیں تلوار کارگر
لیکن جنابِ شیخ کو معلوم کیا نہیں؟
مسجد میں اب یہ وعظ ہے بے سُود و بے اثر
تیغ و تفنگ دستِ مسلماں میں ہے کہاں
ہو بھی، تو دل ہیں موت کی لذّت سے بے خبر
کافر کی موت سے بھی لرزتا ہو جس کا دل
کہتا ہے کون اُسے کہ مسلماں کی موت مر
تعلیم اُس کو چاہیے ترکِ جہاد کی
دنیا کو جس کے پنجۂ خونیں سے ہو خطر
باطل کے فال و فر کی حفاظت کے واسطے
یورپ زِرہ میں ڈوب گیا دوش تا کمر

ہم پوچھتے ہیں شیخ کلیسا نواز سے
مشرق میں جنگ شر ہے تو مغرب میں بھی ہے شر
حق سے اگر غرض ہے تو زیبا ہے کیا یہ بات
اسلام کا محاسبہ، یورپ سے درگزر!

قوت اور دین

اسکندر و چنگیز کے ہاتھوں سے جہاں میں
سو بار ہوئی حضرتِ انساں کی قبا چاک
تاریخِ اُمَم کا یہ پیامِ ازَلی ہے
"صاحبِ نظراں! نشۂ قوت ہے خطرناک"
اس سیل سبک سیر و زیں گیر کے آگے
عقل و نَظر و عِلم و ہنر ہیں خس و خاشاک
لا دیں ہو تو ہے زہرِ ہلاہل سے بھی بڑھ کر
ہو دِیں کی حفاظت میں تو ہر زہر کا تِریاک

فقر و ملوکیت

فقر جنگاہ میں بے ساز و یراق آتا ہے
ضربِ کاری ہے، اگر سینے میں ہے قلبِ سلیم
اس کی بڑھتی ہوئی بے باکی و بے تابی سے
تازہ ہر عہد میں ہے قصۂ فرعون و کلیم
اب ترا دَور بھی آنے کو ہے اے فقرِ غیور
کھا گئی روحِ فرنگی کو ہوائے زر و سیم
عشق و مستی نے کیا ضبطِ نفس مجھ پہ حرام
کہ گرہ غنچے کی کھلتی نہیں بے موجِ نسیم

اسلام

روحِ اسلام کی ہے نورِ خودی، نارِ خودی
زندگانی کے لیے نارِ خودی نور و حضور
یہی ہر چیز کی تقویم، یہی اصلِ نمود
گرچہ اس روح کو فِطرت نے رکھا ہے مستور
لفظ ''اسلام'' سے یورپ کو اگر کد ہے تو خیر
دوسرا نام اسی دین کا ہے ''فقرِ غیور''!

حیاتِ ابدی

زندگانی ہے صدف، قطرۂ نیساں ہے خودی
وہ صدف کیا کہ جو قطرے کو گہر کر نہ سکے
ہو اگر خودنگر و خودگر و خودگیر خودی
یہ بھی ممکن ہے کہ تُو موت سے بھی مر نہ سکے

سلطانی

کسے خبر کہ ہزاروں مقام رکھتا ہے
وہ فقر جس میں ہے بے پردہ روحِ قُرآنی
خودی کو جب نظر آتی ہے قاہری اپنی
یہی مقام ہے کہتے ہیں جس کو سلطانی
یہی مقام ہے مومن کی قُوّتوں کا عیار
اسی مقام سے آدم ہے ظِلِّ سُبحانی
یہ جبر و قہر نہیں ہے، یہ عشق و مستی ہے
کہ جبر و قہر سے ممکن نہیں جہاں بانی
کیا گیا ہے غلامی میں مبتلا تجھ کو
کہ تجھ سے ہو نہ سکی فقر کی نگہبانی
مثالِ ماہ چمکتا تھا جس کا داغِ سجود

خرید لی ہے فرنگی نے وہ مسلمانی
ہُوا حریفِ مہ و آفتاب تُو جس سے
رہی نہ تیرے ستاروں میں وہ درخشانی

صوفی سے

تری نگاہ میں ہے معجزات کی دنیا
مری نگاہ میں ہے حادثات کی دنیا
تخیلات کی دنیا غریب ہے، لیکن
غریب تر ہے حیات و ممات کی دنیا
عجب نہیں کہ بدل دے اسے نگاہ تری
بُلا رہی ہے تجھے ممکنات کی دنیا

افرنگ زدہ

۱

ترا وجود سراپا تجلّیِ افرنگ
کہ تُو وہاں کے عمارت گروں کی ہے تعمیر
مگر یہ پیکرِ خاکی خودی سے ہے خالی
فقط نیام ہے تُو، زرنگار و بے شمشیر!

۲

تری نگاہ میں ثابت نہیں خدا کا وجود
مری نگاہ میں ثابت نہیں وجود ترا
وجود کیا ہے، فقط جوہرِ خودی کی نمود
کر اپنی فکر کہ جوہر ہے بے نمود ترا

تصوف

یہ حکمتِ ملکوتی، یہ علم لاہوتی
حرم کے درد کا درماں نہیں تو کچھ بھی نہیں

یہ ذکرِ نیم شبی، یہ مراقبے، یہ سرور
تری خودی کے نگہباں نہیں تو کچھ بھی نہیں

یہ عقل، جو مہ و پرویں کا کھیلتی ہے شکار
شریکِ شورشِ پنہاں نہیں تو کچھ بھی نہیں

خرد نے کہہ بھی دیا "لا اِلہ" تو کیا حاصل
دل و نگاہ مسلماں نہیں تو کچھ بھی نہیں

عجب نہیں کہ پریشاں ہے گفتگو میری
فروغِ صبح پریشاں نہیں تو کچھ بھی نہیں

ہندی اسلام

ہے زندہ فقط وحدتِ افکار سے ملّت
وحدت ہو فنا جس سے وہ الہام بھی الحاد

وحدت کی حفاظت نہیں بے قوتِ بازو
آتی نہیں کچھ کام یہاں عقل خدا داد

اے مردِ خُدا! تجھ کو وہ قوت نہیں حاصل
جا بیٹھ کسی غار میں اللہ کو کر یاد

مسکینی و محکومی و نومیدیِ جاوید
جس کا یہ تصوف ہو وہ اسلام کر ایجاد

ملّا کو جو ہے ہند میں سجدے کی اجازت
ناداں یہ سمجھتا ہے کہ اسلام ہے آزاد!

غزل

دلِ مردہ دل نہیں ہے، اسے زندہ کر دوبارہ
کہ یہی ہے امّتوں کے مرضِ کہن کا چارہ

ترا بحر پُرسکوں ہے، یہ سکوں ہے یا فسوں ہے؟
نہ نہنگ ہے، نہ طوفاں، نہ خرابیِ کنارہ!

تُو ضمیرِ آسماں سے ابھی آشنا نہیں ہے
نہیں بے قرار کرتا تجھے غمزۂ ستارہ

ترے نیستاں میں ڈالا مرے نغمۂ سحر نے
مری خاک پے سپَر میں جو نہاں تھا اک شرارہ

نظر آئے گا اُسی کو یہ جہانِ دوش و فردا
جسے آ گئی میسر مری شوخیِ نظارہ

دنیا

مجھ کو بھی نظر آتی ہے یہ بو قلمونی
وہ چاند، یہ تارا ہے، وہ پتھر، یہ نگیں ہے
دیتی ہے مری چشمِ بصیرت بھی یہ فتویٰ
وہ کوہ، یہ دریا ہے، وہ گردُوں، یہ زمیں ہے
حق بات کو لیکن میں چھپا کر نہیں رکھتا
تُو ہے، تجھے جو کچھ نظر آتا ہے، نہیں ہے!

نماز

بدل کے بھیس پھر آتے ہیں ہر زمانے میں
اگرچہ پیر ہے آدم، جواں ہیں لات و منات
یہ ایک سجدہ جسے تُو گراں سمجھتا ہے

ہزار سجدے سے دیتا ہے آدمی کو نجات!

وحی

عقل بے مایہ امامت کی سزا وار نہیں
راہبر ہو ظن و تخمیں تو زبوں کارِ حیات
فکر بے نورِ ترا، جذبِ عمل بے بنیاد
سخت مشکل ہے کہ روشن ہو شبِ تارِ حیات
خوب و ناخوبِ عمل کی ہو گرہ وا کیونکر
گر حیات آپ نہ ہو شارحِ اَسرارِ حیات!

شکست

مجاہدانہ حرارت رہی نہ صوفی میں
بہانہ بے عملی کا بنی شرابِ الَست
فقیہِ شہر بھی رہبانیت پہ ہے مجبور
کہ معرکے ہیں شریعت کے جنگِ دست بدست
گریز کشمکشِ زندگی سے، مردوں کی
اگر شکست نہیں ہے تو اور کیا ہے شکست!

عقل و دل

ہر خاکی و نوری پہ حکومت ہے خرد کی
باہر نہیں کچھ عقلِ خدا داد کی زد سے
عالم ہے غلام اس کے جلالِ ازَلی کا
اک دل ہے کہ ہر لحظہ الُجھتا ہے خرد سے

مستی کردار

صوفی کی طریقت میں فقط مستیِ احوال

مُلّا کی شریعت میں فقط مستیِ گفتار

شاعر کی نوا مردہ و افسردہ و بے ذوق

افکار میں سرمست، نہ خوابیدہ نہ بیدار

وہ مردِ مجاہد نظر آتا نہیں مجھ کو

ہو جس کے رگ و پے میں فقط مستیِ کردار

قبر

مرقد کا شبستاں بھی اُسے راس نہ آیا

آرام قلندر کو تہِ خاک نہیں ہے

خاموشیِ افلاک تو ہے قبر میں لیکن

بے قیدی و پہنائیِ افلاک نہیں ہے

قلندر کی پہچان

کہتا ہے زمانے سے یہ درویش جواں مرد

جاتا ہے جدھر بندۂ حق، تُو بھی اُدھر جا!

ہنگامے ہیں میرے تری طاقت سے زیادہ

بچتا ہوا بنگاہِ قلندر سے گزر جا!

مَیں کشتی و ملّاح کا محتاج نہ ہُوں گا

چڑھتا ہوا دریا ہے اگر تُو تو اتر جا

توڑا نہیں جادو مری تکبیر نے تیرا؟

ہے تجھ میں مکر جانے کی جرأت تو مکر جا!

مہر و مہ و انجم کا محاسب ہے قلندر

ایّام کا مرکب نہیں، راکب ہے قلندر

فلسفہ

افکار جوانوں کے خفی ہوں کہ جَلی ہوں

پوشیدہ نہیں مردِ قلندر کی نظر سے

معلوم ہیں مجھ کو ترے احوال کہ مَیں بھی

مدت ہوئی گزرا تھا اسی راہ گزر سے

الفاظ کے پیچوں میں اُلجھتے نہیں دانا

غوّاص کو مطلب ہے صدف سے کہ گہر سے!

پیدا ہے فقط حلقۂ اربابِ جنوں میں

وہ عقل کہ پا جاتی ہے شعلے کو شرر سے

جس معنیِ پیچیدہ کی تصدیق کرے دل

قیمت میں بہت بڑھ کے ہے تابندہ گہر سے

یا مردہ ہے یا نزع کی حالت میں گرفتار

جو فلسفہ لکھا نہ گیا خونِ جگر سے

مردانِ خُدا

وہی ہے بندۂ حُر جس کی ضرب ہے کاری

نہ وہ کہ حَرب ہے جس کی تمام عیّاری

ازل سے فطرتِ احرار میں ہیں دوش بدوش

قلندری و قبا پوشی و کُلہ داری

زمانہ لے کے جسے آفتاب کرتا ہے

اُنھی کی خاک میں پوشیدہ ہے وہ چنگاری

وجود اُنھی کا طوافِ بتاں سے ہے آزاد

یہ تیرے مومن و کافر، تمام زُنّاری!

کافر و مومن

کل ساحلِ دریا پہ کہا مجھ سے خضر نے
تُو ڈھونڈ رہا ہے سمِ افرنگ کا تریاق؟

اک نکتہ مرے پاس ہے شمشیر کی مانند
برّندہ و صیقل زدہ و روشن و برّاق

کافر کی یہ پہچان کہ آفاق میں گم ہے
مومن کی یہ پہچان کہ گم اس میں ہیں آفاق!

مہدیِ برحق

سب اپنے بنائے ہوئے زنداں میں ہیں محبوس
خاور کے ثوابِت ہوں کہ افرنگ کے سیّار

پیرانِ کلیسا ہوں کہ شیخانِ حرم ہوں
نَے جدتِ گفتار ہے، نَے جدتِ کردار

ہیں اہلِ سیاست کے وہی کہنہ خم و پیچ
شاعر اسی افلاسِ تخیل میں گرفتار

دنیا کو ہے اُس مہدیِ برحق کی ضرورت
ہو جس کی نِگہ زلزلۂ عالمِ افکار

مومن

دنیا میں

ہو حلقۂ یاراں تو بریشم کی طرح نرم
رزمِ حق و باطل ہو تو فولاد ہے مومن

افلاک سے ہے اس کی حریفانہ کشاکش
خاکی ہے مگر خاک سے آزاد ہے مومن

بچتے نہیں کنجشک و حمام اس کی نظر میں

جبریل و سرافیل کا صیّاد ہے مومن

جنّت میں

کہتے ہیں فرشتے کہ دل آویز ہے مومن

حُوروں کو شکایت ہے کم آمیز ہے مومن

محمد علی باب

تھی خوب حضورِ عُلَما باب کی تقریر

بیچارہ غلط پڑھتا تھا اعرابِ سمٰوٰت

اس کی غلطی پر عُلَما تھے مُتبسّم

بولا، تمہیں معلوم نہیں میرے مقامات

اب میری امامت کے تصدّق میں ہیں آزاد

محبوس تھے اعراب میں قرآن کے آیات!

اے روحِ محمدؐ

شیرازہ ہُوا ملّتِ مرحوم کا ابتر

اب تُو ہی بتا، تیرا مسلمان کدھر جائے!

وہ لذّتِ آشوب نہیں بحرِ عرب میں

پوشیدہ جو ہے مجھ میں، وہ طوفان کدھر جائے

ہر چند ہے بے قافلہ و راحلہ و زاد

اس کوہ و بیاباں سے حدی خوان کدھر جائے

اس راز کو اب فاش کر اے روحِ محمدؐ

آیاتِ الٰہی کا نگہبان کدھر جائے!

مدنیّتِ اسلام

بتاؤں تجھ کو مسلماں کی زندگی کیا ہے
یہ ہے نہایتِ اندیشہ و کمالِ جنوں

طلوع ہے صفتِ آفتاب اس کا غروب
یگانہ اور مثالِ زمانہ گونا گوں!

نہ اس میں عصرِ رواں کی حیا سے بیزاری
نہ اس میں عہدِ کہن کے فسانہ و افسوں

حقائقِ ابدی پر اساس ہے اس کی
یہ زندگی ہے، نہیں ہے طلسمِ افلاطوں!

عناصر اس کے ہیں روح القُدُس کا ذوقِ جمال
عجم کا حسنِ طبیعت، عرب کا سوزِ دروں!

امامت

تُو نے پوچھی ہے امامت کی حقیقت مجھ سے
حق تجھے میری طرح صاحبِ اَسرار کرے

ہے وہی تیرے زمانے کا امام برحق
جو تجھے حاضر و موجود سے بیزار کرے

موت کے آئینے میں تجھ کو دکھا کر رخِ دوست
زندگی تیرے لیے اور بھی دشوار کرے

دے کے احساسِ زیاں تیرا لہو گرما دے
فقر کی سان چڑھا کر تجھے تلوار کرے

فتنۂ ملّتِ بیضا ہے امامت اس کی
جو مسلماں کو سلاطیں کا پرستار کرے!

فقر و راہبی

کچھ اور چیز ہے شاید تری مسلمانی
تری نگاہ میں ہے ایک، فقر و رہبانی

سکوں پرستیِ راہب سے فقر ہے بیزار
فقیر کا ہے سفینہ ہمیشہ طوفانی

پسند روح و بدن کی ہے وا نمود اس کو
کہ ہے نہایتِ مومن خودی کی عریانی

وجود صیرفیِ کائنات ہے اُس کا
اُسے خبر ہے، یہ باقی ہے اور وہ فانی

اُسی سے پوچھ کہ پیشِ نگاہ ہے جو کچھ
جہاں ہے یا کہ فقط رنگ و بو کی طغیانی

یہ فقر مردِ مسلماں نے کھو دیا جب سے
رہی نہ دولتِ سلمانی و سلیمانی

غزل

تیری متاعِ حیات، علم و ہنر کا سرور
میری متاعِ حیات ایک دلِ ناصبور!

معجزۂ اہلِ فکر، فلسفۂ پیچ پیچ
معجزۂ اہلِ ذکر، موسیٰ و فرعون و طُور

مصلحتاً کہہ دیا مَیں نے مسلماں تجھے
تیرے نفس میں نہیں، گرمیِ یُوم النّشور

ایک زمانے سے ہے چاک گریباں مرا
تُو ہے ابھی ہوش میں، میرے جنوں کا قصور!

فیضِ نظر کے لیے ضبطِ سخن چاہیے
حرفِ پریشاں نہ کہہ اہلِ نظر کے حضور

خوار جہاں میں کبھی ہو نہیں سکتی وہ قوم
عشق ہو جس کا جسور، فقر ہو جس کا غیور

تسلیم و رضا

ہر شاخ سے یہ نکتۂ پیچیدہ ہے پیدا
پَودوں کو بھی احساس ہے پہنائے فضا کا

ظلمت کدۂ خاک پہ شاکر نہیں رہتا
ہر لحظہ ہے دانے کو جنوں نشوونما کا

فطرت کے تقاضوں پہ نہ کر راہِ عمل بند
مقصود ہے کچھ اور ہی تسلیم و رضا کا

جرأت ہو نمو کی تو فضا تنگ نہیں ہے
اے مردِ خدا، مُلکِ خدا تنگ نہیں ہے!

نکتۂ توحید

بیاں میں نکتۂ توحید آ تو سکتا ہے
ترے دماغ میں بت خانہ ہو تو کیا کہیے

وہ رمزِ شوق کہ پوشیدہ لا اِلٰہ میں ہے
طریقِ شیخ فقیہانہ ہو تو کیا کہیے

سرور جو حق و باطل کی کارزار میں ہے
تُو حرب و ضرب سے بیگانہ ہو تو کیا کہیے

جہاں میں بندۂ حُر کے مشاہدات ہیں کیا
تری نگاہ غلامانہ ہو تو کیا کہیے

مقامِ فقر ہے کتنا بلند شاہی سے
روشِ کسی کی گدایانہ ہو تو کیا کہیے!

الہام اور آزادی

ہو بندۂ آزاد اگر صاحبِ الہام
ہے اس کی نگہ فکر و عمل کے لیے مہمیز

اس کے نفَسِ گرم کی تاثیر ہے ایسی
ہو جاتی ہے خاکِ چمنستاں شرر آمیز

شاہیں کی ادا ہوتی ہے بلبل میں نمودار
کس درجہ بدل جاتے ہیں مُرغانِ سحر خیز!

اُس مردِ خود آگاہ و خدا مست کی صحبت
دیتی ہے گداؤں کو شکوہِ جم و پرویز

محکوم کے الہام سے اللہ بچائے
غارت گرِ اقوام ہے وہ صورتِ چنگیز

جان و تن

عقل مدت سے ہے اس پیچاک میں الجھی ہوئی
روح کس جوہر سے، خاکِ تیرہ کس جوہر سے ہے

میری مشکل، مستی و شور و سرور و درد و داغ
تیری مشکل، مے سے ہے ساغر کہ مے ساغر سے ہے

ارتباطِ حرف و معنی، اختلاطِ جان و تن
جس طرح اخگر قبا پوش اپنی خاکستر سے ہے!

لاہور و کراچی

نظر اللہ پہ رکھتا ہے مسلمانِ غیور
موت کیا شے ہے، فقط عالمِ معنی کا سفر

اُن شہیدوں کی دیَت اہلِ کلیسا سے نہ مانگ
قدر و قیمت میں ہے خوں جن کا حرم سے بڑھ کر

آہ! اے مردِ مسلماں تجھے کیا یاد نہیں
حرفِ "لا تَدْعُ مَعَ اللہِ الٰہاً آخَرْ"

نبوّت

مَیں نہ عارف، نہ مجدد، نہ محدِّث، نہ فقیہ
مجھ کو معلوم نہیں کیا ہے نبوّت کا مقام

ہاں، مگر عالمِ اسلام پہ رکھتا ہُوں نظر
فاش ہے مجھ پہ ضمیرِ فلکِ نیلی فام

عصرِ حاضر کی شبِ تار میں دیکھی مَیں نے
یہ حقیقت کہ ہے روشن صفتِ ماہِ تمام

"وہ نبوّت ہے مسلماں کے لیے برگِ حشیش
جس نبوّت میں نہیں قوت و شوکت کا پیام"

آدم

طلسمِ بُود و عدم، جس کا نام ہے آدم
خدا کا راز ہے، قادر نہیں ہے جس پہ سخن

زمانہ صبحِ ازل سے رہا ہے محوِ سفر
مگر یہ اس کی تگ و دَو سے ہو سکا نہ کہن

اگر نہ ہو تجھے الجھن تو کھول کر کہہ دوں
"وجودِ حضرتِ انساں نہ روح ہے نہ بدن"

مکّہ اور جنیوا

اس دَور میں اقوام کی صحبت بھی ہوئی عام
پوشیدہ نگاہوں سے رہی وحدتِ آدم

تفریقِ مِلل حکمتِ افرنگ کا مقصود
اسلام کا مقصود فقط ملّتِ آدم

مکّے نے دیا خاکِ جنیوا کو یہ پیغام
جمعیّتِ اقوام کہ جمعیّتِ آدم!

اے پیرِ حرم

اے پیرِ حرم! رسم و رہِ خانقہی چھوڑ

مقصود سمجھ میری نوائے سحری کا

اللّٰہ رکھے تیرے جوانوں کو سلامت!

دے ان کو سبق خود شکنی، خود نگری کا

تُو ان کو سِکھا خارا شگافی کے طریقے

مغرب نے سکھایا انہیں فن شیشہ گری کا

دل توڑ گئی ان کا دو صدیوں کی غلامی

دارو کوئی سوچ ان کی پریشاں نظری کا

کہہ جاتا ہُوں مَیں زورِ جنوں میں ترے اسرار

مجھ کو بھی صلہ دے مری آشفتہ سری کا!

مہدی

قوموں کی حیات ان کے تخیل پہ ہے موقوف

یہ ذوق سکھاتا ہے ادب مرغِ چمن کو

مجذوب فرنگی نے بہ اندازِ فرنگی

مہدی کے تخیل سے کیا زندہ وطن کو

اے وہ کہ تو مہدی کے تخیل سے ہے بیزار

نومید نہ کر آہوئے مشکیں سے ختن کو

ہو زندہ کفن پوش تو میّت اُسے سمجھیں

یا چاک کریں مَردکِ ناداں کے کفن کو؟

مردِ مسلمان

ہر لحظہ ہے مومن کی نئی شان، نئی آن

گفتار میں، کردار میں، اللّٰہ کی بُرہان!

قہّاری و غفّاری و قدّوسی و جبروت

یہ چار عناصر ہوں تو بنتا ہے مسلمان
ہمسایۂ جبریلِ امیں، بندۂ خاکی

ہے اس کا نشیمن نہ بخارا نہ بدخشان
یہ راز کسی کو نہیں معلوم کہ مومن

قاری نظر آتا ہے، حقیقت میں ہے قرآن!
قدرت کے مقاصد کا عیار اس کے ارادے

دنیا میں بھی میزان، قیامت میں بھی میزان
جس سے جگرِ لالہ میں ٹھنڈک ہو، وہ شبنم

دریاؤں کے دل جس سے دہل جائیں، وہ طوفان
فطرت کا سرودِ ازلی اس کے شب و روز

آہنگ میں یکتا صفتِ سورۂ رحمٰن
بنتے ہیں مری کارگہِ فکر میں انجم

لے اپنے مقدر کے ستارے کو تو پہچان!

پنجابی مسلمان

مذہب میں بہت تازہ پسند اس کی طبیعت
کر لے کہیں منزل تو گزرتا ہے بہت جلد

تحقیق کی بازی ہو تو شرکت نہیں کرتا
ہو کھیل مُریدی کا تو ہَرتا ہے بہت جلد

تاویل کا پھندا کوئی صیّاد لگا دے
یہ شاخِ نشیمن سے اُترتا ہے بہت جلد

آزادی

ہے کس کی یہ جرأت کہ مسلمان کو ٹوکے
حُریّتِ افکار کی نعمت ہے خدا داد

چاہے تو کرے کعبے کو آتش کدۂ پارس
چاہے تو کرے اس میں فرنگی صنم آباد

قرآن کو بازیچہٴ تاویل بنا کر
چاہے تو خود اک تازہ شریعت کرے ایجاد
ہے مملکتِ ہند میں اک طُرفہ تماشا
اسلام ہے محبوس، مسلمان ہے آزاد!

اشاعتِ اسلام فرنگستان میں

ضمیر اس مدنیّت کا دِیں سے ہے خالی
فرنگیوں میں اخوّت کا ہے نسب پہ قیام
بلند تر نہیں انگریز کی نگاہوں میں
قبولِ دینِ مسیحی سے برہمن کا مقام
اگر قبول کرے، دینِ مصطفیٰٰ، انگریز
سیاہ روز مسلماں رہے گا پھر بھی غلام

لا و اِلّا

فضائے نور میں کرتا نہ شاخ و برگ و بر پیدا
سفر خاکی شبستاں سے نہ کر سکتا اگر دانہ
نہادِ زندگی میں ابتدا ”لا“، انتہا ”اِلّا“
پیام موت ہے جب ”لا ہوا اِلّا“ سے بیگانہ
وہ ملّت روح جس کی ”لا“ سے آگے بڑھ نہیں سکتی
یقیں جانو، ہوا لبریز اُس ملّت کا پیمانہ

امرائے عرب سے

کرے یہ کافرِ ہندی بھی جرأتِ گفتار
اگر نہ ہو امرائے عرب کی بے ادبی!
یہ نکتہ پہلے سکھایا گیا کس اُمّت کو؟
وصال مصطفوی، افتراق بولہبی!

نہیں وجود حدود و شعور سے اس کا
محمدؐ عربی سے ہے عالمِ عربی!

احکامِ الہٰی

پابندیِ تقدیر کہ پابندیِ احکام؟
یہ مسئلہ مشکل نہیں اے مردِ خرد مند
اک آن میں سَو بار بدل جاتی ہے تقدیر
ہے اس کا مقلّد ابھی ناخوش، ابھی خورسند
تقدیر کے پابند نباتات و جمادات
مومن فقط احکامِ الہٰی کا ہے پابند

موت

لحد میں بھی یہی غیب و حضور رہتا ہے
اگر ہو زندہ تو دل ناصبور رہتا ہے
مہ و ستارہ، مثالِ شرارہ یک دو نفَس
مئے خودی کا ابد تک سرور رہتا ہے
فرشتہ موت کا چھوتا ہے گو بدن تیرا
ترے وجود کے مرکز سے دُور رہتا ہے!

قُم باذنِ اللّٰہ

جہاں اگرچہ دگر گوں ہے، قُم باِذنِ اللّٰہ
وہی زمیں، وہی گردُوں ہے، قُم باِذنِ اللّٰہ
کیا نوائے "انا الحق" کو آتشیں جس نے
تری رگوں میں وہی خوں ہے، قُم باِذنِ اللّٰہ
غمیں نہ ہو کہ پراگندہ ہے شعُور ترا
فرنگیوں کا یہ افسوں ہے، قُم باِذنِ اللّٰہ

مقصود

سپنوزا

نظر حیات پہ رکھتا ہے مردِ دانش مند

حیات کیا ہے، حضور و سرور و نور و وجود

فلاطوں

نگاہ موت پہ رکھتا ہے مردِ دانش مند

حیات ہے شبِ تاریک میں شرر کی نمود

حیات و موت نہیں التفات کے لائق

فقط خودی ہے خودی کی نگاہ کا مقصود

زمانۂ حاضر کا انسان

"عشق ناپید و خرد مے گزدش صورتِ مار"

عقل کو تابعِ فرمانِ نظر کر نہ سکا

ڈھونڈنے والا ستاروں کی گزر گاہوں کا

اپنے افکار کی دنیا میں سفر کر نہ سکا

اپنی حکمت کے خم و پیچ میں الجھا ایسا
آج تک فیصلۂ نفع و ضرر کر نہ سکا
جس نے سورج کی شعاعوں کو گرفتار کیا
زندگی کی شبِ تاریک سحر کر نہ سکا!

اقوامِ مشرق

نظر آتے نہیں بے پردہ حقائق اُن کو
آنکھ جن کی ہوئی محکومی و تقلید سے کور
زندہ کر سکتی ہے ایران و عرب کو کیونکر
یہ فرنگی مدنیّت کہ جو ہے خود لبِ گور!

آگاہی

نظر سپہر پہ رکھتا ہے جو ستارہ شناس
نہیں ہے اپنی خودی کے مقام سے آگاہ
خودی کو جس نے فلک سے بلند تر دیکھا
وہی ہے مملکتِ صبح و شام سے آگاہ
وہی نگاہ کے ناخوب و خوب سے محرم
وہی ہے دل کے حلال و حرام سے آگاہ

مُصلحینِ مشرق

مَیں ہُوں نومید تیرے ساقیانِ سامری فن سے
کہ بزمِ خاوراں میں لے کے آئے ساتگیں خالی
نئی بجلی کہاں ان بادلوں کے جیب و دامن میں
پرانی بجلیوں سے بھی ہے جن کی آستیں خالی!

مغربی تہذیب

فسادِ قلب و نظر ہے فرنگ کی تہذیب
کہ روح اس مدنیّت کی رہ سکی نہ عفیف

رہے نہ روح میں پاکیزگی تو ہے ناپید
ضمیرِ پاک و خیالِ بلند و ذوقِ لطیف

اَسرارِ پیدا

اُس قوم کو شمشیر کی حاجت نہیں رہتی
ہو جس کے جوانوں کی خودی صورتِ فولاد

ناچیز جہانِ مہ و پرویں ترے آگے
وہ عالمِ مجبور ہے، تُو عالمِ آزاد

موجوں کی تپش کیا ہے، فقط ذوقِ طلب ہے
پنہاں جو صدف میں ہے، وہ دولت ہے خدا داد

شاہیں کبھی پرواز سے تھک کر نہیں گرتا
پُر دم ہے اگر تُو تو نہیں خطرۂ افتاد

سلطان ٹیپو کی وصیّت

تُو رہ نَوَردِ شوق ہے، منزل نہ کر قبول
لیلیٰ بھی ہم نشیں ہو تو محمل نہ کر قبول

اے جوئے آب بڑھ کے ہو دریائے تند و تیز
ساحل تجھے عطا ہو تو ساحل نہ کر قبول

کھویا نہ جا صنم کدۂ کائنات میں
محفل گداز! گرمیِ محفل نہ کر قبول

صبحِ ازل یہ مجھ سے کہا جبرئیل نے
جو عقل کا غلام ہو، وہ دل نہ کر قبول

باطل دوئی پسند ہے، حق لا شریک ہے

شرکتِ میانہ حق و باطل نہ کر قبول!

★

نہ مَیں اعجمی نہ ہندی، نہ عراقی و حجازی
کہ خودی سے مَیں نے سیکھی دو جہاں سے بے نیازی

تُو مری نظر میں کافر، مَیں تری نظر میں کافر
ترا دِیں نفَس شماری، مرا دِیں نفَس گدازی

تُو بدل گیا تو بہتر کہ بدل گئی شریعت
کہ موافقِ تقَدِرواں نہیں دینِ شاہبازی

ترے دشت و در میں مجھ کو وہ جنوں نظر نہ آیا
کہ سِکھا سکے خرد کو رہ و رسمِ کارسازی

نہ جدا رہے نوا گر تب و تابِ زندگی سے
کہ ہلاکِ اُمم ہے یہ طریقِ نَے نوازی

بیداری

جس بندۂ حق بِیں کی خودی ہو گئی بیدار
شمشیر کی مانند ہے برّندہ و برّاق
اُس کی نگہِ شوخ پہ ہوتی ہے نمودار
ہر ذرّے میں پوشیدہ ہے جو قوتِ اشراق
اُس مردِ خُدا سے کوئی نسبت نہیں تجھ کو
تُو بندۂ آفاق ہے، وہ صاحبِ آفاق
تجھ میں ابھی پیدا نہیں ساحل کی طلب بھی
وہ پاکِ فطرت سے ہُوا محرمِ اعماق

خودی کی تربیت

خودی کی پرورش و تربیت پہ ہے موقوف
کہ مُشتِ خاک میں پیدا ہو آتش ہمہ سوز

یہی ہے سرِّ کلیمی ہر اک زمانے میں
ہوائے دشت و شعیب و شبانی شب و روز!

آزادیِ فکر

آزادیِ افکار سے ہے اُن کی تباہی
رکھتے نہیں جو فکر و تدبّر کا سلیقہ

ہو فکر اگر خام تو آزادیِ افکار
انسان کو حیوان بنانے کا طریقہ!

خودی کی زندگی

خودی ہو زندہ تو ہے فقر بھی شہنشاہی
نہیں ہے سنجر و طغرل سے کم شکوہِ فقیر

خودی ہو زندہ تو دریائے بے کراں پایاب
خودی ہو زندہ تو کہسار پرنیان و حریر

نہنگ زندہ ہے اپنے محیط میں آزاد
نہنگ مردہ کو موجِ سراب بھی زنجیر!

حکومت

ہے مریدوں کو تو حق بات گوارا لیکن
شیخ و مُلّا کو بُری لگتی ہے درویش کی بات

قوم کے ہاتھ سے جاتا ہے متاعِ کردار
بحث میں آتا ہے جب فلسفۂ ذات و صفات

گرچہ اس دَیرِ کہن کا ہے یہ دستورِ قدیم
کہ نہیں مے کدہ و ساقی و مینا کو ثبات
قسمتِ بادہ مگر حق ہے اُسی ملّت کا
انگبیں جس کے جوانوں کو ہے تلخابِ حیات!

ہندی مکتب

اقبآل! یہاں نام نہ لے علمِ خودی کا
موزوں نہیں مکتب کے لیے ایسے مقالات
بہتر ہے کہ بے چارے ممولوں کی نظر سے
پوشیدہ رہیں باز کے احوال و مقامات
آزاد کی اک آن ہے محکوم کا اک سال
کس درجہ گراں سیر ہیں محکوم کے اوقات!
آزاد کا ہر لحظہ پیامِ ابدیّت
محکوم کا ہر لحظہ نئی مرگِ مفاجات
آزاد کا اندیشہ حقیقت سے منوّر
محکوم کا اندیشہ گرفتارِ خرافات
محکوم کو پیروں کی کرامات کا سودا
ہے بندۂ آزاد خود اک زندہ کرامات
محکوم کے حق میں ہے یہی تربیت اچھی
موسیقی و صورت گری و علمِ نباتات!

تربیت

زندگی کچھ اور شے ہے، علم ہے کچھ اور شے
زندگی سوزِ جگر ہے، علم ہے سوزِ دماغ
علم میں دولت بھی ہے، قدرت بھی ہے، لذّت بھی ہے
ایک مشکل ہے کہ ہاتھ آتا نہیں اپنا سراغ
اہلِ دانش عام ہیں، کم یاب ہیں اہلِ نظر

کیا تعجّب ہے کہ خالی رہ گیا تیرا ایاغ!
شیخِ مکتب کے طریقوں سے کشادِ دل کہاں
کس طرح کبریت سے روشن ہو بجلی کا چراغ!

خوب و زشت

ستارگانِ فضا ہائے نیلگوں کی طرح
تخیلات بھی ہیں تابعِ طلوع و غروب
جہاں خودی کا بھی ہے صاحبِ فراز و نشیب
یہاں بھی معرکہ آرا ہے خوب سے ناخوب
نمود جس کی فرازِ خودی سے ہو، وہ جمیل
جو ہو نشیب میں پیدا، قبیح و نامحبوب!

مرگِ خودی

خودی کی موت سے مغرب کا اندروں بے نور
خودی کی موت سے مشرق ہے مبتلائے جذام
خودی کی موت سے روحِ عرب ہے بے تب و تاب
بدن عراق و عجم کا ہے بے عروق و عظام
خودی کی موت سے ہندی شکستہ بالوں پر
قفس ہُوا ہے حلال اور آشیانہ حرام!
خودی کی موت سے پیرِ حرم ہُوا مجبور
کہ بیچ کھائے مسلماں کا جامۂ احرام!

مہمانِ عزیز

پُر ہے افکار سے اِن مدرسے والوں کا ضمیر
خوب و ناخوب کی اس دَور میں ہے کس کو تمیز!
چاہیے خانۂ دل کی کوئی منزل خالی

شاید آ جائے کہیں سے کوئی مہمانِ عزیز

عصرِ حاضر

پختہ افکار کہاں ڈھونڈنے جائے کوئی
اس زمانے کی ہوا رکھتی ہے ہر چیز کو خام
مدرسہ عقل کو آزاد تو کرتا ہے مگر
چھوڑ جاتا ہے خیالات کو بے ربط و نظام
مردہ، لا دینی افکار سے افرنگ میں عشق
عقل بے ربطیِ افکار سے مشرق میں غلام!

طالبِ علم

خدا تجھے کسی طوفاں سے آشنا کر دے
کہ تیرے بحر کی موجوں میں اضطراب نہیں
تجھے کتاب سے ممکن نہیں فراغ کہ تُو
کتاب خواں ہے مگر صاحبِ کتاب نہیں!

امتحان

کہا پہاڑ کی ندّی نے سنگ ریزے سے
فتادگی و سر افگندگی تری معراج!
ترا یہ حال کہ پامال و درد مند ہے تُو
مری یہ شان کہ دریا بھی ہے مرا محتاج
جہاں میں تُو کسی دیوار سے نہ ٹکرایا
کسے خبر کہ تُو ہے سنگِ خارہ یا کہ زُجاج!

مدرسہ

عصرِ حاضر ملک الموت ہے تیرا، جس نے
قبضَ کی روح تری دے کے تجھے فکرِ معاش

دل لرزتا ہے حریفانہ کشاکش سے ترا
زندگی موت ہے، کھو دیتی ہے جب ذوقِ خراش

اُس جنوں سے تجھے تعلیم نے بیگانہ کیا
جو یہ کہتا تھا خرد سے کہ بہانے نہ تراش

فیضِ فطرت نے تجھے دیدۂ شاہیں بخشا
جس میں رکھ دی ہے غلامی نے نگاہِ خفّاش

مدرسے نے تری آنکھوں سے چھپایا جن کو
خلوتِ کوہ و بیاباں میں وہ اَسرار ہیں فاش

حکیم نطشہ

حریفِ نکتۂ توحید ہو سکا نہ حکیم
نگاہ چاہیے اَسرارِ "لا اِلہ" کے لیے

خدنگِ سینۂ گردوں ہے اُس کا فکرِ بلند
کمند اُس کا تخیل ہے مہر و مہ کے لیے

اگرچہ پاک ہے طینت میں راہبی اُس کی
ترس رہی ہے مگر لذّتِ گنہ کے لیے

اساتذہ

مقصد ہو اگر تربیتِ لعلِ بدخشاں
بے سُود ہے بھٹکے ہوئے خورشید کا پرتَو

دنیا ہے روایات کے پھندوں میں گرفتار
کیا مدرسہ، کیا مدرسے والوں کی تگ و دَو!

کر سکتے تھے جو اپنے زمانے کی امامت
وہ کہنہ دماغ اپنے زمانے کے ہیں پَیرو!

★

ملے گا منزلِ مقصود کا اُسی کو سراغ
اندھیری شب میں ہے چیتے کی آنکھ جس کا چراغ

میسر آتی ہے فرصت فقط غلاموں کو
نہیں ہے بندۂ حُر کے لیے جہاں میں فراغ

فروغِ مغربیاں خیرہ کر رہا ہے تجھے
تری نظر کا نگہباں ہو صاحبِ "مازاغ"

وہ بزمِ عیش ہے مہمانِ یک نفس دو نفس
چمک رہے ہیں مثالِ ستارہ جس کے ایاغ

کیا ہے تجھ کو کتابوں نے کور ذوق اتنا
صبا سے بھی نہ مِلا تجھ کو بُوئے گُل کا سراغ!

دین و تعلیم

مجھ کو معلوم ہیں پیرانِ حرم کے انداز
ہو نہ اخلاص تو دعوائے نظر لاف و گزاف

اور یہ اہلِ کلیسا کا نظامِ تعلیم
ایک سازش ہے فقط دین و مروّت کے خلاف

اس کی تقدیر میں محکومی و مظلومی ہے
قوم جو کر نہ سکی اپنی خودی سے انصاف

فِطرتِ افراد سے اغماض بھی کر لیتی ہے
کبھی کرتی نہیں ملّت کے گُناہوں کو معاف

جاوید سے

۱

غارت گرِ دیں ہے یہ زمانہ
ہے اس کی نہاد کافرانہ

دربارِ شہنشہی سے خوش تر
مردانِ خدا کا آستانہ

لیکن یہ دَورِ ساحری ہے
انداز ہیں سب کے جادوانہ

سرچشمۂ زندگی ہُوا خشک
باقی ہے کہاں مئے شبانہ!

خالی اُن سے ہُوا دبستاں
تھی جن کی نگاہ تازیانہ

جس گھر کا مگر چراغ ہے تُو
ہے اُس کا مذاق عارفانہ

جوہر میں ہو "لا اِلہ" تو کیا خوف
تعلیم ہو گو فرنگیانہ

شاخِ گل پر چہک ولیکن
کر اپنی خودی میں آشیانہ!

وہ بحر ہے آدمی کہ جس کا
ہر قطرہ ہے بحرِ بیکرانہ

دہقان اگر نہ ہو تَن آساں
ہر دانہ ہے صد ہزار دانہ

"غافل منشیں نہ وقتِ بازی ست
وقتِ ہنر است و کارسازی ست"

۲

سینے میں اگر نہ ہو دلِ گرم
رہ جاتی ہے زندگی میں خامی

نخچیر اگر ہو زیرک و چست
آتی نہیں کام کہنہ دامی

ہے آبِ حیات اسی جہاں میں
شرط اس کے لیے ہے تشنہ کامی

غیرت ہے طریقتِ حقیقی
غیرت سے ہے فقر کی تمامی

اے جانِ پدر! نہیں ہے ممکن
شاہیں سے تدرو کی غلامی

نایاب نہیں متاعِ گفتار
صد انوریؔ و ہزار جامیؔ!

ہے میری بساط کیا جہاں میں
بس ایک فغانِ زیرِ بامی

اک صدقِ مقال ہے کہ جس سے
مَیں چشمِ جہاں میں ہُوں گرامی

اللہ کی دین ہے، جسے دے
میراث نہیں بلند نامی

اپنے نورِ نظر سے کیا خوب
فرماتے ہیں حضرتِ نظامیؔ

"جائے کہ بزرگ بایدت بُود
فرزندیِ من نداردت سود"

۳

مومن پہ گراں ہیں یہ شب و روز
دین و دولت، قمار بازی!

ناپید ہے بندۂ عمل مست
باقی ہے فقط نفَس درازی

ہمّت ہو اگر تو ڈھونڈ وہ فقر
جس فقر کی اصل ہے حجازی

اُس فقر سے آدمی میں پیدا
اللہ کی شانِ بے نیازی

کنجشک و حمام کے لیے موت
ہے اُس کا مقام شاہبازی

روشن اُس سے خرد کی آنکھیں
بے سرمۂ بُو علی و رازی

حاصل اُس کا شکوۂ محمود

فطرت میں اگر نہ ہو ایازی

تیری دنیا کا یہ سرافیل

رکھتا نہیں ذوقِ نَے نوازی

ہے اس کی نگاہِ عالم آشوب

در پردہ تمام کارسازی

یہ فقرِ غیور جس نے پایا

بے تیغ و سناں ہے مردِ غازی

مومن کی اسی میں ہے امیری

اللہ سے مانگ یہ فقیری

عورت

مردِ فرنگ

ہزار بار حکیموں نے اس کو سُلجھایا
مگر یہ مسئلۂ زن رہا وہیں کا وہیں

قصور زن کا نہیں ہے کچھ اس خرابی میں
گواہ اس کی شرافت پہ ہیں مہ و پرویں

فساد کا ہے فرنگی معاشرت میں ظہور
کہ مرد سادہ ہے بیچارہ زن شناس نہیں

ایک سوال

کوئی پوچھے حکیمِ یورپ سے
ہند و یوناں ہیں جس کے حلقہ بگوش

کیا یہی ہے معاشرت کا کمال
مرد بے کار و زن تہی آغوش!

پردہ

بہت رنگ بدلے سپہرِ بریں نے
خدایا یہ دنیا جہاں تھی، وہیں ہے

تفاوت نہ دیکھا زن و شو میں مَیں نے
وہ خلوت نشیں ہے، یہ خلوت نشیں ہے

ابھی تک ہے پردے میں اولادِ آدم
کسی کی خودی آشکارا نہیں ہے

خلوت

رسوا کیا اس دَور کو جلوت کی ہوس نے
روشن ہے نِگہ، آئینۂ دل ہے مکدر
بڑھ جاتا ہے جب ذوقِ نظر اپنی حدوں سے
ہو جاتے ہیں افکار پراگندہ و ابتر
آغوشِ صدف جس کے نصیبوں میں نہیں ہے
وہ قطرۂ نیساں کبھی بنتا نہیں گوہر
خلوت میں خودی ہوتی ہے خودگیر، وَلیکن
خلوت نہیں اب دَیر و حرم میں بھی میسر!

آزادیِ نسواں

اس بحث کا کچھ فیصلہ مَیں کر نہیں سکتا
گو خوب سمجھتا ہُوں کہ یہ زہر ہے، وہ قند
کیا فائدہ، کچھ کہہ کے بنوں اور بھی معتوب
پہلے ہی خفا مجھ سے ہیں تہذیب کے فرزند
اس راز کو عورت کی بصیرت ہی کرے فاش
مجبور ہیں، معذور ہیں، مردانِ خرد مند
کیا چیز ہے آرائش و قیمت میں زیادہ
آزادیِ نسواں کہ زمرّد کا گُلوبند!

عورت کی حفاظت

اک زندہ حقیقت مرے سینے میں ہے مستور
کیا سمجھے گا وہ جس کی رگوں میں ہے لہو سرد

نے پردہ، نہ تعلیم، نئی ہو کہ پرانی

نسوانیتِ زن کا نگہباں ہے فقط مرد

جس قوم نے اس زندہ حقیقت کو نہ پایا

اُس قوم کا خورشید بہت جلد ہُوا زرد

عورت اور تعلیم

تہذیبِ فرنگی ہے اگر مرگِ امومت

ہے حضرتِ انساں کے لیے اس کا ثمر موت

جس علم کی تاثیر سے زن ہوتی ہے نازن

کہتے ہیں اُسی علم کو اربابِ نظر موت

بیگانہ رہے دیں سے اگر مدرسۂ زن

ہے عشق و محبّت کے لیے علم و ہنر موت

ادبیات، فنونِ لطیفہ

دین و ہُنر

سرود و شعر و سیاست، کتاب و دین و ہنر
گہر ہیں ان کی گرہ میں تمام یک دانہ
ضمیرِ بندۂ خاکی سے ہے نمود ان کی
بلند تر ہے ستاروں سے ان کا کاشانہ
اگر خودی کی حفاظت کریں تو عینِ حیات
نہ کر سکیں تو سراپا فسون و افسانہ
ہوئی ہے زیرِ فلک امّتوں کی رسوائی
خودی سے جب ادب و دِیں ہوئے ہیں بیگانہ

تخلیق

جہانِ تازہ کی افکارِ تازہ سے ہے نمود
کہ سنگ و خشت سے ہوتے نہیں جہاں پیدا
خودی میں ڈوبنے والوں کے عزم و ہمّت نے
اس آبجو سے کیے بحرِ بے کراں پیدا
وہی زمانے کی گردش پہ غالب آتا ہے
جو ہر نفس سے کرے عمرِ جاوداں پیدا
خودی کی موت سے مشرق کی سر زمینوں میں
ہُوا نہ کوئی خدائی کا رازداں پیدا
ہوائے دشت سے بوئے رفاقت آتی ہے
عجب نہیں ہے کہ ہوں میرے ہم عناں پیدا

جنوں

زُجاج گر کی دکاں شاعری و مُلّائی
ستم ہے، خوار پھرے دشت و در میں دیوانہ!
کسے خبر کہ جنوں میں کمال اور بھی ہیں
کریں اگر اسے کوہ و کمر سے بیگانہ
ہجومِ مدرسہ بھی سازگار ہے اس کو
کہ اس کے واسطے لازم نہیں ہے ویرانہ

اپنے شعر سے

ہے گلہ مجھ کو تری لذّتِ پیدائی کا
تُو ہُوا فاش تو ہیں اب مرے اَسرار بھی فاش
شعلے سے ٹوٹ کے مثلِ شرر آوارہ نہ رہ
کر کسی سینۂ پُر سوز میں خلوت کی تلاش!

پیرس کی مسجد

مری نگاہ کمالِ ہنر کو کیا دیکھے
کہ حق سے یہ حرمِ مغربی ہے بیگانہ
حرم نہیں ہے، فرنگی کرشمہ بازوں نے
تنِ حرم میں چھپا دی ہے روحِ بت خانہ
یہ بت کدہ اُٹھی غارت گروں کی ہے تعمیر
دمشق ہاتھ سے جن کے ہُوا ہے ویرانہ

ادبیات

عشق اب پیرویِ عقلِ خدا داد کرے
آبرو کوچۂ جاناں میں نہ برباد کرے

کہنہ پیکر میں نئی روح کو آباد کرے
یا کہن روح کو تقلید سے آزاد کرے

نگاہ

بہار و قافلۂ لالہ ہائے صحرائی
شباب و مستی و ذوق و سرور و رعنائی!
اندھیری رات میں یہ چشمکیں ستاروں کی
یہ بحر، یہ فلکِ نیلگوں کی پہنائی!
سفر عروسِ قمر کا عماری شب میں
طلوعِ مہر و سکوتِ سپہرِ مینائی!
نگاہ ہو تو بہائے نظارہ کچھ بھی نہیں
کہ بکتی نہیں فطرت جمال و زیبائی

مسجدِ قوت الاسلام

ہے مرے سینۂ بے نور میں اب کیا باقی
"لا اِلـٰہ" مردہ و افسردہ و بے ذوقِ نمود
چشمِ فطرت بھی نہ پہچان سکے گی مجھ کو
کہ اَیازی سے دگرگوں ہے مقامِ محمودؔ
کیوں مسلماں نہ خجل ہو تری سنگینی سے
کہ غلامی سے ہوا مثلِ زُجاج اس کا وجود
ہے تری شان کے شایاں اُسی مومن کی نماز
جس کی تکبیر میں ہو معرکہ بُود و نبُود
اب کہاں میرے نفَس میں وہ حرارت، وہ گداز
بے تب و تابِ دروں میری صلوٰۃ اور درود
ہے مری بانگِ اذاں میں نہ بلندی، نہ شکوہ
کیا گوارا ہے تجھے ایسے مسلماں کا سجود؟

تیاتر

تری خودی سے ہے روشن ترا حریمِ وجود

حیات کیا ہے، اُسی کا سرور و سوز و ثبات

بلند تر مہ و پرویں سے ہے اُسی کا مقام

اُسی کے نور سے پیدا ہیں تیرے ذات و صفات

حریم تیرا، خودی غیر کی! معاذ اللہ

دوبارہ زندہ نہ کر کاروبارِ لات و منات

یہی کمال ہے تمثیل کا کہ تُو نہ رہے

رہا نہ تُو تو نہ سوزِ خودی، نہ سازِ حیات

شعاعِ امّید

۱

سورج نے دیا اپنی شعاعوں کو یہ پیغام

دنیا ہے عجب چیز، کبھی صبح کبھی شام

مدت سے تم آوارہ ہو پہنائے فضا میں

بڑھتی ہی چلی جاتی ہے بے مہری ایّام

نے ریت کے ذرّوں پہ چمکنے میں ہے راحت

نے مثلِ صبا طوفِ گل و لالہ میں آرام

پھر میرے تجلّی کدۂ دل میں سما جاؤ

چھوڑو چمنستان و بیابان و در و بام

۲

آفاق کے ہر گوشے سے اُٹھتی ہیں شعاعیں

بچھڑے ہوئے خورشید سے ہوتی ہیں ہم آغوش

اک شور ہے، مغرب میں اُجالا نہیں ممکن

افرنگ مشینوں کے دھُویں سے ہے سیہ پوش
مشرق نہیں گو لذّتِ نظّارہ سے محروم

لیکن صفتِ عالمِ لاہُوت ہے خاموش
پھر ہم کو اُسی سینۂ روشن میں چھپا لے

اے مہرِ جہاں تاب! نہ کر ہم کو فراموش

۳

اک شوخ کرن، شوخ مثالِ نگہِ حُور
آرام سے فارغ، صفتِ جوہرِ سیماب

بولی کہ مجھے رخصتِ تنویر عطا ہو
جب تک نہ ہو مشرق کا ہر اک ذرّہ جہاں تاب

چھوڑوں گی نہ مَیں ہند کی تاریک فضا کو
جب تک نہ اُٹھیں خواب سے مردانِ گراں خواب

خاور کی امیدوں کا یہی خاک ہے مرکز
اقبآل کے اشکوں سے یہی خاک ہے سیراب

چشمِ مہ و پرویں ہے اسی خاک سے روشن
یہ خاک کہ ہے جس کا خزَف ریزہ دُرِ ناب

اس خاک سے اٹھے ہیں وہ غوّاصِ معانی
جن کے لیے ہر بحرِ پُر آشوب ہے پایاب

جس ساز کے نغموں سے حرارت تھی دلوں میں
محفل کا وہی ساز ہے بیگانۂ مضراب

بت خانے کے دروازے پہ سوتا ہے برہمن
تقدیر کو روتا ہے مسلماں تہِ محراب

مشرق سے ہو بیزار، نہ مغرب سے حذر کر
فطرت کا اشارہ ہے کہ ہر شب کو سحر کر!

امّید

مقابلہ تو زمانے کا خوب کرتا ہُوں
اگرچہ مَیں نہ سپاہی ہُوں نَے امیرِ جنود

مجھے خبر نہیں یہ شاعری ہے یا کچھ اور
عطا ہُوا ہے مجھے ذِکر و فِکر و جذب و سرود

جبینِ بندۂ حق میں نمود ہے جس کی
اُسی جلال سے لبریز ہے ضمیرِ وجود

یہ کافری تو نہیں، کافری سے کم بھی نہیں
کہ مردِ حق ہو گرفتارِ حاضر و موجود

غمیں نہ ہو کہ بہت دَور ہیں ابھی باقی
نئے ستاروں سے خالی نہیں سپہرِ کبود

نگاہِ شوق

یہ کائنات چھپاتی نہیں ضمیر اپنا
کہ ذرّے ذرّے میں ہے ذوقِ آشکارائی

کچھ اور ہی نظر آتا ہے کاروبارِ جہاں
نگاہِ شوق اگر ہو شریکِ بینائی

اسی نگاہ سے محکوم قوم کے فرزند
ہوئے جہاں میں سزاوارِ کار فرمائی

اسی نگاہ میں ہے قاہری و جبّاری
اسی نگاہ میں ہے دلبری و رعنائی

اسی نگاہ سے ہر ذرّے کو، جنوں میرا
سِکھا رہا ہے رہ و رسمِ دشت پیمائی

نگاہِ شوق میسر نہیں اگر تجھ کو
ترا وجود ہے قلب و نظر کی رسوائی

اہلِ ہنر سے

مہر و مہ و مشتری، چند نفَس کا فروغ
عشق سے ہے پائدار تیری خودی کا وجود

تیرے حرم کا ضمیر اسود و احمر سے پاک
ننگ ہے تیرے لیے سرخ و سپید و کبود

تیری خودی کا غیاب معرکۂ ذِکر و فکر
تیری خودی کا حضور عالمِ شعر و سرود

روح اگر ہے تری رنجِ غلامی سے زار
تیرے ہنر کا جہاں دَیر و طواف و سجود

اور اگر باخبر اپنی شرافت سے ہو
تیری سپہ انس و جنّ، تُو ہے امیرِ جُنود!

غزل

دریا میں موتی، اے موجِ بے باک
ساحل کی سوغات! خار و خس و خاک

میرے شرر میں بجلی کے جوہر
لیکن نیستاں تیرا ہے نم ناک

تیرا زمانہ، تاثیر تیری
ناداں! نہیں یہ تاثیرِ افلاک

ایسا جنوں بھی دیکھا ہے مَیں نے
جس نے سیے ہیں تقدیر کے چاک

کامل وہی ہے رندی کے فن میں
مستی ہے جس کی بے منّتِ تاک

رکھتا ہے اب تک مَیخانۂ شرق
وہ مے کہ جس سے روشن ہو ادراک

اہلِ نظر ہیں یورپ سے نومید
ان امّتوں کے باطن نہیں پاک

وجود

اے کہ ہے زیرِ فلک مثلِ شرر تیری نمود
کون سمجھائے تجھے کیا ہیں مقاماتِ وجود!
گر ہنر میں نہیں تعمیرِ خودی کا جوہر
وائے صورت گری و شاعری و نائے و سرود!
مکتب و مے کدہ جز درسِ نبودن ندہند
بودن آموز کہ ہم باشی و ہم خواہی بُود

سرود

آیا کہاں سے نالۂ نَے میں سرورِ مے
اصل اس کی نَے نواز کا دل ہے کہ چوبِ نَے؟
دل کیا ہے، اس کی مستی و قوت کہاں سے ہے
کیوں اس کی اک نگاہ اُلٹتی ہے تختِ کَے؟
کیوں اس کی زندگی سے ہے اقوام میں حیات
کیوں اس کے واردات بدلتے ہیں پے بہ پے
کیا بات ہے کہ صاحبِ دل کی نگاہ میں
بچتی نہیں ہے سلطنتِ روم و شام و رَے
جس روز دل کی رمزِ مُغنّی سمجھ گیا
سمجھو تمام مرحلہ ہائے ہنر ہیں طے

نسیم و شبنم

نسیم

انجم کی فضا تک نہ ہوئی میری رسائی
کرتی رہی مَیں پیرہنِ لالہ و گُل چاک
مجبور ہوئی جاتی ہُوں مَیں ترکِ وطن پر
بے ذوق ہیں بلبل کی نوا ہائے طرب ناک
دونوں سے کیا ہے تجھے تقدیر نے محرم
خاکِ چمن اچھی کہ سرا پردۂ افلاک!

شبنم

کھینچیں نہ اگر تجھ کو چمن کے خس و خاشاک
گلشن بھی ہے اک بہرِ سرا پردۂ افلاک

اَہرامِ مِصر

اس دشتِ جگر تاب کی خاموش فضا میں
فطرت نے فقط ریت کے ٹیلے کیے تعمیر
اہرام کی عظمت سے نگوں سار ہیں افلاک
کس ہاتھ نے کھینچی ابدیّت کی یہ تصویر!
فطرت کی غلامی سے کر آزاد ہنر کو
صیّاد ہیں مردانِ ہنر مند کہ نخچیر!

مخلوقاتِ ہنر

ہے یہ فردوسِ نظر اہلِ ہنر کی تعمیر
فاش ہے چشمِ تماشا پہ نہاں خانۂ ذات
نہ خودی ہے، نہ جہانِ سحر و شام کے دَور

ضرب كليم

زندگانی کی حریفانہ کشاکش سے نجات
آہ، وہ کافرِ بیچارہ کہ ہیں اُس کے صنم
عصرِ رفتہ کے وہی ٹوٹے ہوئے لات و منات!
تُو ہے میّت، یہ ہنر تیرے جنازے کا امام
نظر آئی جسے مرقد کے شبستاں میں حیات!

اقبال

فردوس میں رومیؔ سے یہ کہتا تھا سنائیؔ
مشرق میں ابھی تک ہے وہی کاسہ، وہی آش
حلّاج کی لیکن یہ روایت ہے کہ آخر
اک مردِ قلندر نے کیا رازِ خودی فاش!

فنونِ لطیفہ

اے اہلِ نظر ذوقِ نظر خوب ہے لیکن
جو شے کی حقیقت کو نہ دیکھے، وہ نظر کیا
مقصودِ ہنر سوزِ حیاتِ ابدی ہے
یہ ایک نفَس یا دو نفَس مثل شرر کیا
جس سے دلِ دریا متلاطم نہیں ہوتا
اے قطرۂ نیساں وہ صدف کیا، وہ گہر کیا
شاعر کی نوا ہو کہ مُغنّی کا نفَس ہو
جس سے چمن افسردہ ہو وہ بادِ سحر کیا
بے معجزہ دنیا میں اُبھرتی نہیں قومیں
جو ضربِ کلیمی نہیں رکھتا وہ ہنر کیا!

صبحِ چمن

پھول

شاید تُو سمجھتی تھی وطن دُور ہے میرا
اے قاصدِ افلاک! نہیں، دُور نہیں ہے

شبنم

ہوتا ہے مگر محنتِ پرواز سے روشن
یہ نکتہ کہ گردُوں سے زمیں دُور نہیں ہے

صبح

مانندِ سحر صحنِ گلستاں میں قدم رکھ
آئے تہِ پا گوہرِ شبنم تو نہ ٹوٹے
ہو کوہ و بیاباں سے ہم آغوش، وَلیکن
ہاتھوں سے ترے دامنِ افلاک نہ چھوٹے!

خاقانی

وہ صاحبِ ’’تحفۃ العراقین‘‘
اربابِ نظر کا قُرّۃ العَین
ہے پردہ شگاف اُس کا ادراک
پردے ہیں تمام چاک در چاک
خاموش ہے عالمِ معانی
کہتا نہیں حرفِ لن ترانی!
پُوچھ اس سے یہ خاک داں ہے کیا چیز
ہنگامۂ این و آں ہے کیا چیز
وہ محرمِ عالمِ مکافات
اک بات میں کہہ گیا ہے سَو بات

"خود بوئے چنیں جہاں تواں برد
کا بلیس بماند و بو البشر مرد!"

رومی

غلط نگر ہے تری چشمِ نیم باز اب تک
ترا وجود ترے واسطے ہے راز اب تک
ترا نیاز نہیں آشنائے ناز اب تک
کہ ہے قیام سے خالی تری نماز اب تک
گسستہ تار ہے تیری خودی کا ساز اب تک
کہ تُو ہے نغمۂ رومیؔ سے بے نیاز اب تک!

جدت

دیکھے تُو زمانے کو اگر اپنی نظر سے
افلاک منوّر ہوں ترے نورِ سحر سے
خورشید کرے کسبِ ضیا تیرے شرر سے
ظاہر تری تقدیر ہو سیمائے قمر سے
دریا متلاطم ہوں تری موجِ گہر سے
شرمندہ ہو فطرت ترے اعجازِ ہنر سے
اغیار کے افکار و تخیل کی گدائی!
کیا تجھ کو نہیں اپنی خودی تک بھی رسائی؟

مرزا بیدل

ہے حقیقت یا مری چشمِ غلط بیں کا فساد
یہ زمیں، یہ دشت، یہ کہسار، یہ چرخِ کبود
کوئی کہتا ہے نہیں ہے، کوئی کہتا ہے کہ ہے
کیا خبر، ہے یا نہیں ہے تیری دنیا کا وجود!

میرزا بیدل نے کس خوبی سے کھولی یہ گرہ
اہلِ حکمت پر بہت مشکل رہی جس کی کشُود!
"دل اگر میداشت وسعت بے نشاں بُود ایں چمن
رنگِ مے بیروں نشست از بسکہ مینا تنگ بُود"

<hr>

جلال و جمال

مرے لیے ہے فقط زورِ حیدری کافی
ترے نصیب فلاطوں کی تیزیِ ادراک
مری نظر میں یہی ہے جمال و زیبائی
کہ سر بسجدہ ہیں قوت کے سامنے افلاک
نہ ہو جلال تو حسن و جمال بے تاثیر
نرا نفَس ہے اگر نغمہ ہو نہ آتش ناک
مجھے سزا کے لیے بھی نہیں قبول وہ آگ
کہ جس کا شعلہ نہ ہو تند و سرکش و بے باک!

<hr>

مصور

کس درجہ یہاں عام ہوئی مرگِ تخیل
ہندی بھی فرنگی کا مقلّد، عجمی بھی!
مجھ کو تو یہی غم ہے کہ اس دَور کے بہزاد
کھو بیٹھے ہیں مشرق کا سرورِ ازَلی بھی
معلوم ہیں اے مردِ ہنر تیرے کمالات
صنعت تجھے آتی ہے، پرانی بھی، نئی بھی
فطرت کو دکھایا بھی ہے، دیکھا بھی ہے تُو نے
آئینۂ فطرت میں دِکھا اپنی خودی بھی!

سرودِ جلال

کھُل تو جاتا ہے مُغنّی کے بم و زِیر سے دل
نہ رہا زندہ و پایندہ تو کیا دل کی کشُود!
ہے ابھی سینۂ افلاک میں پنہاں وہ نوا
جس کی گرمی سے پگھل جائے ستاروں کا وجود
جس کی تاثیر سے آدم ہو غم و خوف سے پاک
اور پیدا ہو ایازی سے مقامِ محمُود
مہ و انجم کا یہ حیرت کدہ باقی نہ رہے
تُو رہے اور تِرا زمزمَہ لا موجود
جس کو مشروع سمجھتے ہیں فقیہانِ خودی
منتظر ہے کسی مُطرب کا ابھی تک وہ سرود!

سرودِ حرام

نہ میرے ذِکر میں ہے صوفیوں کا سوز و سرور
نہ میرا فکر ہے پیمانۂ ثواب و عذاب
خدا کرے کہ اُسے اتفاق ہو مجھ سے
فقیہِ شہر کہ ہے محُرمِ حدیث و کتاب
اگر نوا میں ہے پوشیدہ موت کا پیغام
حرام میری نگاہوں میں نَے و چنگ و رباب!

فوّارہ

یہ آبجو کی روانی، یہ ہمکناریِ خاک
مری نگاہ میں ناخوب ہے یہ نظّارہ
اُدھر نہ دیکھ، اِدھر دیکھ اے جوانِ عزیز
بلند زورِ دروں سے ہُوا ہے فوّارہ

شاعر

مشرق کے نیَستاں میں ہے محتاجِ نفَس نَے
شاعر! ترے سینے میں نفَس ہے کہ نہیں ہے

تاثیرِ غلامی سے خودی جس کی ہوئی نرم
اچھی نہیں اُس قوم کے حق میں عجَمی لَے

شیشے کی صراحی ہو کہ مٹی کا سبُو ہو
شمشیر کی ماند ہو تیزی میں تری نَے

ایسی کوئی دنیا نہیں افلاک کے نیچے
بے معرکہ ہاتھ آئے جہاں تختِ جم و کَے

ہر لحظہ نیا طُور، نئی برقِ تجلّی
اللہ کرے مرحلۂ شوق نہ ہو طے!

شعرِ عجم

ہے شعرِ عجم گرچہ طرب ناک و دل آویز
اس شعر سے ہوتی نہیں شمشیرِ خودی تیز

افسردہ اگر اس کی نوا سے ہو گلستاں
بہتر ہے کہ خاموش رہے مرغِ سحر خیز

وہ ضرب اگر کوہ شکن بھی ہو تو کیا ہے
جس سے متزلزل نہ ہوئی دولتِ پرویز

اقبال یہ ہے خارہ تراشی کا زمانہ
"از ہر چہ بآئینہ نمایند بہ پرویز"

ہنروانِ ہند

عشق و مستی کا جنازہ ہے تخیل ان کا
ان کے اندیشۂ تاریک میں قوموں کے مزار

موت کی نقش گری ان کے صنم خانوں میں

زندگی سے ہنر اِن برہمنوں کا بیزار
چشمِ آدم سے چھپاتے ہیں مقاماتِ بلند
کرتے ہیں روح کو خوابیدہ، بدن کو بیدار
ہند کے شاعر و صورت گر و افسانہ نویس
آہ! بیچاروں کے اعصاب پہ عورت ہے سوار!

مردِ بزرگ

اُس کی نفرت بھی عمیق، اُس کی محبّت بھی عمیق
قہر بھی اُس کا ہے اللہ کے بندوں پہ شفیق
پرورش پاتا ہے تقلید کی تاریکی میں
ہے مگر اُس کی طبیعت کا تقاضا تخلیق
انجمن میں بھی میسّر رہی خلوت اُس کو
شمعِ محفل کی طرح سب سے جدا، سب کا رفیق
مثلِ خورشیدِ سحر فکر کی تابانی میں
بات میں سادہ و آزادہ، معانی میں دقیق
اُس کا اندازِ نظر اپنے زمانے سے جدا
اُس کے احوال سے محرم نہیں پیرانِ طریق

عالمِ نو

زندہ دل سے نہیں پوشیدہ ضمیرِ تقدیر
خواب میں دیکھتا ہے عالمِ نَو کی تصویر
اور جب بانگِ اذاں کرتی ہے بیدار اُسے
کرتا ہے خواب میں دیکھی ہوئی دنیا تعمیر
بدن اس تازہ جہاں کا ہے اُسی کی کفِ خاک
روح اس تازہ جہاں کی ہے اُسی کی تکبیر

ایجادِ معانی

ہر چند کہ ایجادِ معانی ہے خدا داد
کوشش سے کہاں مردِ ہنر مند ہے آزاد!
خونِ رگِ معمار کی گرمی سے ہے تعمیر
میخانہؑ حافظؔ ہو کہ بت خانہؑ بہزادؔ
بے محنتِ پیہم کوئی جوہر نہیں کھُلتا
روشن شررِ تیشہ سے ہے خانہؑ فرہادؔ!

موسیقی

وہ نغمہ سردیِ خونِ غزل سرا کی دلیل
کہ جس کو سن کے ترا چہرہ تاب ناک نہیں
نوا کو کرتا ہے موجِ نفَس سے زہر آلود
وہ نَے نواز کہ جس کا ضمیر پاک نہیں
پھرا مَیں مشرق و مغرب کے لالہ زاروں میں
کسی چمن میں گریبانِ لالہ چاک نہیں

ذوقِ نظر

خودی بلند تھی اُس خوں گرفتہ چینی کی
کہا غریب نے جلّاد سے دمِ تعزیر
ٹھہر ٹھہر کہ بہت دل کشا ہے یہ منظر
ذرا مَیں دیکھ تو لوں تابناکیِ شمشیر!

شعر

مَیں شعر کے اَسرار سے محُرم نہیں لیکن
یہ نکتہ ہے، تاریخِ اُمَم جس کی ہے تفصیل

وہ شعر کہ پیغامِ حیاتِ ابدی ہے
یا نغمۂ جبریل ہے یا بانگِ سرافیل!

رقص و موسیقی

شعر سے روشن ہے جانِ جبریل و اہرمن
رقص و موسیقی سے ہے سوز و سرورِ انجمن
فاش یوں کرتا ہے اک چینی حکیم اَسرارِ فن
شعر گویا روحِ موسیقی ہے، رقص اس کا بدن!

ضبط

طریقِ اہلِ دنیا ہے گلہ شکوہ زمانے کا
نہیں ہے زخم کھا کر آہ کرنا شانِ درویشی
یہ نکتہ پیرِ دانا نے مجھے خلوت میں سمجھایا
کہ ہے ضبطِ فغاں شیری، فغاں رُوباہی و میشی!

رقص

چھوڑ یورپ کے لیے رقصِ بدن کے خم و پیچ
روح کے رقص میں ہے ضربِ کلیم اللّٰہی!
صلہ اُس رقص کا ہے تشنگی کام و دہن
صلہ اِس رقص کا درویشی و شہنشاہی!

سیاسیاتِ مشرق و مغرب

اشتراکیت

قوموں کی روِش سے مجھے ہوتا ہے یہ معلوم

بے سُود نہیں رُوس کی یہ گرمیِ رفتار

اندیشہ ہُوا شوخیِ افکار پہ مجبور

فرسودہ طریقوں سے زمانہ ہُوا بیزار

انساں کی ہوس نے جنہیں رکھا تھا چھپا کر

کھُلتے نظر آتے ہیں بتدریج وہ اَسرار

قرآن میں ہو غوطہ زن اے مردِ مسلماں

اللّٰہ کرے تجھ کو عطا جدتِ کردار

جو حرفِ "قُلِ العَفْو" میں پوشیدہ ہے اب تک

اس دَور میں شاید وہ حقیقت ہو نمودار!

کارل مارکس کی آواز

یہ علم و حکمت کی مُہرہ بازی، یہ بحث و تکرار کی نمائش

نہیں ہے دنیا کو اب گوارا پرانے افکار کی نمائش

تری کتابوں میں اے حَکیم معاش رکھا ہی کیا ہے آخر

خطوطِ خم دار کی نمائش، مریز و کج دار کی نمائش

جہانِ مغرب کے بت کدوں میں، کلیسیاؤں میں، مدرسوں میں

ہوس کی خوں ریزیاں چھپاتی ہے عقلِ عیّار کی نمائش

انقلاب

نہ ایشیا میں نہ یورپ میں سوز و سازِ حیات

خودی کی موت ہے یہ، اور وہ ضمیر کی موت

دلوں میں ولولۂ انقلاب ہے پیدا

قریب آ گئی شاید جہانِ پیر کی موت!

خوشامد

مَیں کارِ جہاں سے نہیں آگاہ، وَلیکن

اربابِ نظر سے نہیں پوشیدہ کوئی راز

کر تُو بھی حکومت کے وزیروں کی خوشامد

دستور نیا، اور نئے دَور کا آغاز

معلوم نہیں، ہے یہ خوشامد کہ حقیقت

کہہ دے کوئی اُلّو کو اگر "رات کا شہباز"!

مناصب

ہُوا ہے بندۂ مومن فسونی افرنگ

اسی سبب سے قلندر کی آنکھ ہے نم ناک

ترے بلند مناصب کی خیر ہو یا رب

کہ ان کے واسطے تُو نے کیا خودی کو ہلاک

مگر یہ بات چھپائے سے چھپ نہیں سکتی

سمجھ گئی ہے اسے ہر طبیعتِ چالاک

شریکِ حکم غلاموں کو کر نہیں سکتے

خریدتے ہیں فقط اُن کا جوہرِ ادراک!

یورپ اور یہود

یہ عیشِ فراواں، یہ حکومت، یہ تجارت
دل سینۂ بے نور میں محرومِ تسلّی

تاریک ہے افرنگ مشینوں کے دھوئیں سے
یہ وادیِ ایمن نہیں شایانِ تجلّی

ہے نزع کی حالت میں یہ تہذیبِ جواں مرگ
شاید ہوں کلیسا کے یہودی متولّی!

نفسیاتِ غلامی

شاعر بھی ہیں پیدا، علما بھی، حکما بھی
خالی نہیں قوموں کی غلامی کا زمانہ

مقصد ہے ان اللہ کے بندوں کا مگر ایک
ہر ایک ہے گو شرحِ معانی میں یگانہ

بہتر ہے کہ شیروں کو سکھا دیں رمِ آہو
باقی نہ رہے شیر کی شیری کا فسانہ،

کرتے ہیں غلاموں کو غلامی پہ رضامند
تاویلِ مسائل کو بناتے ہیں بہانہ

بلشویک رُوس

روش قضائے الٰہی کی ہے عجیب و غریب
خبر نہیں کہ ضمیرِ جہاں میں ہے کیا بات

ہوئے ہیں کسر چلیپا کے واسطے مامور
وہی کہ حفظِ چلیپا کو جانتے تھے نجات

یہ وَحی دہریتِ رُوس پر ہوئی نازل
کہ توڑ ڈال کلیسائیوں کے لات و منات!

آج اور کل

وہ کل کے غم و عیش پہ کچھ حق نہیں رکھتا
جو آج خود افروز و جگر سوز نہیں ہے
وہ قوم نہیں لائقِ ہنگامۂ فردا
جس قوم کی تقدیر میں امروز نہیں ہے!

مشرق

مری نوا سے گریبانِ لالہ چاک ہُوا
نسیمِ صبح، چمن کی تلاش میں ہے ابھی
نہ مصطفیٰ نہ رضا شاہ میں نمود اس کی
کہ روحِ شرق بدن کی تلاش میں ہے ابھی
مری خودی بھی سزا کی ہے مستحق لیکن
زمانہ دار و رسن کی تلاش میں ہے ابھی

سیاستِ افرنگ

تری حریف ہے یا رب سیاستِ افرنگ
مگر ہیں اس کے پجاری فقط امیر و رئیس
بنایا ایک ہی ابلیس آگ سے تُو نے
بنائے خاک سے اُس نے دو صد ہزار ابلیس!

خواجگی

دورِ حاضر ہے حقیقت میں وہی عہدِ قدیم
اہلِ سجادہ ہیں یا اہلِ سیاست ہیں امام
اس میں پیری کی کرامت ہے نہ میری کا ہے زور
سینکڑوں صدیوں سے خوگر ہیں غلامی کے عوام

خواجگی میں کوئی مشکل نہیں رہتی باقی

پختہ ہو جاتے ہیں جب خوئے غلامی میں غلام!

غلاموں کے لیے

حکمتِ مشرق و مغرب نے سکھایا ہے مجھے

ایک نکتہ کہ غلاموں کے لیے ہے اکسیر

دین ہو، فلسفہ ہو، فقُر ہو، سلطانی ہو

ہوتے ہیں پختہ عقائد کی بنا پر تعمیر

حرف اُس قوم کا بے سوز، عمل زار و زبوں

ہو گیا پختہ عقائد سے تہی جس کا ضمیر!

اہلِ مصر سے

خود ابوالہول نے یہ نکتہ سکھایا مجھ کو

وہ ابوالہول کہ ہے صاحبِ اَسرارِ قدیم

دفعتاً جس سے بدل جاتی ہے تقدیرِ اُمَم

ہے وہ قوت کہ حریف اس کی نہیں عقلِ حکیم

ہر زمانے میں دِگر گوں ہے طبیعت اس کی

کبھی شمشیرِ محمدﷺ ہے، کبھی چوبِ کلیم!

ابی سینیا

اگست، ۱۹۳۵

یورپ کے کرگسوں کو نہیں ہے ابھی خبر

ہے کتنی زہر ناک ابی سینیا کی لاش

ہونے کو ہے یہ مُردۂ دیرینہ قاش قاش!

تہذیب کا کمال شرافت کا ہے زوال

غارت گری جہاں میں ہے اقوام کی معاش

ہر گُرگ کو ہے برّۂ معصوم کی تلاش!

اے وائے آبروئے کلیسا کا آئنہ

روما نے کر دیا سرِ بازار پاش پاش

پیرِ کلیسیا! یہ حقیقت ہے دلخراش!

ابلیس کا فرمان اپنے سیاسی فرزندوں کے نام

لا کر برہمنوں کو سیاست کے پیچ میں

زُنّاریوں کو دَیرِ کہن سے نکال دو

وہ فاقہ کش کہ موت سے ڈرتا نہیں ذرا

روحِ محمد ﷺ اس کے بدن سے نکال دو

فکرِ عرب کو دے کے فرنگی تخیلات

اسلام کو حجاز و یمن سے نکال دو

افغانیوں کی غیرتِ دیں کا ہے یہ علاج

مُلّا کو اُن کے کوہ و دمن سے نکال دو

اہلِ حرم سے اُن کی روایات چھین لو

آہو کو مرغزارِ ختن سے نکال دو

اقبال کے نفَس سے ہے لالے کی آگ تیز

ایسے غزل سرا کو چمن سے نکال دو!

جمعیّتِ اقوام مشرق

پانی بھی مسخّر ہے، ہَوا بھی ہے مسخّر

کیا ہو جو نگاہِ فلکِ پیر بدل جائے

دیکھا ہے ملوکیتِ افرنگ نے جو خواب

ممکن ہے کہ اُس خواب کی تعبیر بدل جائے

طہران ہو گر عالمِ مشرق کا جینوا
شاید کرۂ ارض کی تقدیر بدل جائے!

سلطانیِ جاوید

غوّاص تو فطرت نے بنایا ہے مجھے بھی
لیکن مجھے اعماقِ سیاست سے ہے پرہیز
فطرت کو گوارا نہیں سلطانیِ جاوید
ہر چند کہ یہ شعبدہ بازی ہے دل آویز
فرہاد کی خارا شکنی زندہ ہے اب تک
باقی نہیں دنیا میں ملوکیتِ پرویز!

جمہوریت

اس راز کو اک مردِ فرنگی نے کیا فاش
ہر چند کہ دانا اسے کھولا نہیں کرتے
جمہوریت اک طرزِ حکومت ہے کہ جس میں
بندوں کو گِنا کرتے ہیں، تولا نہیں کرتے!

یورپ اور سُوریا

فرنگیوں کو عطا خاکِ سُوریا نے کیا
نبیؐ عِفّت و غم خواری و کم آزاری
صلہ فرنگ سے آیا ہے سُوریا کے لیے
مَے و قمار و ہجومِ زنانِ بازاری!

مسولینی

(اپنے مشرقی اور مغربی حریفوں سے)

کیا زمانے سے نرالا یہ ہے مسولینی کا جرم!
بے محل بگڑا ہے معصومانِ یورپ کا مزاج
مَیں پھٹکتا ہُوں تو چھلنی کو برا لگتا ہے کیوں
ہیں سبھی تہذیب کے اوزار! تُو چھلنی، مَیں چھاج
میرے سودائے ملوکیت کو ٹھکراتے ہو تم
تم نے کیا توڑے نہیں کمزور قوموں کے زُجاج؟
یہ عجائب شعبدے کس کی ملوکیت کے ہیں
راجدھانی ہے، مگر باقی نہ راجا ہے نہ راج
آلِ سیزر چوبِ نَے کی آبیاری میں رہے
اور تم دنیا کے بنجر بھی نہ چھوڑو بے خراج!
تم نے لُوٹے بے نوا صحرا نشینوں کے خیام
تم نے لُوٹی کشتِ دہقاں، تم نے لُوٹے تخت و تاج
پردۂ تہذیب میں غارت گری، آدم کُشی
کل روا رکھّی تھی تم نے، مَیں روا رکھتا ہُوں آج!

گلہ

معلوم کسے ہند کی تقدیر کہ اب تک
بیچارہ کسی تاج کا تابندہ نگیں ہے
دہقاں ہے کسی قبر کا اُگلا ہوا مردہ
بوسیدہ کفن جس کا ابھی زیرِ زمیں ہے
جاں بھی گِرَوِ غیر، بدن بھی گِرَوِ غیر
افسوس کہ باقی نہ مکاں ہے نہ مکیں ہے
یورپ کی غلامی پہ رضا مند ہوا تُو
مجھ کو تو گلہ تجھ سے ہے، یورپ سے نہیں ہے!

اِنتداب

کہاں فرشتۂ تہذیب کی ضرورت ہے
نہیں زمانۂ حاضر کو اس میں دُشواری

جہاں قمار نہیں، زن تنک لباس نہیں
جہاں حرام بتاتے ہیں شغلِ مَے خواری

بدن میں گرچہ ہے اک روحِ ناشکیب و عمیق
طریقۂ اَب و جَد سے نہیں ہے بیزاری

جسور و زیرک و پُردم ہے بچّۂ بدوی
نہیں ہے فیضِ مکاتب کا چشمۂ جاری

نظر وَرانِ فرنگی کا ہے یہی فتویٰ
وہ سرزمیں مدنیّت سے ہے ابھی عاری!

لادِین سیاست

جو بات حق ہو، وہ مجھ سے چھپی نہیں رہتی
خدا نے مجھ کو دیا ہے دلِ خبیر و بصیر

مری نگاہ میں ہے یہ سیاستِ لا دِیں
کنیزِ اہرمن و دُوں نہاد و مردہ ضمیر

ہوئی ہے ترکِ کلیسا سے حاکمی آزاد
فرنگیوں کی سیاست ہے دیو بے زنجیر

متاعِ غیر پہ ہوتی ہے جب نظر اس کی
تو ہیں ہراولِ لشکر کلیسا کے سفیر!

دامِ تہذیب

اقبال کو شک اس کی شرافت میں نہیں ہے
ہر ملّتِ مظلوم کا یورپ ہے خریدار

یہ پیرِ کلیسا کی کرامت ہے کہ اس نے

بجلی کے چراغوں سے منوّر کیے افکار
جلتا ہے مگر شام و فلسطیں پہ مرا دل
تدبیر سے کھُلتا نہیں یہ عقدۂ دشوار
تُرکانِ "جفا پیشہ" کے پنجے سے نکل کر
بیچارے ہیں تہذیب کے پھندے میں گرفتار!

نصیحت

اک نُردِ فرنگی نے کہا اپنے پسر سے
منظر وہ طلب کر کہ تری آنکھ نہ ہو سیر
بیچارے کے حق میں ہے یہی سب سے بڑا ظلم
برّے پہ اگر فاش کریں قاعدۂ شیر
سینے میں رہے رازِ ملوکانہ تو بہتر
کرتے نہیں محکوم کو تیغوں سے کبھی زیر
تعلیم کے تیزاب میں ڈال اس کی خودی کو
ہو جائے ملائم تو جدھر چاہے، اسے پھیر
تاثیر میں اکسیر سے بڑھ کر ہے یہ تیزاب
سونے کا ہمالہ ہو تو مٹی کا ہے اک ڈھیر!

ایک بحری قزّاق اور سکندر

سکندر

صلہ تیرا تری زنجیر یا شمشیر ہے میری
کہ تیری رہزنی سے تنگ ہے دریا کی پہنائی!

قزّاق

سکندر! حیف، تُو اس کو جواں مردی سمجھتا ہے
گوارا اس طرح کرتے ہیں ہم چشموں کی رسوائی؟

ترا پیشہ ہے سقّا کی، مرا پیشہ ہے سقّا کی
کہ ہم قزّاق ہیں دونوں، تُو میدانی، میں دریائی!

جمعیّتِ اقوام

بیچاری کئی روز سے دم توڑ رہی ہے
ڈر ہے خبرِ بد نہ مرے منہ سے نکل جائے
تقدیر تو مُبرم نظر آتی ہے وَلیکن
پیرانِ کلیسا کی دُعا یہ ہے کہ ٹل جائے
ممکن ہے کہ یہ داشتۂ پیرکِ افرنگ
ابلیس کے تعویذ سے کچھ روز سنبھل جائے!

شام و فلسطین

رِندانِ فرانسیس کا مے خانہ سلامت
پُر ہے مئے گُلرنگ سے ہر شیشہ حلَب کا
ہے خاکِ فلسطیں پہ یہودی کا اگر حق
ہسپانیہ پر حق نہیں کیوں اہلِ عرب کا
مقصد ہے ملوکیتِ انگلیس کا کچھ اور
قصّہ نہیں نارنج کا یا شہد و رطب کا

سیاسی پیشوا

امید کیا ہے سیاست کے پیشواؤں سے
یہ خاک باز ہیں، رکھتے ہیں خاک سے پیوند
ہمیشہ مور و مگس پر نگاہ ہے ان کی
جہاں میں ہے صفتِ عنکبوت ان کی کمند
خوشا وہ قافلہ، جس کے امیر کی ہے متاع
تخیلِ ملکوتی و جذبہ ہائے بلند!

غلاموں کی نماز

(ترکی وفدِ ہلالِ احمر لاہور میں)

کہا مجاہدِ ترکی نے مجھ سے بعدِ نماز
طویل سجدہ ہیں کیوں اس قدر تمھارے امام

وہ سادہ مردِ مجاہد، وہ مومنِ آزاد
خبر نہ تھی اُسے کیا چیز ہے نمازِ غلام

ہزار کام ہیں مردانِ حُر کو دنیا میں
اِنھی کے ذوقِ عمل سے ہیں امّتوں کے نظام

بدن غلام کا سوزِ عمل سے ہے محروم
کہ ہے مرور غلاموں کے روز و شب پہ حرام

طویل سجدہ اگر ہیں تو کیا تعجّب ہے
ورائے سجدہ غریبوں کو اور کیا ہے کام

خدا نصیب کرے ہند کے اماموں کو
وہ سجدہ جس میں ہے ملّت کی زندگی کا پیام!

فلسطینی عرب سے

زمانہ اب بھی نہیں جس کے سوز سے فارغ
مَیں جانتا ہُوں وہ آتش ترے وجود میں ہے

تری دوا نہ جنیوا میں ہے، نہ لندن میں
فرنگ کی رگِ جاں پنجۂ یہود میں ہے

سنا ہے مَیں نے، غلامی سے امّتوں کی نجات
خودی کی پرورش و لذّتِ نمود میں ہے!

مشرق و مغرب

یہاں مرض کا سبب ہے غلامی و تقلید

وہاں مرض کا سبب ہے نظامِ جمہوری

نہ مشرق اس سے بُری ہے، نہ مغرب اس سے بُری

جہاں میں عام ہے قلب و نظر کی رنجوری

نفسیاتِ حاکمی

(اصلاحات)

یہ مہر ہے بے مہریِ صیّاد کا پردہ

آئی نہ مرے کام مری تازہ صفیری

رکھنے لگا مُرجھائے ہوئے پھول قفس میں

شاید کہ اسیروں کو گوارا ہو اسیری!

محراب گُل خان کے افکار

...۱...

میرے کہستاں! تجھے چھوڑ کے جاؤں کہاں
تیری چٹانوں میں ہے میرے اَب و جدَ کی خاک
روزِ ازل سے ہے تو منزلِ شاہین و چرغ
لالہ و گُل سے تِھی، نغمۂ بلبل سے پاک
تیرے خم و پیچ میں میری بہشتِ بریں
خاک تری عنبریں، آب ترا تاب ناک
باز نہ ہو گا کبھی بندۂ کبک و حمام
حفظِ بدن کے لیے روح کو کر دوں ہلاک!
اے مرے فقِرِ غیور! فیصلہ تیرا ہے کیا
خلعتِ انگریز یا پیرہنِ چاک چاک!

...۲...

حقیقتِ ازَلی ہے رقابتِ اقوام
نگاہِ پیرِ فلک میں نہ مَیں عزیز، نہ تُو
خودی میں ڈوب، زمانے سے نا امید نہ ہو
کہ اس کا زخم ہے در پردہ اہتمامِ رفو
رہے گا تُو ہی جہاں میں یگانہ و یکتا
اتر گیا جو ترے دل میں "لا شَرِیکَ لَہُ"

...۳...

تری دُعا سے قضا تو بدل نہیں سکتی

مگر ہے اس سے یہ ممکن کہ تُو بدل جائے
تری خودی میں اگر انقلاب ہو پیدا
عجب نہیں ہے کہ یہ چار سُو بدل جائے
وہی شراب، وہی ہا و ہُو رہے باقی
طریقِ ساقی و رسمِ کدو بدل جائے
تری دُعا ہے کہ ہو تیری آرزو پوری
مری دُعا ہے تری آرزو بدل جائے!

…۴…

کیا چرخ کج رو، کیا مہر، کیا ماہ
سب راہرو ہیں واماندۂ راہ
کڑکا سکندر بجلی کی مانند
تجھ کو خبر ہے اے مرگِ ناگاہ
نادر نے لُوٹی دِلّی کی دولت
اک ضربِ شمشیر، افسانہ کوتاہ
افغان باقی، کہسار باقی
الحکمُ لِلّٰہ! الملکُ لِلّٰہ!
حاجت سے مجبور مردانِ آزاد
کرتی ہے حاجت شیروں کو رُوباہ
محرم خودی سے جس دم ہُوا فقر
تُو بھی شہنشاہ، مَیں بھی شہنشاہ!
قوموں کی تقدیر وہ مردِ درویش
جس نے نہ ڈھونڈی سلطاں کی درگاہ

…۵…

یہ مدرسہ یہ کھیل یہ غوغائے روا رَو
اس عیشِ فراواں میں ہے ہر لحظہ غمِ نَو
وہ علم نہیں، زہر ہے احرار کے حق میں
جس علم کا حاصل ہے جہاں میں دو کفِ جَو
ناداں! ادب و فلسفہ کچھ چیز نہیں ہے

اسبابِ ہنر کے لیے لازم ہے تگ و دَو
فِطرت کے نوامیس پہ غالب ہے ہنر مند
شام اس کی ہے مانندِ سحر صاحبِ پرتَو
وہ صاحبِ فن چاہے تو فن کی برکت سے
ٹپکے بدن مہر سے شبنم کی طرح ضو!

...۶...

جو عالمِ ایجاد میں ہے صاحبِ ایجاد
ہر دَور میں کرتا ہے طواف اس کا زمانہ
تقلید سے ناکارہ نہ کر اپنی خودی کو
کر اس کی حفاظت کہ یہ گوہر ہے یگانہ
اُس قوم کو تجدید کا پیغام مبارک!
ہے جس کے تصوّر میں فقط بزمِ شبانہ
لیکن مجھے ڈر ہے کہ یہ آوازۂ تجدید
مشرق میں ہے تقلیدِ فرنگی کا بہانہ

...۷...

رومی بدلے، شامی بدلے، بدلا ہندُستان
تُو بھی اے فرزندِ کہستاں! اپنی خودی پہچان
اپنی خودی پہچان
او غافل افغان!
موسم اچھا، پانی وافر، مٹی بھی زرخیز
جس نے اپنا کھیت نہ سینچا، وہ کیسا دہقان
اپنی خودی پہچان
او غافل افغان!
اونچی جس کی لہر نہیں ہے، وہ کیسا دریاے!
جس کی ہوائیں تند نہیں ہیں، وہ کیسا طوفان
اپنی خودی پہچان
او غافل افغان!
ڈھونڈ کے اپنی خاک میں جس نے پایا اپنا آپ

اُس بندے کی دہقانی پر سلطانی قربان

اپنی خودی پہچان

او غافل افغان!

تیری بے علمی نے رکھ لی بے علموں کی لاج

عالم فاضل بیچ رہے ہیں، اپنا دینِ ایمان

اپنی خودی پہچان

او غافل افغان!

…۸…

زاغ کہتا ہے نہایت بدنُما ہیں تیرے پَر

شپّرک کہتی ہے تجھ کو کورِ چشم و بے ہنر

لیکن اے شہباز! یہ مُرغانِ صحرا کے اچھوت

ہیں فضائے نیلگوں کے پیچ و خم سے بے خبر

ان کو کیا معلوم اُس طائر کے احوال و مقام

روح ہے جس کی دمِ پرواز سر تا پا نظر!

…۹…

عشق طینت میں فرومایہ نہیں مثلِ ہوس

پرِ شہباز سے ممکن نہیں پروازِ مگس

یوں بھی دستورِ گلستاں کو بدل سکتے ہیں

کہ نشیمن ہو عنادل پہ گراں مثلِ قفس

سفر آمادہ نہیں منتظرِ بانگِ رحیل

ہے کہاں قافلۂ موج کو پروائے جرس!

گرچہ مکتب کا جواں زندہ نظر آتا ہے

مردہ ہے، مانگ کے لایا ہے فرنگی سے نفَس

پرورش دل کی اگر مدِّ نظر ہے تجھ کو

مردِ مومن کی نگاہ غلط انداز ہے بس!

…۱۰…

وہی جواں ہے قبیلے کی آنکھ کا تارا

شباب جس کا ہے بے داغ، ضرب ہے کاری

اگر ہو جنگ تو شیرانِ غاب سے بڑھ کر
اگر ہو صلح تو رعنا غزالِ تاتاری
عجب نہیں ہے اگر اس کا سوز ہے ہمہ سوز
کہ نیستاں کے لیے بس ہے ایک چنگاری
خدا نے اس کو دیا ہے شکوہِ سلطانی
کہ اس کے فقر میں ہے حیدری و کرّاری
نگاہِ کم سے نہ دیکھ اس کی بے کلاہی کو
یہ بے کلاہ ہے سرمایۂ کلہ داری

…۱۱…

جس کے پرتَو سے منوّر رہی تیری شبِ دوش
پھر بھی ہو سکتا ہے روشن وہ چراغِ خاموش
مردِ بے حوصلہ کرتا ہے زمانے کا گلہ
بندۂ حُر کے لیے نشترِ تقدیر ہے نوش
نہیں ہنگامۂ پیکار کے لائق وہ جواں
جو ہُوا نالۂ مُرغانِ سحر سے مدہوش
مجھ کو ڈر ہے کہ ہے طفلانہ طبیعت تیری
اور عیّار ہیں یورپ کے شکر پارہ فروش!

…۱۲…

لا دینی و لاطینی، کس پیچ میں الجھا تُو
دارو ہے ضعیفوں کا "لَاغَالِبَ اِلَّا ھُوْ"
صیّادِ معانی کو یورپ سے ہے نومیدی
دلکش ہے فضا، لیکن بے نافہ تمام آہُو
بے اشکِ سحر گاہی تقویمِ خودی مشکل
یہ لالۂ پیکانی خوشتر ہے کنارِ جُو
صیّاد ہے کافر کا، نخچیر ہے مومن کا
یہ دیرِ کہن یعنی بتخانۂ رنگ و بُو
اے شیخ، امیروں کو مسجد سے نکلوا دے
ہے ان کی نمازوں سے محراب تُرش ابرو

...۱۳...

مجھ کو تو یہ دنیا نظر آتی ہے دگرگوں
معلوم نہیں دیکھتی ہے تیری نظر کیا
ہر سینے میں اک صبح قیامت ہے نمودار
افکار جوانوں کے ہوئے زیر و زبر کیا
کر سکتی ہے بے معرکہ جینے کی تلافی
اے پیرِ حرم تیری مناجاتِ سحر کیا
ممکن نہیں تخلیقِ خودی خانقہوں سے
اس شعلۂ نم خوردہ سے ٹوٹے گا شرر کیا!

...۱۴...

بے جرأتِ رندانہ ہر عشق ہے روباہی
بازو ہے قوی جس کا، وہ عشق یدُاللّٰہی
جو سختیِ منزل کو سامانِ سفر سمجھے
اے وائے تن آسانی! ناپید ہے وہ راہی
وحشت نہ سمجھ اس کو اے مَردِ کہ میدانی!
کہسار کی خلوت ہے تعلیمِ خود آگاہی
دنیا ہے روایاتی، عقبیٰ ہے مناجاتی
در باز دو عالم را، این است شہنشاہی!

...۱۵...

آدم کا ضمیر اس کی حقیقت پہ ہے شاہد
مشکل نہیں اے سالکِ رہ! علمِ فقیری
فولاد کہاں رہتا ہے شمشیر کے لائق
پیدا ہو اگر اس کی طبیعت میں حریری
خود دار نہ ہو فقر تو ہے قہرِ الٰہی
ہو صاحبِ غیرت تو ہے تمہیدِ امیری
"افرنگ ز خود بے خبرت کرد وگرنہ"
اے بندۂ مومن! تُو بشیری، تُو نذیری!

...۱۶...

قوموں کے لیے موت ہے مرکز سے جُدائی
ہو صاحبِ مرکز تو خودی کیا ہے؟ خدائی!

جو فقر ہُوا تلخیِ دوراں کا گلہ مند
اُس فقر میں باقی ہے ابھی بُوئے گدائی

اس دَور میں بھی مردِ خُدا کو ہے میسر
جو معجزہ پربت کو بنا سکتا ہے رائی

"در معرکہ بے سوزِ تو ذوقے نتواں یافت"
اے بندۂ مومن تُو کجائی، تُو کجائی

خورشید! سرا پردۂ مشرق سے نکل کر
پہنا مرے کہسار کو ملبوسِ حنائی

...۱۷...

آگ اس کی پھونک دیتی ہے برنا و پیر کو
لاکھوں میں ایک بھی ہو اگر صاحبِ یقیں

ہوتا ہے کوہ و دشت میں پیدا کبھی کبھی
وہ مرد جس کا فقر خزف کو کرے نگیں

تُو اپنی سرنوشت اب اپنے قلم سے لکھ
خالی رکھی ہے خامۂ حق نے تری جبیں

یہ نیلگوں فضا جسے کہتے ہیں آسماں
ہمّت ہو پُرکشا تو حقیقت میں کچھ نہیں

بالائے سر رہا تو ہے نام اس کا آسماں
زیرِ پَر آ گیا تو یہی آسماں، زمیں!

...۱۸...

یہ نکتہ خوب کہا شیر شاہ سُوری نے
کہ امتیازِ قبائل تمام تر خواری

عزیز ہے انہیں نامِ وزیری و محسود
ابھی یہ خلعتِ افغانیت سے ہیں عاری

ہزار پارہ ہے کہسار کی مسلمانی

کہ ہر قبیلہ ہے اپنے بتوں کا زُنّاری
وہی حرم ہے، وہی اعتبارِ لات و منات
خُدا نصیب کرے تجھ کو ضربتِ کاری!

...۱۹...

نگاہ وہ نہیں جو سرخ و زرد پہچانے
نگاہ وہ ہے کہ محتاجِ مہر و ماہ نہیں
فرنگ سے بہت آگے ہے منزلِ مومن
قدم اٹھا! یہ مقام انتہائے راہ نہیں
کھلے ہیں سب کے لیے غربیوں کے مے خانے
علومِ تازہ کی سرمستیاں گناہ نہیں
اسی سرور میں پوشیدہ موت بھی ہے تری
ترے بدن میں اگر سوزِ "لا الہ" نہیں
سنیں گے میری صدا خانزادگانِ کبیر؟
گلیم پوش ہُوں مَیں صاحبِ کلاہ نہیں!

...۲۰...

فطرت کے مقاصد کی کرتا ہے نگہبانی
یا بندۂ صحرائی یا مردِ کہستانی
دنیا میں محاسب ہے تہذیبِ فسوں گر کا
ہے اس کی فقیری میں سرمایۂ سلطانی
یہ حسن و لطافت کیوں؟ وہ قوت و شوکت کیوں
بلبل چمنستانی، شہباز بیابانی!
اے شیخ! بہت اچھی مکتب کی فضا، لیکن
بنتی ہے بیاباں میں فاروقی و سلمانی
صدیوں میں کہیں پیدا ہوتا ہے حریف اس کا
تلوار ہے تیزی میں صہبائے مسلمانی

ارمغانِ حجاز

(اردو نظمیں)

نظمیں

ابلیس کی مجلسِ شوریٰ

جنوری، ۱۹۳۶

ابلیس

یہ عناصر کا پرانا کھیل، یہ دنیائے دُوں
ساکنانِ عرشِ اعظم کی تمناؤں کا خوں!
اس کی بربادی پہ آج آمادہ ہے وہ کارساز
جس نے اس کا نام رکھا تھا جہانِ کاف و نوں
میں نے دکھلایا فرنگی کو ملوکیت کا خواب
میں نے توڑا مسجد و دَیر و کلیسا کا فسوں
میں نے ناداروں کو سکھلایا سبق تقدیر کا
میں نے منعم کو دیا سرمایہ داری کا جنوں
کون کر سکتا ہے اس کی آتش سوزاں کو سرد
جس کے ہنگاموں میں ہو ابلیس کا سوزِ دروں
جس کی شاخیں ہوں ہماری آبیاری سے بلند
کون کر سکتا ہے اس نخلِ کہن کو سرنگوں!

پہلا مشیر

اس میں کیا شک ہے کہ محکم ہے یہ ابلیسی نظام

پختہ تر اس سے ہوئے خوئے غلامی میں عوام

ہے ازل سے ان غریبوں کے مقدر میں سجود

ان کی فطرت کا تقاضا ہے نمازِ بے قیام

آرزو اوّل تو پیدا ہو نہیں سکتی کہیں

ہو کہیں پیدا تو مر جاتی ہے یا رہتی ہے خام

یہ ہماری سعیِ پیہم کی کرامت ہے کہ آج

صوفی و مُلّا ملوکیت کے بندے ہیں تمام

طبعِ مشرق کے لیے موزوں یہی افیون تھی

ورنہ قوالی سے کچھ کم تر نہیں علمِ کلام!

ہے طواف و حج کا ہنگامہ اگر باقی تو کیا

کند ہو کر رہ گئی مومن کی تیغِ بے نیام

کس کی نومیدی پہ حجّت ہے یہ فرمانِ جدید؟

ہے جہاد اس دَور میں مردِ مسلماں پر حرام!

دوسرا مشیر

خیر ہے سلطانیِ جمہور کا غوغا کہ شر

تُو جہاں کے تازہ فتنوں سے نہیں ہے با خبر!

پہلا مشیر

ہُوں، مگر میری جہاں بینی بتاتی ہے مجھے

جو ملوکیت کا اک پردہ ہو، کیا اس سے خطر!

ہم نے خود شاہی کو پہنایا ہے جمہوری لباس

جب ذرا آدم ہوا ہے خود شناس و خود نگر

کاروبارِ شہریاری کی حقیقت اور ہے

یہ وجودِ میر و سلطاں پر نہیں ہے منحصر

مجلسِ ملّت ہو یا پرویز کا دربار ہو

ہے وہ سلطاں، غیر کی کھیتی پہ ہو جس کی نظر
تُو نے کیا دیکھا نہیں مغرب کا جمہوری نظام
چہرہ روشن، اندروں چنگیز سے تاریک تر!

تیسرا مشیر

روحِ سلطانی رہے باقی تو پھر کیا اضطراب
ہے مگر کیا اس یہودی کی شرارت کا جواب؟
وہ کلیم بے تجلّی، وہ مسیح بے صلیب
"نیست پیغمبر ولیکن در بغل دارد کتاب"
کیا بتاؤں کیا ہے کافر کی نگاہِ پردہ سوز
مشرق و مغرب کی قوموں کے لیے روزِ حساب!
اس سے بڑھ کر اور کیا ہو گا طبیعت کا فساد
توڑ دی بندوں نے آقاؤں کے خیموں کی طناب!

چوتھا مشیر

توڑ اس کا رومۃ الکبریٰ کے ایوانوں میں دیکھ
آلِ سیزر کو دکھایا ہم نے پھر سیزر کا خواب
کون بحرِ روم کی موجوں سے ہے لپٹا ہوا
"گاہ بالد چوں صنوبر، گاہ نالد چوں رباب"

تیسرا مشیر

مَیں تو اس کی عاقبت بینی کا کچھ قائل نہیں
جس نے افرنگی سیاست کو کیا یوں بے حجاب

پانچواں مشیر

ابلیس کو مخاطب کر کے
اے ترے سوزِ نفَس سے کارِ عالم استوار!
تُو نے جب چاہا، کیا ہر پردگی کو آشکار

آب و گل تیری حرارت سے جہانِ سوز و ساز
ابلۂ جنّت تری تعلیم سے دانائے کار
تجھ سے بڑھ کر فطرتِ آدم کا وہ محرم نہیں
سادہ دل بندوں میں جو مشہور ہے پروردگار
کام تھا جن کا فقط تقدیس و تسبیح و طواف
تیری غیرت سے ابد تک سرنگوں و شرمسار
گرچہ ہیں تیرے مرید افرنگ کے ساحر تمام
اب مجھے ان کی فراست پر نہیں ہے اعتبار
وہ یہودی فتنہ گر، وہ روحِ مزدک کا بروُز
ہر قبا ہونے کو ہے اس کے جنوں سے تار تار
زاغِ دشتی ہو رہا ہے ہمسرِ شاہین و چرغ
کتنی سرعت سے بدلتا ہے مزاجِ روزگار
چھا گئی آشفتہ ہو کر وسعتِ افلاک پر
جس کو نادانی سے ہم سمجھے تھے اک مشتِ غبار
فتنۂ فردا کی ہیبت کا یہ عالم ہے کہ آج
کانپتے ہیں کوہسار و مرغزار و جوئبار
میرے آقا! وہ جہاں زیر و زبر ہونے کو ہے
جس جہاں کا ہے فقط تیری سیادت پر مدار

ابلیس

اپنے مشیروں سے

ہے مرے دستِ تصرف میں جہانِ رنگ و بو
کیا زمیں، کیا مہر و مہ، کیا آسماں تو بتو
دیکھ لیں گے اپنی آنکھوں سے تماشا غرب و شرق
میں نے جب گرما دیا اقوامِ یورپ کا لہو
کیا امامانِ سیاست، کیا کلیسا کے شیوخ
سب کو دیوانہ بنا سکتی ہے میری ایک ہُو
کار گاہِ شیشہ جو ناداں سمجھتا ہے اسے

توڑ کر دیکھے تو اس تہذیب کے جام و سبُو!

دستِ فطرت نے کیا ہے جن گریبانوں کو چاک

مزد کی منطق کی سوزن سے نہیں ہوتے رفو

کب ڈرا سکتے ہیں مجھ کو اشتراکی کوچہ گرد

یہ پریشاں روزگار، آشفتہ مغز، آشفتہ ہُو

ہے اگر مجھ کو خطر کوئی تو اس اُمّت سے ہے

جس کی خاکستر میں ہے اب تک شرارِ آرزو

خال خال اس قوم میں اب تک نظر آتے ہیں وہ

کرتے ہیں اشکِ سحر گاہی سے جو ظالم وضو

جانتا ہے، جس پہ روشن باطنِ ایّام ہے

مزدکیت فتنہٗ فردا نہیں، اسلام ہے!

۲

جانتا ہُوں مَیں یہ اُمّت حاملِ قرآں نہیں

ہے وہی سرمایہ داری بندۂ مومن کا دیں

جانتا ہُوں مَیں کہ مشرق کی اندھیری رات میں

بے یدِ بیضا ہے پیرانِ حرم کی آستیں

عصرِ حاضر کے تقاضاؤں سے ہے لیکن یہ خوف

ہو نہ جائے آشکارا شرعِ پیغمبر کہیں

الحَذَر! آئینِ پیغمبرؐ سے سو بار الحَذَر

حافظِ ناموسِ زن، مردِ آزما، مرد آفریں

موت کا پیغام ہر نوعِ غلامی کے لیے

نے کوئی فغفور و خاقاں، نے فقیر رہ نشیں

کرتا ہے دولت کو ہر آلودگی سے پاک صاف

منعموں کو مال و دولت کا بناتا ہے امیں

اس سے بڑھ کر اور کیا فکر و عمل کا انقلاب

بادشاہوں کی نہیں، اللہ کی ہے یہ زمیں!

چشمِ عالم سے رہے پوشیدہ یہ آئیں تو خوب

یہ غنیمت ہے کہ خود مومن ہے محرومِ یقیں
ہے یہی بہتر الہٰیّات میں الجھا رہے
یہ کتابُ اللہ کی تاویلات میں الجھا رہے

۳

توڑ ڈالیں جس کی تکبیریں طلسمِ شش جہات
ہو نہ روشن اس خدا اندیش کی تاریک رات
ابنِ مریم مر گیا یا زندۂ جاوید ہے؟
ہیں صفاتِ ذاتِ حق، حق سے جدا یا عینِ ذات؟
آنے والے سے مسیحِ ناصری مقصود ہے
یا مجدد، جس میں ہوں فرزندِ مریم کے صفات؟
ہیں کلامِ اللہ کے الفاظ حادث یا قدیم
اُمّتِ مرحوم کی ہے کس عقیدے میں نجات؟
کیا مسلماں کے لیے کافی نہیں اس دَور میں
یہ الہٰیّات کے ترشے ہوئے لات و منات؟
تم اسے بیگانہ رکھو عالمِ کردار سے
تا بساطِ زندگی میں اس کے سب مہرے ہوں مات
خیر اسی میں ہے، قیامت تک رہے مومن غلام
چھوڑ کر اوروں کی خاطر یہ جہانِ بے ثبات
ہے وہی شعر و تصوف اس کے حق میں خوب تر
جو چھپا دے اس کی آنکھوں سے تماشائے حیات
ہر نفَس ڈرتا ہُوں اس اُمّت کی بیداری سے مَیں
ہے حقیقت جس کے دیں کی احتسابِ کائنات
مست رکھو ذِکر و فکرِ صبح گاہی میں اسے
پختہ تر کر دو مزاجِ خانقاہی میں اسے

بُڈھے بلوچ کی نصیحت بیٹے کو

ہو تیرے بیاباں کی ہوا تجھ کو گوارا

اس دشت سے بہتر ہے نہ دِلّی نہ بخارا

جس سمت میں چاہے صفتِ سیلِ رواں چل

وادی یہ ہماری ہے، وہ صحرا بھی ہمارا

غیرت ہے بڑی چیز جہانِ تگ و دو میں

پہناتی ہے درویش کو تاجِ سرِ دارا

حاصل کسی کامل سے یہ پوشیدہ ہنر کر

کہتے ہیں کہ شیشے کو بنا سکتے ہیں خارا

افراد کے ہاتھوں میں ہے اقوام کی تقدیر

ہر فرد ہے مِلّت کے مقدر کا ستارا

محروم رہا دولتِ دریا سے وہ غوّاص

کرتا نہیں جو صحبتِ ساحل سے کنارا

دیں ہاتھ سے دے کر اگر آزاد ہو مِلّت

ہے ایسی تجارت میں مسلماں کا خسارا

دنیا کو ہے پھر معرکۂ روح و بدن پیش

تہذیب نے پھر اپنے درندوں کو ابھارا

اللہ کو پامردیِ مومن پہ بھروسا

ابلیس کو یورپ کی مشینوں کا سہارا

تقدیرِ اُمَم کیا ہے، کوئی کہہ نہیں سکتا

مومن کی فراست ہو تو کافی ہے اشارا

اخلاصِ عمل مانگ نیا گان کہن سے

"شاہاں چہ عجب گر بنوازند گدا را!!"

تصویر و مصور

تصویر

کہا تصویر نے تصویر گر سے

نمائش ہے مری تیرے ہنر سے

وَلیکن کس قدر نا منصفی ہے

کہ تُو پوشیدہ ہو میری نظر سے!

مصور

گراں ہے چشم بینا دیدہ ور پر

جہاں بینی سے کیا گزری شرر پر!

نظر، درد و غم و سوز و تب و تاب

تو اے ناداں، قناعت کر خبر پر

تصویر

خبر، عقل و خرد کی ناتوانی

نظر، دل کی حیاتِ جاودانی

نہیں ہے اس زمانے کی تگ و تاز

سزاوارِ حدیثِ لن ترانی

مصور

تُو ہے میرے کمالاتِ ہنر سے

نہ ہو نومید اپنے نقش گر سے

مرے دیدار کی ہے اک یہی شرط

کہ تُو پنہاں نہ ہو اپنی نظر سے

عالمِ برزخ

مردہ

اپنی قبر سے

کیا شے ہے؟ کس امروز کا فردا ہے قیامت؟
اے میرے شبستانِ کہن! کیا ہے قیامت؟

قبر

اے مردۂ صد سالہ! تجھے کیا نہیں معلوم؟
ہر موت کا پوشیدہ تقاضا ہے قیامت!

مردہ

جس موت کا پوشیدہ تقاضا ہے قیامت
اس موت کے پھندے میں گرفتار نہیں مَیں
ہر چند کہ ہُوں مردۂ صد سالہ وَلیکن
ظلمت کدۂ خاک سے بیزار نہیں مَیں
ہو روح پھر اک بار سوارِ بدنِ زار
ایسی ہے قیامت تو خریدار نہیں مَیں

صدائے غیب

"نَے نصیبِ مار و کژدم، نَے نصیبِ دام و دد"
ہے فقط محکوم قوموں کے لیے مرگِ ابد
بانگِ اسرافیلؑ ان کو زندہ کر سکتی نہیں
روح سے تھا زندگی میں بھی تہی جن کا جَسد
مر کے جی اٹھنا فقط آزاد مردوں کا ہے کام
گرچہ ہر ذی روح کی منزل ہے آغوشِ لحد

قبر

اپنے مردہ سے

آہ، ظالم! تُو جہاں میں بندہ محکوم تھا

مَیں نہ سمجھی تھی کہ ہے کیوں خاک میری سوز ناک

تیری میت سے مری تاریکیاں تاریک تر

تیری میت سے زمیں کا پردۂ ناموس چاک

الْحَذَر، محکوم کی میت سے سو بار الْحَذَر

اے سرافیل! اے خدائے کائنات! اے جانِ پاک!

صدائے غیب

گرچہ برہم ہے قیامت سے نظامِ ہست و بُود

ہیں اسی آشوب سے بے پردہ اَسرارِ وجود

زلزلے سے کوہ و در اڑتے ہیں مانندِ سحاب

زلزلے سے وادیوں میں تازہ چشموں کی نمود

ہر نئی تعمیر کو لازم ہے تخریبِ تمام

ہے اسی میں مشکلاتِ زندگانی کی کشُود

زمین

آہ یہ مرگِ دوام، آہ یہ رزمِ حیات

ختم کبھی ہو گی کبھی کشمکشِ کائنات!

عقل کو ملتی نہیں اپنے بتوں سے نجات

عارف و عامی تمام بندۂ لات و منات

خوار ہُوا کس قدر آدمِ یزداں صفات

قلب و نظر پر گراں ایسے جہاں کا ثبات

کیوں نہیں ہوتی سحر حضرتِ انساں کی رات؟

معزول شہنشاہ

ہو مبارک اس شہنشاہِ نکو فرجام کو
جس کی قربانی سے اَسرارِ ملوکیت ہیں فاش
شاہ ہے برطانوی مندر میں اک مٹی کا بت
جس کو جب چاہیں پجاری پاش پاش
ہے یہ مشک آمیز افیوں ہم غلاموں کے لیے
ساحرِ انگلیس! مارا خواجۂ دیگر تراش

دوزخی کی مناجات

اس دیرِ کہن میں ہیں غرض مند پجاری
رنجیدہ بتوں سے ہوں تو کرتے ہیں خدا یاد
پوجا بھی ہے بے سود، نمازیں بھی ہیں بے سود
قسمت ہے غریبوں کی وہی نالہ و فریاد
ہیں گرچہ بلندی میں عمارات فلک بوس
ہر شہر حقیقت میں ہے ویرانۂ آباد
تیشے کی کوئی گردشِ تقدیر تو دیکھے
سیراب ہے پرویز، جگر تشنہ ہے فرہاد
یہ علم، یہ حکمت، یہ سیاست، یہ تجارت
جو کچھ ہے، وہ ہے فکرِ ملوکانہ کی ایجاد
اللہ! ترا شکر کہ یہ خطۂ پُر سوز
سوداگرِ یورپ کی غلامی سے ہے آزاد!

مسعود مرحوم

یہ مہر و مہ، یہ ستارے یہ آسمانِ کبود
کسے خبر کہ یہ عالم عدم ہے یا کہ وجود
خیالِ جادہ و منزل فسانہ و افسوں

کہ زندگی ہے سراپا رحیلِ بے مقصود
رہی نہ آہ، زمانے کے ہاتھ سے باقی
وہ یادگارِ کمالاتِ احمدؔ و محمودؔ
زوالِ علم و ہنر مرگِ ناگہاں اس کی
وہ کارواں کا متاعِ گراں بہا مسعود!

مجھے رلاتی ہے اہلِ جہاں کی بیدردی
فغانِ مرغِ سحر خواں کو جانتے ہیں سرود
نہ کہہ کہ صبر میں پنہاں ہے چارۂ غمِ دوست
نہ کہہ کہ صبر معمائے موت کی ہے کشُود
دلے کہ عاشق و صابر بود مگر سنگ است
ز عشق تا بہ صبوری ہزار فرسنگ است[9]

نہ مجھ سے پوچھ کہ عمر گریز پا کیا ہے
کسے خبر کہ یہ نیرنگ و سیمیا کیا ہے
ہوا جو خاک سے پیدا، وہ خاک میں مستور
مگر یہ غیبت صغرٰی ہے یا فنا، کیا ہے!
غبارِ راہ کو بخشا گیا ہے ذوقِ جمال
خرد بتا نہیں سکتی کہ مدّعا کیا ہے
دل و نظر بھی اسی آب و گل کے ہیں اعجاز
نہیں تو حضرتِ انساں کی انتہا کیا ہے؟
جہاں کی روحِ رواں ”لَا اِلٰہَ اِلَّا ھُو“
مسیح و میخ و چلیپا، یہ ماجرا کیا ہے!
قصاص خون تمنّا کا مانگیے کس سے
گناہ گار ہے کون، اور خوں بہا کیا ہے
غمیں مشو کہ بہ بندِ جہاں گرفتاریم
طلسمہا شکنَد آں دلے کہ ما داریم

خودی ہے زندہ تو ہے موت اک مقام حیات

کہ عشق موت سے کرتا ہے امتحانِ ثبات!

خودی ہے زندہ تو دریا ہے بے کرانہ ترا

ترے فراق میں مضطر ہے موجِ نیل و فرات!

خودی ہے مردہ تو مانندِ کاہ پیشِ نسیم

خودی ہے زندہ تو سلطانِ جملہ موجودات!

نگاہ ایک تجلّی سے ہے اگر محروم

دو صد ہزار تجلّی تلافیِ مافات!

مقامِ بندۂ مومن کا ہے ورائے سپہر

زمیں سے تا بہ ثریّا تمام لات و منات!

حریمِ ذات ہے اس کا نشیمنِ ابدی

نہ تیرہ خاک لحد ہے، نہ جلوہ گاہِ صفات!

خود آگہاں کہ ازیں خاکِ داں بروں جستند

طلسمِ مہر و سپہر و ستارہ بشکستند

آوازِ غیب

آتی ہے دمِ صبح صدا عرشِ بریں سے

کھویا گیا کس طرح ترا جوہرِ ادراک!

کس طرح ہوا کند ترا نشترِ تحقیق

ہوتے نہیں کیوں تجھ سے ستاروں کے جگر چاک

تُو ظاہر و باطن کی خلافت کا سزاوار

کیا شعلہ بھی ہوتا ہے غلام خس و خاشاک

مہر و مہ و انجم نہیں محکوم ترے کیوں

کیوں تیری نگاہوں سے لرزتے نہیں افلاک

اب تک ہے رواں گرچہ لہو تیری رگوں میں

نے گرمیِ افکار، نہ اندیشۂ بے باک

روشن تو وہ ہوتی ہے، جہاں بیں نہیں ہوتی

جس آنکھ کے پردوں میں نہیں ہے نگہِ پاک

باقی نہ رہی تیری وہ آئینہ ضمیری

اے کشتۂ سلطانی و مُلّائی و پیری!

رباعیات

...۱...

مری شاخِ امل کا ہے ثمر کیا

تری تقدیر کی مجھ کو خبر کیا

کلی گل کی ہے محتاجِ کشُود آج

نسیمِ صبح فردا پر نظر کیا!

...۲...

فراغت دے اسے کارِ جہاں سے

کہ چھوٹے ہر نفَس کے امتحاں سے

ہُوا پیری سے شیطاں کہنہ اندیش

گناہِ تازہ تر لائے کہاں سے!

...۳...

دگرگوں عالمِ شام و سحر کر

جہانِ خشک و تر زیر و زبر کر

رہے تیری خدائی داغ سے پاک

مرے بے ذوق سجدوں سے حذر کر

...۴...

غریبی میں ہُوں محسودِ امیری

کہ غیرت مند ہے میری فقیری

حذر اس فقر و درویشی سے، جس نے

مسلماں کو سِکھا دی سر بزیری

...۵...

خرد کی تنگ دامانی سے فریاد

تجلّی کی فراوانی سے فریاد

گوارا ہے اسے نظّارۂ غیر

نگہ کی نا مسلمانی سے فریاد

...۶...

کہا اقبال نے شیخِ حرم سے

تہِ محرابِ مسجد سو گیا کون

ندا مسجد کی دیواروں سے آئی

فرنگی بت کدے میں کھو گیا کون؟

...۷...

کہن ہنگامہ ہائے آرزو سرد

کہ ہے مردِ مسلماں کا لہو سرد

بتوں کو میری لادینی مبارک

کہ ہے آج آتشِ "اللّٰہ ھُو" سرد

...۸...

حدیثِ بندۂ مومن دل آویز

جگر پرخوں، نفَس روشن، نگہ تیز

میسر ہو کسے دیدار اس کا

کہ ہے وہ رونقِ محفل کم آمیز

...۹...

تمیزِ خار و گل سے آشکارا

نسیمِ صبح کی روشن ضمیری

حفاظت پھول کی ممکن نہیں ہے

اگر کانٹے میں ہو خوئے حریری

…۱۰…

نہ کر ذکرِ فراق و آشنائی
کہ اصلِ زندگی ہے خود نمائی
نہ دریا کا زیاں ہے، نَے گہر کا
دلِ دریا سے گوہر کی جدائی

…۱۱…

ترے دریا میں طوفاں کیوں نہیں ہے
خودی تیری مسلماں کیوں نہیں ہے
عبث ہے شکوۂ تقدیرِ یزداں
تُو خود تقدیرِ یزداں کیوں نہیں ہے؟

…۱۲…

خرد دیکھے اگر دل کی نگہ سے
جہاں روشن ہے نورِ ''لَا اِلـہ'' سے
فقط اک گردشِ شام و سحر ہے
اگر دیکھیں فروغِ مہر و مہ سے

…۱۳…

کبھی دریا سے مثلِ موج ابھر کر
کبھی دریا کے سینے میں اتر کر
کبھی دریا کے ساحل سے گزر کر
مقام اپنی خودی کا فاش تر کر

منظومات

مُلّازادہ ضیغم لولابی کشمیری کا بیاض

…۱…

پانی ترے چشموں کا تڑپتا ہوا سیماب

مرغانِ سحر تیری فضاؤں میں ہیں بے تاب

اے وادیِ لولاب

گر صاحبِ ہنگامہ نہ ہو منبر و محراب

دِیں بندۂ مومن کے لیے موت ہے یا خواب

اے وادیِ لولاب

ہیں ساز پہ موقوف نوا ہائے جگر سوز

ڈھیلے ہوں اگر تار تو بے کار ہے مضراب

اے وادیِ لولاب

مُلّا کی نظر نورِ فراست سے ہے خالی

بے سوز ہے میخانۂ صوفی کی مئے ناب

اے وادیِ لولاب

بیدار ہوں دل جس کی فغانِ سحری سے

اس قوم میں مدت سے وہ درویش ہے نایاب

اے وادیِ لولاب

....۲....

موت ہے اک سخت تر جس کا غلامی ہے نام

مکر و فنِ خواجگی کاش سمجھتا غلام!

شرع ملوکانہ میں جدتِ احکام دیکھ

صور کا غوغا حلال، حشر کی لذّت حرام!

اے کہ غلامی سے ہے روح تری مضمحل

سینۂ بے سوز میں ڈھونڈ خودی کا مقام!

....۳....

آج وہ کشمیر ہے محکوم و مجبور و فقیر

کل جسے اہلِ نظر کہتے تھے ایرانِ صغیر

سینۂ افلاک سے اٹھتی ہے آہِ سوز ناک

مردِ حق ہوتا ہے جب مرعوبِ سلطان و امیر

کہہ رہا ہے داستاں بیدردیِ ایّام کی

کوہ کے دامن میں وہ غم خانۂ دہقانِ پیر

آہ! یہ قومِ نجیب و چرب دست و تر دماغ

ہے کہاں روزِ مکافات اے خدائے دیر گیر؟

....۴....

گرم ہو جاتا ہے جب محکوم قوموں کا لہو

تھرتھراتا ہے جہانِ چار سوے رنگ و بو

پاک ہوتا ہے ظن و تخمیں سے انساں کا ضمیر

کرتا ہے ہر راہ کو روشن چراغِ آرزو

وہ پرانے چاک جن کو عقل سی سکتی نہیں

عشق سیتا ہے انہیں بے سوزن و تارِ رفو

ضربتِ پیہم سے ہو جاتا ہے آخر پاش پاش

حاکمیت کا بتِ سنگیں دل و آئینہ رو

....۵....

درّاج کی پرواز میں ہے شوکتِ شاہیں

حیرت میں ہے صیّاد، یہ شاہیں ہے کہ درّاج!

ہر قوم کے افکار میں پیدا ہے تلاطم
مشرق میں ہے فردائے قیامت کی نمود آج
فطرت کے تقاضوں سے ہوا حشر پہ مجبور
وہ مردہ کہ تھا بانگِ سرافیل کا محتاج

...۶...

رِندوں کو بھی معلوم ہیں صوفی کے کمالات
ہر چند کہ مشہور نہیں ان کے کرامات
خود گیری و خود داری و گلبانگِ انا الحق
آزاد ہو سالک تو ہیں یہ اس کے مقامات
محکوم ہو سالک تو یہی اس کا ''ہمہ اوست''
خود مردہ و خود مرقد و خود مرگِ مفاجات!

...۷...

نکل کر خانقاہوں سے ادا کر رسمِ شبیری
کہ فقرِ خانقاہی ہے فقط اندوہ و دلگیری
ترے دین و ادب سے آ رہی ہے بوئے رہبانی
یہی ہے مرنے والی امّتوں کا عالمِ پیری
شیاطینِ ملوکیت کی آنکھوں میں ہے وہ جادو
کہ خود نخچیر کے دل میں ہو پیدا ذوقِ نخچیری

چہ بے پروا گذشتند از نوائے صبح گاہِ من
کہ برد آں شور و مستی از سیہ چشمانِ کشمیری!

...۸...

سمجھا لہو کی بوند اگر تُو اسے تو خیر
دل آدمی کا ہے فقط اک جذبۂ بلند
گردشِ مہ و ستارہ کی ہے ناگوار اسے
دل آپ اپنے شام و سحر کا ہے نقش بند
جس خاک کے ضمیر میں ہے آتشِ چنار
ممکن نہیں کہ سرد ہو وہ خاکِ ارجمند

...۹...

کھلا جب چمن میں کتب خانہَ گل
نہ کام آیا مُلّا کو علمِ کتابی

متانت شکن تھی ہوائے بہاراں
غزل خواں ہوا پیرکِ اندرابی

کہا لالہَ آتشیں پیرہن نے
کہ اَسرارِ جاں کی ہُوں مَیں بے حجابی

سمجھتا ہے جو موت خوابِ لحد کو
نہاں اس کی تعمیر میں ہے خرابی

نہیں زندگی سلسلہ روز و شب کا
نہیں زندگی مستی و نیم خوابی

حیات است در آتشِ خود تپیدن
خوش آں دم کہ ایں نکتہ را بازیابی

اگر ز آتشِ دل شرارے بگیری
تواں کرد زیرِ فلک آفتابی

...۱۰...

آزاد کی رگ سخت ہے مانندِ رگِ سنگ
محکوم کی رگ نرم ہے مانندِ رگِ تاک

محکوم کا دل مردہ و افسردہ و نومید
آزاد کا دل زندہ و پرسوز و طرب ناک

آزاد کی دولت دلِ روشَن، نفَسِ گرم
محکوم کا سرمایہ فقط دیدہَ نم ناک

محکوم ہے بیگانہَ اخلاص و مروّت
ہر چند کہ منطق کی دلیلوں میں ہے چالاک

ممکن نہیں محکوم ہو آزاد کا ہم دوش
وہ بندہَ افلاک ہے، یہ خواجہَ افلاک

...۱۱...

تمام عارف و عامی خودی سے بیگانہ

کوئی بتائے یہ مسجد ہے یا کہ مے خانہ
یہ راز ہم سے چھپایا ہے میرِ واعظ نے
کہ خود حرم ہے، چراغِ حرم کا پروانہ
طلسم بے خبری، کافری و دیں داری
حدیثِ شیخ و برہمن فسوں و افسانہ
نصیبِ خطہ ہو یا رب وہ بندۂ درویش
کہ جس کے فقر میں انداز ہوں کلیمانہ
چھپے رہیں گے زمانے کی آنکھ سے کب تک
گہر ہیں آبِ ولرؔ کے تمام یک دانہ

...۱۲...

دگرگوں جہاں ان کے زورِ عمل سے
بڑے معرکے زندہ قوموں نے مارے
مُنَجّم کی تقویم فردا ہے باطل
گرے آسماں سے پرانے ستارے
ضمیرِ جہاں اس قدر آتشیں ہے
کہ دریا کی موجوں سے ٹوٹے ستارے
زمیں کو فراغت نہیں زلزلوں سے
نمایاں ہیں فطرت کے باریک اشارے
ہمالہ کے چشمے ابلتے ہیں کب تک
خضر سوچتا ہے ولرؔ کے کنارے

...۱۳...

نشاں یہی ہے زمانے میں زندہ قوموں کا
کہ صبح و شام بدلتی ہیں ان کی تقدیریں
کمالِ صدق و مروّت ہے زندگی ان کی
معاف کرتی ہے فطرت بھی ان کی تقصیریں
قلندرانہ ادائیں، سکندرانہ جلال
یہ امتیں ہیں جہاں میں برہنہ شمشیریں
خودی سے مردِ خود آگاہ کا جمال و جلال

کہ یہ کتاب ہے، باقی تمام تفسیریں

شکوہِ عید کا منکر نہیں ہُوں مَیں، لیکن

قبولِ حق ہیں فقط مردِ حُر کی تدبیریں

حکیم میری نواؤں کا راز کیا جانے

ورائے عقل ہیں اہلِ جنوں کی تدبیریں

...۱۴...

چہ کافرانہ قمارِ حیات می بازی

کہ با زمانہ بسازی بخود نمی سازی

دگر بمدرسہ ہائے حرم نمی بینم

دلِ جنیدؔ و نگاہِ غزالیؔ و رازیؔ

بحکمِ مفتیِ اعظم کہ فطرت ازلیست

بدینِ صعوہ حرام است کارِ شہبازی

ہماں فقیہِ ازل گفت جرّہ شاہیں را

بآسماں گروی با زمیں نہ پردازی

منم کہ توبہ نہ کردم زفاش گوئی ہا

ز بیمِ ایں کہ بسلطاں کنند غمّازی

بدستِ ما نہ سمرقند و نَے بخارا ایست

دعا بگوز فقیراں بہ ترکِ شیرازی

...۱۵...

ضمیر مغرب ہے تاجران، ضمیر مشرق ہے راہبانہ

وہاں دگرگوں ہے لحظہ لحظہ، یہاں بدلتا نہیں زمانہ

کنارِ دریا خضر نے مجھ سے کہا بہ اندازِ محرمانہ

سکندری ہو، قلندری ہو، یہ سب طریقے ہیں ساحرانہ

حریف اپنا سمجھ رہے ہیں مجھے خدایانِ خانقاہی

نہیں یہ ڈر ہے کہ میرے نالوں سے شق نہ ہو سنگِ آستانہ

غلام قوموں کے علم و عرفاں کی ہے یہی رمز آشکارا

زمیں اگر تنگ ہے تو کیا ہے، فضائے گردوں ہے بے کرانہ

خبر نہیں ہے کیا ہے نام اس کا، خدا فریبی کہ خود فریبی

446

عمل سے فارغ ہوا مسلماں بنا کے تقدیر کا بہانہ
مری اسیری پہ شاخِ گل نے یہ کہہ کے صیّاد کو رُلایا
کہ ایسے پُر سوز نغمہ خواں کا گراں نہ تھا مجھ پہ آشیانہ

‎...۱۶...

حاجت نہیں اے خطہٴ گل شرح و بیاں کی
تصویر ہمارے دلِ پُرخوں کی ہے لالہ
تقدیر ہے اک نام مکافاتِ عمل کا
دیتے ہیں یہ پیغام خدایانِ ہمالہ
سرما کی ہواؤں میں ہے عریاں بدن اس کا
دیتا ہے ہنر جس کا امیروں کو دوشالہ
امّید نہ رکھ دولتِ دنیا سے وفا کی
رم اس کی طبیعت میں ہے مانندِ غزالہ

‎...۱۷...

خود آگاہی نے سکھلا دی ہے جس کو تن فراموشی
حرام آئی ہے اس مردِ مجاہد پر زِرہ پوشی

‎...۱۸...

آں عزمِ بلند آور آں سوزِ جگر آور
شمشیرِ پدر خواہی بازوئے پدر آور

‎...۱۹...

غریبِ شہر ہُوں مَیں، سن تو لے مری فریاد
کہ تیرے سینے میں بھی ہوں قیامتیں آباد
مری نوائے غم آلود ہے متاعِ عزیز
جہاں میں عام نہیں دولتِ دلِ ناشاد
گلہ ہے مجھ کو زمانے کی کور ذوقی سے
سمجھتا ہے مری محنت کو محنتِ فرہاد
‏‏‏‏‏"صدائے تیشہ کہ بر سنگ میخورد دگر است
خبر بگیر کہ آوازِ تیشہ و جگر است"‏

10 سر اکبر حیدری، صدرِ اعظم حیدر آباد دکن کے نام

(یومِ اقبال کے موقع پر توشہ خانہ حضور نظام کی طرف سے، جو صاحب صدر اعظم
کے ماتحت ہے ایک ہزار روپے کا چیک بطور تواضع، موصول ہونے پر)

تھا یہ اللہ کا فرماں کہ شکوہِ پرویز

دو قلندر کو کہ ہیں اس میں ملوکانہ صفات

مجھ سے فرمایا کہ لے، اور شہنشاہی کر

حسنِ تدبیر سے دے آنی و فانی کو ثبات

مَیں تو اس بارِ امانت کو اٹھاتا سرِ دوش

کامِ درویش میں ہر تلخ ہے مانندِ نبات

غیرتِ فقر مگر کر نہ سکی اس کو قبول

جب کہا اس نے یہ ہے میری خدائی کی زکات!

حُسین احمد

عجم هنوز نداند رموزِ دیں، ورنہ

ز دیوبند حُسین احمد ایں چہ بوالعجبی است

سرود بر سرِ منبر کہ ملّت از وطن است

چہ بے خبر ز مقامِ محمدِؐ عَرَبی است

بمصطفیٰؐ برساں خویش را کہ دیں ہمہ اوست

اگر بہ او نرسیدی، تمام بولَہَبی است

حضرتِ انسان

جہاں میں دانش و بینش کی ہے کس درجہ ارزانی

کوئی شے چھپ نہیں سکتی کہ یہ عالم ہے نورانی

کوئی دیکھے تو ہے باریک فطرت کا حجاب اتنا

نمایاں ہیں فرشتوں کے تبسم ہائے پنہانی

یہ دنیا دعوتِ دیدار ہے فرزندِ آدم کو

کہ ہر مستور کو بخشا گیا ہے ذوقِ عریانی

یہی فرزندِ آدم ہے کہ جس کے اشکِ خونیں سے

کیا ہے حضرتِ یزداں نے دریاؤں کو طوفانی

فلک کو کیا خبر یہ خاکداں کس کا نشیمن ہے

غرض انجم سے ہے کس کے شبستاں کی نگہبانی

اگر مقصودِ کل میں ہوں تو مجھ سے ماورا کیا ہے

مرے ہنگامہ ہائے نو بہ نو کی انتہا کیا ہے

غزل سرا ڈاٹ آرگ پراجیکٹ کی مزید کتابیں

https://ghazalsara.org/PrintBooks/

تمام ای بکس ایپل بکس اور گوگل پلے بکس پر دستیاب ہیں، تمام پرنٹ ایڈیشن ایمازون، وال مارٹ اور خود غزل سرا کے سٹور پر پوری دنیا میں دستیاب ہیں

فارمیٹ	تفصیل	کتاب
ای بک	میر تقی میر کے غزلوں کے چھ دیوان ای بک کی شکل میں	کلیاتِ میر تقی میر
ای بک	مرزا غالب کی اردو غزل کا دیوان ای بک کی شکل میں	کلیاتِ غزل مرزا غالب
پیپر بیک، ہارڈ کور، ای بک	پیپر بیک اور ہارڈ کور کے علاوہ علامہ اقبال کی چاروں کتابیں الگ الگ ای بک کی شکل میں	کلیاتِ علامہ اقبال
پیپر بیک، ہارڈ کور، ای بک	منٹو کے ان تمام افسانوں کا مجموعہ جن کہ وجہ سے ان پر مقدمات ہوئے، پیپر بیک، ہارڈ کور اور ای بک	منٹو کے حاشیے۔ سعادت حسن منٹو
پیپر بیک، ہارڈ کور، ای بک	تیس برس پر محیط یاور ماجد کی سنجیدہ شاعری	آنکھ بھر آسمان۔ یاور ماجد
پیپر بیک، ہارڈ کور، ای بک، میوزک اور ویڈیو	پپلو گھر میں بھرپور ضیافت کا اہتمام کرتا ہے اور ہر طرح کے بن بلائے مہمان آ جاتے ہیں	آفت کی ضیافت۔ یاور ماجد
پیپر بیک، ہارڈ کور، ای بک، میوزک اور ویڈیو	پپلو کا سکول جانے کو دل نہیں چاہ رہا اور وہ طرح طرح کے بہانے بناتا ہے۔	دھگڑ ک چپ چپ۔ یاور ماجد
پیپر بیک، ہارڈ کور، ای بک، میوزک اور ویڈیو	بچوں کو اردو سکھانے کے لیے یاور ماجد کی باتصویر نظمیں	پپلو کے ابجد
پیپر بیک	بلونت سنگھ کے شاندار افسانوں کا مجموعہ	تارو پود
پیپر بیک	بلونت سنگھ کے شاندار افسانوں کا مجموعہ	پہلا پتھر
پیپر بیک، ای بک	منٹو کے افسانوں کے کلیات کا پہلا حصہ	اک زاہدہ اک فاحشہ

کتاب	تفصیل	فارمیٹ
بلاوز	منٹو کے افسانوں کے کلیات کا دوسرا حصہ	پیپر بیک،ای بک
پھاہا	منٹو کے افسانوں کے کلیات کا تیسرا حصہ	پیپر بیک،ای بک
دھواں	منٹو کے افسانوں کے کلیات کا چوتھا حصہ	پیپر بیک،ای بک
سودا بیچنے والی	منٹو کے افسانوں کے کلیات کا پانچواں حصہ	پیپر بیک،ای بک
شہید ساز	منٹو کے افسانوں کے کلیات کا چھٹا حصہ	پیپر بیک،ای بک
کھول دو	منٹو کے افسانوں کے کلیات کا ساتواں حصہ	پیپر بیک،ای بک
منتر	منٹو کے افسانوں کے کلیات کا آٹھواں حصہ	پیپر بیک،ای بک
ہتک	منٹو کے افسانوں کے کلیات کا نواں حصہ	پیپر بیک،ای بک

For contact please email us at

ghazalsara.org@outlook.com